SEGMENTAÇÃO
DE MERCADO

Copyright © 2014 Malcolm Morley
Copyright desta edição © 2025 Autêntica Business

Tradução publicada mediante acordo com Kogan Page.

Título original: *Understanding Markets and Strategy:
How to Exploit Markets for Sustainable Business Growth*

Todos os direitos reservados pela Autêntica Editora Ltda.
Nenhuma parte desta publicação poderá ser reproduzida,
seja por meios mecânicos, eletrônicos, seja via cópia xerográfica,
sem autorização prévia da Editora.

EDITOR
Marcelo Amaral de Moraes

ASSISTENTE EDITORIAL
Julia Sousa

REVISÃO TÉCNICA
Marcelo Amaral de Moraes

PREPARAÇÃO DE TEXTO
Marcelo Barbão

REVISÃO
Luiza Cordiviola

CAPA
Diogo Droschi

PROJETO GRÁFICO
Christiane S. Costa
Diogo Droschi

DIAGRAMAÇÃO
Christiane S. Costa

**Dados Internacionais de Catalogação na Publicação (CIP)
(Câmara Brasileira do Livro, SP, Brasil)**

Morley, Malcolm
 Segmentação de Mercado : como identificar e selecionar mercados para potencializar o crescimento do seu negócio / Malcolm Morley ; [tradução Luis Reyes Gil]. -- 1. ed. -- São Paulo : Autêntica Business, 2025.

 Título original: Understanding Markets and Strategy: How to Exploit Markets for Sustainable Business Growth
 Bibliografia.
 ISBN 978-65-5928-590-7

 1. Marketing 2. Segmentação 3. Estratégia de Marketing 4. Seleção de mercados-alvo 5. Posicionamento I. Título.

25-275464   CDD-658.8

Índices para catálogo sistemático:
1. Marketing : Administração 658.8

Cibele Maria Dias - Bibliotecária - CRB-8/9427

A **AUTÊNTICA BUSINESS** É UMA EDITORA DO **GRUPO AUTÊNTICA**

São Paulo
Av. Paulista, 2.073 . Conjunto Nacional
Horsa I . Salas 404-406 . Bela Vista
01311-940 . São Paulo . SP
Tel.: (55 11) 3034 4468

Belo Horizonte
Rua Carlos Turner, 420
Silveira . 31140-520
Belo Horizonte . MG
Tel.: (55 31) 3465-4500

www.grupoautentica.com.br
SAC: atendimentoleitor@grupoautentica.com.br

MALCOLM MORLEY

SEGMENTAÇÃO
DE MERCADO

Como **identificar**
e **selecionar**
mercados para
potencializar
o **crescimento** do
seu negócio

TRADUÇÃO:
LUIS REYES GIL

autêntica
BUSINESS

Para Paula, Hannah e Oliver

SUMÁRIO

Agradecimentos . 12

Introdução . 16

CAPÍTULO 1
Então, o que é um mercado? . 20

21 Introdução
22 Definindo um mercado
24 Definição de mercado
28 O conhecimento nos mercados
30 Como são os mercados
34 Dicas de profissional
35 Perguntas de profissional

CAPÍTULO 2
O que torna os mercados atraentes? . 36

37 Introdução
37 Atrativo *versus* atração
43 Esclarecendo o que constitui atratividade
47 Dicas de profissional
48 Perguntas de profissional

CAPÍTULO 3
Onde existem mercados? . 50

51 Introdução
51 Mercados e lugares
53 *Marketplaces* virtuais
57 Gerir múltiplos *marketplaces*
59 Dicas de profissional
60 Perguntas de profissional

CAPÍTULO 4
Compra obrigatória ou discricionária? . 62

63 Introdução
63 Compreendendo compra obrigatória e compra discricionária
64 Motivação para comprar
69 Competição, não substitutos
72 Dicas de profissional
73 Perguntas de profissional

CAPÍTULO 5
Produtos e serviços . 76

77 Introdução
77 A natureza de produtos e serviços
84 Preço *premium*
86 Coquetel de produtos e serviços
90 Criação de valor
95 Dicas de profissional
97 Perguntas de profissional

CAPÍTULO 6
Benefícios e preços de produtos e serviços . 98

99 Introdução
99 Classificação de produtos e serviços

104 Pesquisa de mercado
107 Produtos, serviços e preço
116 Dicas de profissional
117 Perguntas de profissional

CAPÍTULO 7
Segmentação de mercado . 120
121 Introdução
121 Segmentando mercados
123 Marketing e segmentos de mercado
130 Obrigatórios, discricionários e a economia
135 Dicas de profissional
136 Perguntas de profissional

CAPÍTULO 8
Como analisar mercados . 138
139 Introdução
139 Começando pelo mercado
140 Variáveis nos mercados
156 Compreensão compartilhada
158 Dicas de profissional
159 Perguntas de profissional

CAPÍTULO 9
Como desenvolver cenários de mercado - demanda . 160
161 Introdução
161 Cenários
165 Contexto é tudo
166 Seja realista
176 Juntando os elementos
178 Dicas de profissional
179 Perguntas de profissional

CAPÍTULO 10
Como desenvolver cenários de mercado - concorrência . 180

181 Introdução
181 Cenários de mercado e o que afeta a concorrência
197 Dicas de profissional
198 Perguntas de profissional

CAPÍTULO 11
Cenários de mercado - futuras questões estratégicas de mercado . 200

201 Introdução
201 A Matriz do futuro cenário de mercado
206 Não aposte a empresa
208 Gatilhos da mudança
210 Dicas de profissional
211 Perguntas de profissional

CAPÍTULO 12
Colocando a empresa e seus concorrentes no contexto do mercado . 212

213 Introdução
213 Olhando de fora para dentro
215 De quem é essa força ou fraqueza?
219 Convencendo os outros da sua análise SWOT
222 Conhecendo seus concorrentes
225 Dicas de profissional
226 Perguntas de profissional

CAPÍTULO 13
O que é o sucesso? . 228

229 Introdução
229 Uso correto dos termos

230 Sucesso é mais que fatia de mercado (*market share*)
233 Sucesso e *stakeholders*
237 Compreendendo o "aceitável"
240 Além da fatia de mercado (*market share*)
244 Dicas de profissional
245 Perguntas de profissional

CAPÍTULO 14
O que é estratégia e por que o processo de estratégia é importante? . 246
247 Introdução
247 Definindo "estratégia"
250 Compreendendo o processo de estratégia
271 Flexibilidade no processo de estratégia
275 Dicas de profissional
277 Perguntas de profissional

CAPÍTULO 15
Competindo nos mercados . 278
279 Introdução
279 Quais as opções disponíveis?
286 Movendo-se na Matriz da competição de mercado do comprador
287 Posicionamento na Matriz da competição de mercado do comprador
291 Escolhendo mercados ou segmentos de mercado
298 Não se esqueça do risco cumulativo
300 Dicas de profissional
301 Perguntas de profissional

CAPÍTULO 16
Fazendo escolhas estratégicas e estratégia corporativa . 304
305 Introdução
311 Os relacionamentos entre as estratégias competitiva e corporativa

312 Cultura organizacional
316 Competência organizacional
320 Habilidades organizacionais
325 Capacidade organizacional
329 Vínculos e clareza
329 Recursos
333 Dicas de profissional
335 Perguntas de profissional

Epílogo . 336

Referências . 342

Índice remissivo . 344

AGRADECIMENTOS

Tenho uma dívida de gratidão por todos aqueles que me ensinaram. Venho numa jornada de descoberta que me expôs a obras seminais de Peter Drucker sobre administração, Michael Porter (estratégia competitiva), Henry Mintzberg (processos de estratégia), Malcolm McDonald (marketing), Gerry Johnson, Kevan Scholes e Cliff Bowman (gestão estratégica), Gary Hamel e CK Prahalad (competências estratégicas), Peter Senge (organizações de aprendizagem), J Barney, R Rumelt e B Wernerfelt (visão estratégica baseada em recursos), a hierarquia de necessidades de Abraham Maslow e muitos outros. Gostaria de agradecer a obra de todos esses grandes pesquisadores e autores desse campo de estudo em constante evolução.

Porém, como em todo estudo acadêmico, a teoria precisa ganhar vida por meio de tutores que inspirem e deem oportunidades para aplicá-la na prática. Tive a sorte de encontrar oportunidades para ganhar experiência colocando a teoria na prática, e isso me permitiu desenvolvê-la e contextualizá-la continuamente. Espero que os leitores possam ver como esse processo funcionou ao lerem as páginas deste livro e sejam capazes de usar tais modelos, ferramentas e técnicas por si mesmos.

Gostaria de agradecer particularmente àqueles diretores e altos gestores de tantas empresas diferentes com as quais trabalhei ao longo dos anos. Gostaria de agradecê-los por terem compartilhado seus problemas comigo e por sua disposição não só de serem desafiados, mas de desafiarem suas organizações. A compreensão de mercados e de estratégia precisa evoluir continuamente. Também a necessidade de garantir que líderes e gestores e suas organizações não fiquem restritos em seu pensamento e ação e nunca deixem de questionar suposições, acomodando-se ao "conforto" do sucesso.

Economias e mercados por todo o mundo estão em diferentes estágios de recuperação e continuarão a mudar. Há uma necessidade imensa de assegurar que todos aqueles dentro das empresas compreendam os mercados e as estratégias. Espero que este livro ajude nisso.

Sou grato à equipe da Kogan Page por seu apoio ao longo do processo de publicação.

Malcolm Morley
m.morley@ucs.ac.uk

Economias e mercados por todo o mundo estão em **diferentes estágios de recuperação** e continuarão a mudar.

INTRODUÇÃO

Muitos livros foram escritos sobre marketing, mas poucos sobre como compreender mercados e desenvolver estratégias competitivas e corporativas para eles. Com muita frequência, o marketing é abordado como questão isolada, não como parte da abordagem da estratégia competitiva das empresas. Com isso, muitas delas iniciam sua jornada no marketing sem compreender o terreno em que deveriam pisar. Isso tem sido exemplificado muitas vezes pelas abordagens genéricas ao marketing vistas em muitas empresas. Abordagens essas que costumam custar caro e entregar pouco. Um retorno pobre do investimento que acaba desorientando e decepcionando aqueles que aprovam os gastos.

Uma das lições que aprendi trabalhando com uma ampla gama de empresas é que muitas vezes há uma falta de compreensão importante dos mercados e de como devem ser entendidos. Também aprendi que os gestores são impacientes e querem logo partir para a ação, em vez de procurar compreender o contexto dessa ação. Existe quase um imperativo másculo de ser visto fazendo algo, mesmo sem compreender bem por que deve ser feito.

Sim, tempo é dinheiro, e a competição às vezes exige uma reação imediata à ação dos outros, mas o que vemos com muita frequência impulsionando a ação é a sede da alta gestão em agir logo – mesmo que não se tenha refletido devidamente. Uma ação precisa ser o produto de – e consistente com – uma estratégia competitiva focada no mercado e baseada numa análise e avaliação competitiva e corporativa. Ações reativas inconsistentes, *ad hoc*, confundem o mercado e as pessoas dentro da organização encarregadas de obter sucesso. *Segmentação de Mercado* fornece ferramentas e técnicas para garantir que as decisões sejam tomadas dentro de uma estratégia com credibilidade, focada no mercado.

Vi muitas estratégias de marketing grandiosas que foram desenvolvidas sem uma real compreensão do que cria e faz um mercado funcionar e de quais são as questões estratégicas cruciais que afetam tanto o mercado quanto a capacidade de competir das empresas. Tais estratégias de marketing são tipificadas por um foco competitivo interno e de vendedor ("Nossos produtos são melhores que os deles") e por uma gama estreita de aspectos do produto e do preço.

Nessas circunstâncias, o que infelizmente se torna a norma é um subdesempenho em relação a metas de vendas não realistas – o que não é um bom lugar para se estar, já que essas empresas ficam para trás no mercado e não exercem influência nele. Mesmo quando as empresas têm produtos tecnicamente brilhantes, se esses não forem colocados no contexto do mercado, não venderão. Compreender mercados (e não apenas o marketing) é vital para o sucesso competitivo, assim como identificar o que a empresa deve fazer corporativamente para desenvolver sua capacidade de competir nos mercados. Os produtos e serviços da empresa devem ser colocados no contexto do mercado, em vez de colocar o mercado no contexto da empresa e de seus produtos e serviços.

Este livro é bem direto em seu objetivo. Ele busca fornecer ajuda prática a altos gestores (e àqueles que pretendem se tornar altos gestores) para que compreendam os mercados e desenvolvam estratégias que deem condições às suas empresas de competir para vencer; para permitir que os mercados sejam de fato compreendidos, que as estratégias e os planos de marketing sejam desenvolvidos dentro de um contexto e o investimento em produtos, serviços e marketing seja perseguido com reais perspectivas de sucesso na prática. Ele se baseia na minha experiência com aquilo que gestores devem levar em conta para fazer diferença no sucesso das empresas. As ferramentas práticas, as técnicas e o conhecimento deste livro podem ser usados internacionalmente.

Ao longo de vários anos como revisor de livros para o Chartered Management Institute do Reino Unido e como consultor internacional de gestão, como diretor de conselho e como acadêmico, li muitos livros sobre administração. Quando era estudante, lia com voracidade sobre estratégia, mas ficava muitas vezes tentando imaginar como a teoria era aplicada na prática. *Segmentação de Mercado* foi escrito para profissionais e estudantes que queiram evitar os "artifícios" de marketing e contar com ferramentas e técnicas práticas para ajudá-los a entender mercados e estratégias. Foi escrito especialmente para apoiar gestores, a fim de que ajudem suas empresas a competirem para vencer. Não é um livro sobre estratégia de marketing.

Os conteúdos são estruturados de maneira a construir uma compreensão, mas também a possibilitar ao leitor entrar e sair do texto e pôr a mão na massa nos diferentes aspectos dos mercados e da estratégia. Cada capítulo desafia e estimula o pensamento do leitor, mas também o ajuda com esse pensamento e a aplicar o que lê em sua empresa.

O leitor olhará os mercados de uma nova maneira e será capaz de colocar sua empresa e suas ambições no contexto do mercado. Ao final de cada capítulo há uma série de dicas para ajudá-lo a aplicar em sua empresa o que aprendeu. Também há perguntas para os profissionais, para ajudar a iniciar as conversas necessárias em sua empresa e lidar com as questões fundamentais que costumam ser ignoradas na pressa de partir para a ação. Essas perguntas ajudarão a criar uma agenda de mudança e alcançar uma compreensão compartilhada das principais questões de sua empresa. Como sabemos, as jornadas de descoberta precisam ser compartilhadas, para que uma compreensão comum e um compromisso compartilhado com a estratégia competitiva sejam alcançados nas empresas e levem a uma ação efetiva.

O livro leva o leitor a percorrer o contexto e a atratividade dos mercados, como analisá-los, como avaliar questões estratégicas cruciais relevantes a esses mercados, como desenvolver cenários para eles, desenvolver estratégias, compreender a dinâmica competitiva e competir para vencer. Também explora estratégias corporativas para apoiar a estratégia competitiva e sugere como lidar com a mudança estratégica.

O conhecimento, as ferramentas e as técnicas de *Segmentação de Mercado* desafiarão e mudarão como os gestores pensam e agem. Isso será parte importante do desenvolvimento que todos os gestores precisam ter para apoiá-los na realização de seu potencial e para que alcancem o que eles e suas empresas desejam. Como ocorre com todos os livros, porém, a realização desse potencial está nas mãos do leitor, que deve converter o conhecimento e a intenção em ação efetiva.

CAPÍTULO 1

ENTÃO, O QUE É UM MERCADO?

INTRODUÇÃO

Nenhum livro que fale em compreender os mercados e as estratégias para operar neles pode de fato começar sem antes ter definido o que é um mercado e o que precisa estar ajustado antes que ele possa funcionar. Este capítulo define mercado e fornece uma compreensão a respeito de discernir quando existe realmente um mercado e quando não.

É importante compreender esses dois aspectos, pois é evidente que a confusão a respeito disso leva a fazer investimentos em vendas e marketing que serão desperdiçados. Também ocorre que até um mercado ser compreendido, qualquer desenvolvimento que se faça nele só poderá ser genérico. Estratégias genéricas equivalem a disparar um tiro e esperar acertar em algo só porque alguém alguma vez acertou. As empresas que são bem-sucedidas em mercados não se contentam em apenas disparar, mas miram em um alvo definido sabendo que estão a uma distância compatível e têm não só a arma correta, mas a munição certa com a qual podem acertar o alvo.

Este capítulo também lida com o valor não realizado e realizado dos mercados, com os tipos de compradores e vendedores, os processos de mercado para vendas e o papel do conhecimento nesses mercados. Ao final do capítulo, os leitores deverão ser capazes de olhar para as próprias empresas e fazer perguntas exploratórias para assegurar que eles e outros dentro da empresa compreendem a natureza do mercado no qual buscam competir.

DEFININDO UM MERCADO

Quando menino, nas férias escolares, eu costumava ir às segundas-feiras a uma pequena cidade chamada Bakewell, no coração da gloriosa área rural de Derbyshire. Além da mundialmente famosa torta de Bakewell, a razão pela qual eu ia lá era a feira.

Na minha mente, naquele ponto do tempo, a feira consistia em duas partes. A primeira era um mercado de animais de criação, no qual os fazendeiros vendiam vacas, carneiros, porcos etc., e a segunda era um mercado geral, sem animais de criação, que vendia de tudo, de comida a tecidos. Mal sabia eu que já em tenra idade estava, mesmo que de modo rudimentar, fazendo uma segmentação de mercado!

Num esboço geral, as pessoas naquela feira eram:

- Turistas que queriam ver e ter uma experiência da feira. Geralmente olhavam o que o mercado geral tinha a oferecer e tinham pouco interesse pelo mercado de animais.

- Pessoas que moravam na cidade e usavam a feira como alternativa às lojas permanentes.

- Fazendeiros que iam lá vender animais e fazer vida social.

- Mulheres de fazendeiros e familiares que iam lá comprar tanto no mercado geral quanto nas lojas e tinham interesse numa ampla gama de bens e serviços em geral, não nos animais.

- Compradores no mercado de animais que eram principalmente de três tipos:
  - Açougueiros comprando pequenos lotes para seus negócios;
  - Atacadistas de carne comprando grandes quantidades para seus negócios;
  - Fazendeiros comprando animais para criar, como bezerros para engordar e revender.

- Leiloeiros que ofereciam instalações e meios para que a venda de animais fosse realizada.

- Caminhoneiros que providenciavam transporte dos animais para a feira ou dela para outros locais.

- Donos de bancas da feira que iam ali vender seus bens e serviços.

- Proprietários de lojas, bares e restaurantes etc. que estavam ali vendendo seus bens e serviços, exceto animais.

- Veterinários e profissionais de saúde ambiental que iam lá supervisionar o bem-estar animal e as condições de higiene.

- A polícia, que ia lá assegurar a manutenção da ordem pública.

- Outros provedores de serviços públicos, como coletores de lixo ou varredores, que estavam ali para manter as condições de funcionamento do lugar.

As bancas só eram montadas às segundas-feiras e desmontadas no mesmo dia, deixando o comércio do resto da semana para as lojas. Os comerciantes das bancas da feira iam cada dia a uma localidade diferente. O mercado de animais só acontecia às segundas-feiras.

Nesse dia a população da cidade mais que duplicava, e ela deixava de ser um local idílico no meio da gloriosa área rural e virava um centro comercial bem agitado. Mas será que todas as pessoas ali faziam parte do mercado? A não ser que um mercado possa ser claramente definido, não é possível analisá-lo e avaliá-lo, e menos ainda explorá-lo. Todas as pessoas que compareciam ao "mercado" de Bakewell tinham uma gama diversa de necessidades e expectativas. Aqueles que desejavam atender e influenciar aquelas necessidades – e convencer compradores a comprarem deles – precisavam ser capazes de definir e compreender o que é um mercado e como suas ofertas se relacionam com ele.

Li muitas definições de mercado. Algumas delas parecem mais um complexo passeio linguístico pelo vocabulário da administração do que um guia para gestores e estudantes compreenderem os mercados. Qualquer definição precisa ser capaz não só de ser entendida, mas de ser usada na prática. Este capítulo busca dar uma definição prontamente compreensível e utilizável. Conforme essa narrativa for se desdobrando, o leitor será capaz de usar a definição para fornecer um contexto estratégico para as empresas e, assim, desenvolver estratégias competitivas e corporativas que lhe permitam explorar os mercados nos quais compete.

DEFINIÇÃO DE MERCADO

> Um mercado é a interface entre um comprador (ou compradores), com disposição e capacidade de comprar, e um vendedor (ou vendedores) com disposição e capacidade de vender produtos e serviços.

Sem a disposição *e* a capacidade de comprar e a disposição *e* a capacidade de vender, não há mercado.

Vamos continuar com a feira de segunda de Bakewell como exemplo. Aqueles que visitam Bakewell apenas pelo "agito" do mercado de animais de criação talvez tenham capacidade (poderiam bancar a compra), mas não têm a disposição de comprar. São meros *turistas de mercado* e não fazem parte dele. Eles não têm a disposição *e* a capacidade de comprar.

Os atacadistas que compravam e vendiam animais em grandes quantidades definindo os preços básicos do dia na feira eram parte do mercado, pois tinham não só a disposição como a capacidade de comprar. Podem ser considerados os *Compradores Principais do Mercado*.

Os Compradores Principais são aqueles que criam as *benchmarks* de preço e de não preço do mercado. Podem aumentar os preços unitários por meio do seu volume, comprando quando o suprimento é limitado; reduzir o preço unitário por meio de sua compra no atacado, quando o suprimento é farto; ou reduzir o preço unitário ao não comprar, para deixar um excedente de oferta no mercado. Podem estipular que só comprarão se certas condições forem atendidas, por exemplo, que os carneiros sejam vendidos em lotes de 20, e que haja um número mínimo de animais disponíveis para a compra, para que valha a pena se deslocarem até o mercado. Compradores Principais têm poder no mercado sobre os fornecedores do mercado e sobre os compradores principais do não mercado.

Aqueles compradores que jogam segundo as *benchmarks* dos Compradores Principais e não são capazes de modificá-las, ou aguardam até que os Compradores Principais tenham conseguido o que querem ou até que tenham decidido não comprar, são os *Compradores Seguidores do Mercado*. Esses Compradores Seguidores com frequência escolhem não competir, ou não têm como competir com os Compradores Principais. Costumam observar de perto os Compradores Principais e tentam obter os benefícios das *benchmarks* criadas por eles. No entanto, Compradores Seguidores ainda são parte importante no mercado, pois têm não só a disposição como a capacidade de comprar.

Há também os *Compradores Independentes*. Esses são compradores que agem de forma independente, por si mesmos, focados apenas em suas necessidades individuais. Determinam no ponto de compra o que estão dispostos e são capazes de gastar para comprar o que é oferecido. Podem escolher assumir o papel de um Comprador Principal; pagar um preço adicional ou abrir mão de algo que eles querem. Não podem criar uma *benchmark* para um mercado, tampouco seguem outras. Tiram as próprias conclusões e decidem o que comprar, quando e onde (ou não) na interface com os vendedores, em competição com outros compradores.

O mesmo ocorre com vendedores dentro do mercado. Há os *Vendedores Principais do Mercado*, que têm suficiente volume no mercado para serem capazes de definir o padrão de preços para vendas, e os *Vendedores Seguidores do Mercado*, cujo preço segue os preços definidos pelos *Vendedores Principais*. Em menor escala, há os *Vendedores Independentes do Mercado,* que assumem uma abordagem mais *ad hoc* (sob medida) às suas vendas. Os papéis e o poder dos compradores e vendedores e seu efeito na dinâmica do mercado são cobertos em detalhe no Capítulo 9.

Aqueles que visitam mercados, mas não têm a disposição e/ou capacidade de comprar ou de vender são *Turistas de Mercado*. Costumam criar confusão e barulho e podem contribuir para o ambiente do mercado, mas não no aspecto econômico.

> Cumulativamente, Compradores e Vendedores Principais, Compradores e Vendedores Seguidores e Compradores e Vendedores Independentes são conhecidos como os *Participantes do Mercado*.

Se você não é um Participante do Mercado, então é apenas um observador do mercado. Note na definição a referência a compradores e vendedores. Um relacionamento bilateral entre um comprador e um vendedor é uma negociação. Negociação é um dos cinco tipos de processos de compra ou venda num mercado.

Os cinco tipos de processos de compra ou venda num mercado são:

❶ Uma negociação bilateral entre um comprador e um vendedor;

❷ Competição entre vendedores pela decisão de comprar de um comprador;

❸ Competição entre compradores por produtos e serviços de um vendedor;

❹ Ausência de negociação e aceitação dos termos do vendedor pelos compradores;

❺ Ausência de negociação e aceitação dos termos do comprador pelo vendedor.

Um mercado requer que haja mais de um comprador disposto e capaz, e pelo menos um vendedor disposto e capaz, ou, então, no mínimo um comprador disposto e capaz e mais de um vendedor disposto e capaz. Em ambos os casos, só há mercado onde existe uma interface potencial para comprar ou vender entre compradores e vendedores. O simples fato de haver uma disposição e uma capacidade de comprar ou de vender não cria um mercado. É preciso que exista uma interface entre compradores e vendedores com um potencial para a disposição e capacidade de comprar ou vender que leve a uma venda.

No caso do mercado de animais de Bakewell, havia um pequeno número de Compradores Principais, um número maior de Compradores Seguidores e um número muito pequeno de Compradores Independentes. Animais de criação normalmente só são comprados num leilão comercial quando há uma prévia intenção e restrições em relação ao preço. Havia também um grande número de Vendedores Seguidores. Nenhum vendedor tinha uma proporção suficiente dos animais disponíveis para ser o Vendedor Principal, de modo que, se retirasse seu estoque, isso afetaria a dinâmica do mercado e faria os preços subirem. Havia um pequeno número de Turistas, interessados em ver o que estava acontecendo e em apreciar os animais, mas eles não formavam parte do mercado, apenas parte do ambiente em torno do mercado.

Quanto ao mercado geral de Bakewell, embora houvesse uma interface entre compradores e vendedores dispostos e capazes, o relacionamento de compra e venda era bilateral, o que significa que, se tudo corresse bem, haveria uma negociação. Os donos de lojas e operadores de bancas (os vendedores) ofereciam bens e serviços por um preço determinado. Compradores individualmente aceitavam esse preço ou procuravam negociar algo melhor. Os compradores tinham disposição e capacidade de comprar e os vendedores disposição e capacidade de vender, mas estavam engajados numa negociação bilateral e não num processo de lances competitivos como no mercado de animais. Essas negociações, exceto em situações de monopólio, são definidas pelo potencial de competir.

No mercado geral, a disponibilidade de fornecedores alternativos dos bens e serviços procurados pelos compradores, o conhecimento pelos compradores desses fornecedores alternativos e a disposição e capacidade dos compradores de acessar os fornecedores alternativos determinavam onde se situava o poder na negociação bilateral. Quando o comprador tem o conhecimento, a disposição e a capacidade de acessar fornecedores alternativos de bens e serviços, cria-se uma competição para o fornecimento desses bens e serviços, e o comprador tem o poder de negociar. Quando, porém, o comprador não tem conhecimento de fornecedores alternativos ou disposição e capacidade de acessá-los, então é o vendedor que tem poder para negociar (ou não).

Nos mercados, a informação é vital, pois determina onde se situa o poder entre compradores e vendedores, entre os compradores e entre os vendedores. O conhecimento de compradores alternativos – e o acesso a eles – por parte dos vendedores, e de vendedores alternativos, por parte dos compradores, cria a concorrência. Essa concorrência é um componente vital dos mercados, e os gestores precisam compreendê-la para poder explorá-los. A concorrência como parte da dinâmica de mercado é tratada com maior profundidade nos Capítulos 10 e 15.

> Valor total de mercado realizado é o valor das vendas derivadas da interface de compradores e vendedores. O poder de compradores e vendedores nos mercados reflete seu conhecimento dos vendedores e compradores alternativos, sua disposição e capacidade de acessá-los e de usar esse conhecimento no processo de compra ou de venda.

O CONHECIMENTO NOS MERCADOS

A questão do conhecimento e do poder que ele confere nos mercados pode ser ilustrada no mercado de ações. Negociar ações e participações é visto por alguns como uma jogatina. As pessoas compram ações e participações com base no seu conhecimento e em suas expectativas e crenças a respeito do desempenho futuro de ações e participações. O intercâmbio de informações privilegiadas, quando um indivíduo tem acesso a dados confidenciais e age em cima disso para obter ganhos, é vetado por lei, pois confere àqueles que têm esse conhecimento uma vantagem injusta no mercado e pode distorcê-lo, levando aqueles que não dispõem desse conhecimento a sofrer perdas ou até levar uma empresa à falência.

Alguns indivíduos e empresas investem pesado em ganhar expertise na análise das contas de empresas e em desenvolver uma compreensão especializada dos mercados e das empresas que competem neles. Isso então lhes dá um nível maior de conhecimento em comparação com aqueles que não têm acesso a essa expertise.

O conhecimento no mercado está distribuído de modo imperfeito. Essa distribuição distorcida cria uma vantagem competitiva e um poder assimétricos no mercado. Investidores profissionais têm significativamente mais conhecimento dos mercados e das empresas que estão competindo do que os investidores em geral. Mesmo os profissionais, porém, nem sempre acertam, já que sua avaliação das informações aprimoradas de que dispõem às vezes é equivocada ou então surgem eventos inesperados que têm um impacto não previsto. É por isso que investidores profissionais às vezes decidem ser Compradores e Vendedores Seguidores em vez de Compradores e Vendedores Principais. E é também por isso que alguns fundos e investidores apenas seguem o mercado. Os retornos podem ser menores, mas os riscos também ficam reduzidos.

As *benchmarks* para o mercado de algumas ações e participações são criadas por aqueles que compram e vendem grandes volumes de ações e participações, isto é, os Compradores e Vendedores Principais. Alguns Compradores e Vendedores Principais assumem o status de "ícones", e suas movimentações são acompanhadas pelos Compradores e Vendedores Seguidores. Warren Buffett é um Comprador e Vendedor Principal que ficou conhecido como o Sábio de Omaha por sua capacidade de obter grandes retornos pela compra e venda de ações e participações. Quando Warren Buffett compra ou vende uma ação e participação em particular, faz isso em grandes quantidades e os Seguidores estão atentos a isso e com frequência procuram imitá-lo. Seu histórico bem-sucedido e extenso gera a confiança de que ele irá acertar com maior frequência do que errar. Alguns Compradores e Vendedores Principais podem aumentar ou reduzir o preço de ações e participações por meio daquilo que escolhem comprar e vender e do momento em que fazem isso.

Neste mundo cada vez mais dependente de tecnologia, no qual frações de segundo podem levar a ganhar ou perder dinheiro, os Compradores e Vendedores Principais estão sendo representados por programas de computador, que reagem a níveis de disparo para as suas tomadas de decisões. Imensos volumes de ações e participações podem ser negociados, afetando um mercado com base em um gatilho matemático, e não num julgamento humano. Isso levou a algumas falhas espetaculares que colocam em risco empresas e mercados.

COMO SÃO OS MERCADOS

A definição de um mercado pode ser representada num diagrama como o seguinte:

FIGURA 1.1 Ilustração da definição de mercado

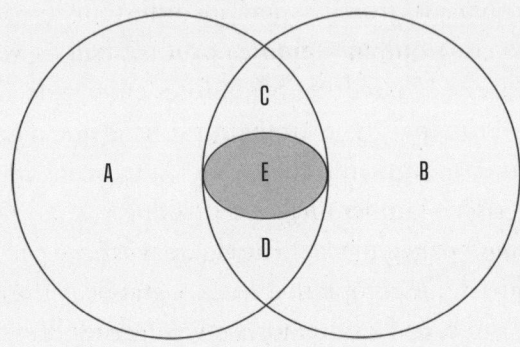

A representa os compradores com capacidade, mas sem disposição de comprar. Eles têm o dinheiro, mas não a disposição de comprar. Alguns deles serão Turistas e outros serão inibidos pelo preço, pelo mix de benefícios de produto e serviço ou pela marca etc. É importante que as barreiras a comprar sejam compreendidas e colocadas como base para desenvolver opções para superá-las.

B representa os vendedores com a capacidade, mas sem a disposição de vender. Eles têm os produtos e serviços, mas não têm a disposição de vender. Alguns desses vendedores serão Turistas e outros serão inibidos pela dinâmica competitiva do mercado, pelos volumes disponíveis, pela margem disponível etc.

C e **D** representam os compradores com a disposição e capacidade de comprar e os vendedores com a disposição e capacidade de vender, mas sem que as vendas tenham sido concluídas. Esse *valor não realizado do mercado* é representado pelo poder de compra dos compradores em **C** e **D**. Esse é um dos dois lugares (o outro é **E**, abaixo) em que ocorrem os cinco tipos de processos de compra ou venda do mercado. É onde os Compradores e Vendedores Principais, os Seguidores e os Independentes interagem sem sucesso para comprar e vender.

E representa as vendas concluídas, portanto *o valor realizado do mercado* dos cinco processos de compra ou venda do mercado. As vendas ilustram o valor realizado dos mercados. O perfil de vendas em termos de volume, preços, pacotes de benefícios de produto e serviço e oportunidade ilustram o que está acontecendo e quem está fazendo acontecer. Dados de vendas fornecem informações valiosas a respeito de compradores, vendedores, da economia, das tendências de mercado, do impacto das regulações, do poder no mercado, da direção do mercado, dos canais para o mercado e de como o mercado está segmentado. Saber quem está comprando e vendendo o quê, quando e como permite que o impacto e a intenção dos Compradores e Vendedores Principais e dos Seguidores sejam identificados e que a dinâmica do mercado seja compreendida de uma forma melhor.

O poder de compra dos compradores em **C** + **D** + **E** representa o valor total do mercado. O valor total do mercado é determinado pelo valor cumulativo do poder de compra dos compradores com disposição e capacidade de comprar. O marketing busca apoiar a movimentação de mais **C** e **D** e trazê-los para **E**.

Outra maneira de encarar os mercados é pensá-los em termos de combinar duas substâncias químicas, X e Y. A substância X (um pó) representa compradores dispostos e capazes, e a substância Y (uma solução) representa vendedores dispostos e capazes. Despeje a substância X num béquer contendo a substância Y. Parte da substância X reagirá com parte da substância Y para criar um novo composto, Z, que flutua na solução remanescente da substância Y que não reagiu, enquanto uma quantidade da substância X simplesmente vai direto para fundo do béquer e permanece sem reagir. A substância Z representa o valor realizado do mercado. O valor potencial não realizado do mercado é representado pela substância X (o pó) que ficou no fundo do béquer.

Aquecer e/ou agitar o que restou no béquer (sem reagir) da mistura de substância X e substância Y cria mais interações entre as substâncias e então ocorrem mais reações para produzir mais substância Z. Quanto mais reações houver, mais aumenta o valor realizado do mercado. Da mesma maneira, se você acrescenta um catalisador à mistura, isso promove mais reações e acelera o processo de reação. O valor realizado do mercado aumenta. Um papel importante do marketing é prover o aquecimento ou a agitação e catalisar a interface comprador/vendedor para gerar mais vendas.

A chave para empresas que competem nos mercados é encontrar maneiras de aumentar a taxa de conversão das substâncias para os seus produtos e serviços. Aquecer e/ou agitar a mistura e/ou acrescentar um catalisador são aspectos tratados nos Capítulos 4 e 5.

> O marketing deveria ser visto como um catalisador que aumenta a disposição e capacidade dos compradores de comprar e a disposição e capacidade dos vendedores de vender para aumentar as vendas concluídas.

A competição nos mercados – entre compradores ou entre vendedores – é a norma, e, nos mercados movimentados e barulhentos nos quais as empresas operam, é vital que elas não sejam distraídas por aqueles que não têm nem a disposição nem a capacidade de comprar ou vender – os Turistas. Um sinal claro de que as empresas estão ficando distraídas por esse tipo de "ruído" é a falta de foco em seu marketing para apoiar produtos e serviços e a confusão que isso causa nos compradores com disposição e capacidade de comprar.

Ser capaz de definir um mercado é importante porque é a base sobre a qual os mercados são segmentados, as vendas são visadas e são desenvolvidas as estratégias de posicionamento da concorrência para produtos e serviços. Se sua empresa não consegue definir o mercado, será ela capaz de identificar os produtos e serviços com os quais está competindo? Poderá avaliar o porte da demanda e as fatias de mercado dentro dele? Entenderá as necessidades atuais e em evolução dos compradores? Conseguirá avaliar se é capaz ou não de atender o mercado e os segmentos escolhidos de maneira lucrativa? Será capaz de determinar qual deve ser sua estratégia competitiva?

A definição do mercado e a compreensão dos segmentos dentro dele são vitais para a empresa, tanto agora quanto no futuro. Compreender e ser capaz de definir o mercado são pontos fundamentais aos quais as empresas precisam dar atenção. No entanto, ser capaz de definir o que é um mercado é apenas o ponto de partida. Essa definição precisa ser usada para criar um contexto significativo para a empresa e seus produtos e serviços. Também precisa ser usada para identificar e avaliar os concorrentes, colocar os produtos e serviços deles no contexto e dar forma ao desenvolvimento de opções estratégicas para o sucesso competitivo.

À medida que o futuro se desdobra, a definição do mercado também deve evoluir. Estratégias competitivas e corporativas precisam ser formuladas olhando para a frente, não para trás. A não ser que os gestores consigam definir e desenvolver sua compreensão dos mercados, haverá um risco real de que suas empresas não aproveitem seu potencial e com isso sejam afetadas adversamente pela concorrência.

Os gestores precisam definir mercados não apenas em termos de produtos e serviços, mas em termos dos requisitos dos compradores no mercado. Precisam ser capazes de identificar e compreender o impacto e os relacionamentos entre Compradores e Vendedores Principais, Compradores e Vendedores Seguidores, Compradores e Vendedores Independentes e Turistas.

Os gestores devem sempre se lembrar de que o passado é apenas um guia para o futuro. Se não forem capazes de definir e de compreender o mercado agora, há pouca chance de serem capazes de fazer suposições consistentes a respeito do desenvolvimento futuro do mercado.

> Não pergunte o que está afetando a sua empresa, e sim o que está afetando os compradores no mercado, como o valor realizado dos mercados é alcançado e como o potencial não realizado do mercado poderia ser convertido em valor realizado do mercado.

Para que as empresas possam realmente explorar mercados e ter sucesso, precisam primeiro ser capazes de definir o mercado e compreender sua dinâmica. Precisam decidir se serão um Comprador ou Vendedor Principal, um Comprador ou Vendedor Seguidor e se têm interesse em Compradores e Vendedores Independentes. Mais importante ainda, precisam ter uma compreensão compartilhada dentro da empresa da sua definição de mercado e então fazer com que essa definição ganhe vida.

DICAS DE PROFISSIONAL

1. Certifique-se de que na sua empresa há uma compreensão clara de quando um mercado é criado – na interface que envolve compradores e vendedores dispostos e capazes.

2. Foque o que constitui a disposição e capacidade de comprar.

3. Foque as características daqueles com disposição e capacidade de comprar.

4. Identifique a diferença entre o valor não realizado e o valor realizado do mercado.

5. Seja realista ao avaliar o tamanho do mercado, a probabilidade de converter o valor potencial, mas não realizado, em valor realizado e o que pode agir como catalisador para melhorar esse processo.

6. Reconheça que, se sua empresa tiver uma definição de mercado equivocada, não será capaz de competir com sucesso.

7. Reconheça que qualquer definição do mercado precisa ser feita a partir do ponto de vista do comprador, e não do vendedor.

8. Reconheça que, se a empresa não tiver uma interface efetiva com compradores com disposição e capacidade de comprar, não poderá competir no mercado.

9. Busque clareza a respeito do que sua empresa precisa ter para ser uma vendedora disposta e capaz.

10. Lembre-se sempre de que vendedores que falham em entregar suas promessas afetam a percepção do comprador a respeito da disposição e capacidade de vender da empresa e consequentemente de sua capacidade de fazer parte do mercado.

PERGUNTAS DE PROFISSIONAL

1. Você sabe onde estão no mercado os compradores com disposição e capacidade de comprar?

2. Sua empresa é capaz de focar aqueles com disposição e capacidade de comprar?

3. Sua empresa sabe por que os compradores têm a disposição e capacidade de comprar?

4. Sua empresa sabe por que compradores com disposição e capacidade de comprar não compram de algum ou de nenhum dos concorrentes no mercado?

5. Onde sua empresa está e onde estão seus concorrentes no mercado realizado?

6. Qual é a força dos produtos e serviços de sua empresa para converter aqueles que estão no mercado não realizado para que integrem o mercado realizado?

7. Qual é a força dos produtos e serviços dos concorrentes de sua empresa no mercado não realizado para que passem a fazer parte do mercado realizado?

8. Sua empresa sabe de que modo o valor potencial do mercado pode ser aumentado?

9. Sua empresa tem uma interface efetiva com os compradores dispostos e capazes que compram e aqueles que não compram dela?

10. Sua empresa sabe quais catalisadores funcionam para melhorar a taxa de conversão do valor não realizado do mercado para o valor realizado do mercado para os concorrentes?

CAPÍTULO 2

O QUE TORNA OS MERCADOS ATRAENTES?

INTRODUÇÃO

A atratividade está no olho de quem vê; mas de quem é esse olho? A atratividade em termos de mercados costuma ser uma consideração muito subjetiva. Os dados objetivos são avaliados subjetivamente a partir de critérios que às vezes são difíceis de entender e com frequência têm mais a ver com o histórico da empresa do que com seu futuro.

Decisões sobre permanecer nos mercados ou sair deles são às vezes muito sensíveis. A decisão de ficar em mercados em vez de gerir a saída deles pode depender de uma avaliação da sua atratividade. Este capítulo examina o valor não realizado e o realizado de mercados e os critérios utilizados para avaliar sua atratividade.

ATRATIVO *VERSUS* ATRAÇÃO

Você pode levar os cavalos até a água, mas nem sempre consegue fazê-los beber. A interação entre compradores dispostos e capazes e vendedores dispostos e capazes pode resultar em vendas ou não. É importante compreender quais são as barreiras que impedem os compradores de comprar e se isso é sintomático de todos os compradores no mercado ou apenas da percepção que o comprador tem do vendedor. Se é algo sintomático dos compradores no mercado, afetará a avaliação do mercado como atraente feita por todos os vendedores. Se for sintomático da avaliação que o comprador faz dos produtos e serviços do vendedor, afetará a avaliação da atratividade do mercado feita por esse vendedor.

Neste último caso, quando o vendedor acredita ser capaz de fazer algo a respeito de sua oferta no mercado para poder competir com maior sucesso, o mercado ainda poderá ser atraente para ele. No primeiro caso, o mercado talvez não seja atraente, pois o vendedor pode se sentir incapaz de mudar o comportamento do comprador (ou na realidade ser incapaz de investir de forma suficiente).

O valor não realizado do mercado consiste no poder de compra daqueles compradores dispostos e capazes, que exploram e consideram comprar por meio de sua interação com vendedores dispostos e capazes. O valor realizado do mercado consiste no valor das vendas que resultam dessa interação.

Costuma-se definir o valor dos mercados em bilhões – seja qual for a moeda. Há uma atração por números grandes porque a empresa certamente pode obter uma fatia desses números. Gestores enxergam oportunidades em grandes números. Alguns têm também atração por novos mercados, pois isso os afasta dos problemas e desafios dos mercados em que estão. A atração está relacionada ao poder de atrair, isto é, de exercer apelo aos sentidos, gerar interesse ou entusiasmar. Grandes números criam interesse e entusiasmo.

Ser *atraente* está relacionado a uma avaliação das propriedades que causam uma atração. A *atração* cria interesse, e uma avaliação do que desperta interesse segundo certos critérios (que se espera que vão além dos sentidos apenas) determina se algo é atraente ou não. Isso se aplica a mercados. Gestores têm uma atração por certos mercados, mas precisam ter clareza a respeito dos critérios que estão utilizando para determinar se são de fato atraentes.

Uma cifra alta de valor de mercado não realizado cria atração – por exemplo, os mercados indiano e chinês, com suas imensas populações e economias em desenvolvimento. Mas a avaliação da atração do mercado e do que é necessário para competir com sucesso nele pode revelar que não é atraente para a empresa. Talvez ela não aceite operar como parte de uma joint venture com uma empresa local ou não concorde com uma transferência de tecnologia, nem se disponha a investir nesses mercados, pois isso colocaria em risco seu desempenho no mercado atual.

Embora muitos mercados possam gerar atração, nem todos são atraentes. As cifras do valor não realizado do mercado precisam ser investigadas com cuidado para termos certeza de que se baseiam em dados confiáveis. O valor de um mercado deve se basear no valor realizado de vendas ao longo do tempo. Quando esses dados não existem, ou não há como acessá-los, o valor do mercado baseado em vendas potenciais é especulativo, na melhor das hipóteses, e deve ser tratado com cautela.

Dados sobre potencial de vendas costumam se basear em suposições – suposições sobre a economia; mudanças na legislação; a desejabilidade de certos produtos e serviços; a força relativa de produtos e serviços concorrentes; mudanças nos padrões sociais; a adoção de avanços tecnológicos etc. Tudo pode causar atração, mas será que são coisas de fato atraentes? Como julgar isso?

Pesquisas de mercado foram amplamente adotadas para tentar uma abordagem mais científica a essas variáveis. De novo, embora a pesquisa de mercado seja útil, ela deve ser vista com algumas ressalvas. O que é importante é reconhecer que a pesquisa de mercado constitui um apoio ao julgamento e à avaliação dos riscos, e não um substituto disso.

Dados de vendas são um recurso competitivo crucial e costumam ser mantidos em sigilo, a não ser que haja razões para revelá-los – por exemplo, para gerar confiança no mercado de ações. Por que você deixaria seus concorrentes saberem como andam suas vendas? Embora possa querer criar uma imagem de que está dominando o mercado ou fazendo progressos, você precisa dos dados de vendas para fundamentar a sua tomada de decisões e não seus concorrentes!

> Pode haver grande diferença entre o valor realizado de um mercado e seu valor total. Tenha clareza sobre a confiabilidade dos dados nos quais se baseiam os valores não realizados e realizados do mercado e as suposições implícitas na definição desses valores.

Poucos mercados são homogêneos; eles costumam ser segmentados em termos dos produtos e serviços exigidos pelos compradores e por sua cobertura geográfica. O valor dos mercados potencial e realizado para um produto "X" no México pode ser muito diferente do valor total e realizado dos mercados para esse mesmo produto "X" na Inglaterra. O lugar em que os mercados existem é algo que será tratado no Capítulo 3. É importante ter clareza a respeito dos limites aplicados à definição do mercado. A definição precisa ser real, mais que teórica.

Converter o valor total do mercado em valor realizado impõe várias barreiras. Acreditar que você tem uma boa compreensão do valor total dos mercados é apenas parte da equação. Você precisa compreender as barreiras que dificultam converter valor não realizado em valor realizado e como superá-las. Precisa também decidir se o mercado é suficientemente atraente para investir e assumir os riscos envolvidos para superar essas barreiras.

O valor de um mercado em termos de vendas é diferente da atratividade e lucratividade dos mercados para os vendedores. Alguns mercados operam com margens muito baixas, que exigem volumes muito grandes de vendas para se alcançar a quantidade desejada de lucro – por exemplo, nos supermercados. Outros mercados operam com base em volume baixo, com altas margens, como o da alta-costura. A dinâmica do mercado pode ter um impacto significativo na lucratividade e em sua atratividade. Embora o valor total dos mercados possa ser significativo e atraente, a capacidade de realizar níveis aceitáveis de lucro a partir dele pode variar muito.

Gestores às vezes veem atração no faturamento e na fatia de mercado (*market share*). Mas com certeza o que é atraente é a lucratividade. É claro que ter uma fatia de mercado maior que um concorrente pode ser visto como atraente, mas às vezes é melhor ter uma fatia de mercado menor com maior lucratividade. Uma proporção de 5% de lucro líquido numa fatia de mercado equivalente a £ 1 bilhão é melhor do que ter 2% de lucro líquido numa fatia de mercado equivalente a £ 2 bilhões.

O faturamento às vezes é encarado como um sucedâneo da atratividade. Vejamos um exemplo.

ESTUDO DE CASO

Atraente em razão do lucro, não apenas do faturamento

Nos anos posteriores à Revolução de Veludo na República Tcheca, prestei algumas consultorias a empresas que estavam aproveitando suas novas liberdades comerciais. Uma empresa em particular que ajudei estava considerando sair de um de seus importantes mercados, no qual ela tradicionalmente havia sido bem-sucedida. Antes de se retirar do mercado, fui chamado para identificar por que razão, apesar de o mercado ser visto como atraente e gerar alto faturamento para a empresa, ela estava encontrando dificuldades, e se ela poderia fazer algo que lhe permitisse continuar no mercado e se beneficiar de sua atratividade.

O contexto é tudo. No passado, sob o regime comunista, a cultura predominante era conduzir as coisas pelo lado da oferta. A empresa, antes de passar para o âmbito comercial, tinha uma meta de produção e era avaliada em termos do cumprimento dessa meta. No entanto, constatei que os gestores da empresa, embora estivessem agora livres das restrições prévias e tivessem mobilidade para buscar uma abordagem comercial do negócio, deparavam com um ambiente empresarial ainda dominado por uma cultura do lado da oferta e da produção. Conversando com os gestores da empresa, descobri que o foco deles era o faturamento. Produção equivalia a faturamento, que equivalia a atratividade. O faturamento se tornara um indicador da atratividade do mercado.

Analisando mais a fundo a empresa e as suposições e crenças que guiavam as decisões dos gestores, descobri que havia uma falta de compreensão dos termos "custos fixos", "custos variáveis" e "margem de lucro". Talvez como herança do passado, os gestores acreditavam que a grande maioria dos seus custos eram fixos e não variáveis.

Os produtos e serviços da empresa tinham preços competitivos e vinham gerando alto faturamento. Mas uma análise do custo base da empresa revelou que seu custo de produção e as despesas gerais eram muito altos. Para manter o volume de vendas e o faturamento, os preços haviam sido reduzidos, e o resultado foi que a margem de lucro nas vendas, que antes era pequena, simplesmente desapareceu. O lucro insuficiente nas vendas era voltado a prover o dinheiro necessário para investir no desenvolvimento do portfólio de produtos e serviços, no marketing e em fornecer um retorno aos acionistas.

As percepções dos compradores dos seus produtos e serviços estavam mudando. Os concorrentes da empresa haviam ajustado suas bases de custo em relação à concorrência e eram capazes de sustentar preços baixos e ainda assim ter dinheiro para desenvolver seus produtos e serviços. Isso promoveu uma mudança nas percepções dos compradores quanto aos produtos e serviços da empresa. A proposta de valor, que antes era boa, estava sendo vista cada vez mais como ruim e pouco valiosa.

A empresa não tinha dinheiro disponível para desenvolver seus produtos e serviços e ajustá-los aos novos requisitos dos compradores. Viu sua vantagem anterior de preço ser corroída, e sua alta base de custo significava que não tinha como reagir à competição de preço sem perder dinheiro. Portanto, o faturamento da empresa sofreu com isso, e sua alta base de custo não tinha como ser sustentável. Ela foi ficando cada vez mais incapaz de competir no mercado com lucratividade. Conforme o faturamento caiu, o fluxo de caixa e o capital de giro ficaram mais problemáticos e a empresa viu a atratividade do mercado ficar menor.

O valor total e realizado do mercado não havia mudado de modo significativo; o que havia mudado era a capacidade de a empresa competir com sucesso no mercado. Mudar a definição que a empresa tem de atratividade do mercado e fazê-la focar a lucratividade do faturamento, em vez de apenas o faturamento, exigiu uma mudança organizacional, cultural e de estratégia.

Para os gestores, são muitas as coisas que despertam atração, mas temos de ser capazes de determinar o que é de fato atraente. Costuma-se dizer que a atratividade está no olho de quem vê. Então, às vezes é necessário mudar a maneira como o olho de quem vê está olhando para o mundo e, a partir disso, compreender de fato a diferença entre atração e atratividade!

ESCLARECENDO O QUE CONSTITUI ATRATIVIDADE

Podemos usar vários critérios para definir a atratividade do mercado. As empresas precisam decidir se o valor total do mercado e o valor realizado do mercado fornecem a elas a oportunidade de alcançar um retorno lucrativo, seja como concorrente existente no mercado, seja como novo participante.

◢ Reagindo aos clientes

Às vezes também é importante ou necessário para a empresa estar no mercado, porque seus principais compradores no mercado estão dentro dele – por exemplo, empresas internacionais, que com frequência querem negociar com fornecedores de serviços internacionais para assegurar consistência e simplificar os relacionamentos. Se você não estiver presente nos mercados em que o comprador está, então não pode competir por esse negócio do comprador. Da mesma forma, compradores significativos podem querer lidar apenas com vendedores que ofereçam "soluções" multifacetadas, como um pacote de produtos e serviços. Se elas não fornecem uma "solução" abrangente coordenada nesses mercados, então não podem competir pelo negócio desse comprador. Nesses casos, a definição e a avaliação da atratividade para vendedores acontecem num nível *supramercados*, com foco na lucratividade de atender aos requisitos do vendedor em agregados que envolvam vários mercados e vários segmentos de mercado.

◢ Compreendendo valor de mercado total e realizado *versus* preço

A definição da atratividade do mercado precisa ser compreendida ativamente e gerar ações dentro da empresa para evitar que suas diferentes partes abordem o mercado de maneiras diferentes. Uma das maneiras de promover essa compreensão compartilhada é o desenvolvimento e uso do valor total e realizado do mercado *versus* o gráfico de preço. A Figura 2.1 fornece um exemplo disso.

Desenvolver esse gráfico permite obter percepções sobre os valores potencial e realizado do mercado a serem testados em diferentes níveis de preços dentro da equipe. Embora aceitando que o preço é apenas um dos determinantes da demanda, é uma ferramenta útil para fazer brotar diferentes percepções em equipes a respeito da atratividade do mercado.

> Há uma diferença entre o valor total e o valor realizado de um mercado nos diversos pontos de preço. A atratividade dos mercados será afetada dependendo de a empresa conseguir, de modo lucrativo, obter o valor de vendas exigido nos pontos de preço nos quais ela pode competir para prover um nível aceitável de retorno sobre o investimento.

Com muita frequência as equipes focam internamente (tanto em termos da empresa como de seus papéis dentro dela) em vez de externamente, no mercado. Discutir percepções sobre a elasticidade da demanda do comprador em relação ao preço num mercado é um bom ponto de partida para desenvolver um foco externo. Esse pode então ser usado para colocar os produtos e serviços da empresa no contexto e discutir o que a empresa fará para competir lucrativamente nos diferentes pontos de preço e valores de mercado.

O gráfico da Figura 2.1 começa no preço mínimo para o produto e serviço no mercado. Costuma existir uma suposição de que a demanda continuará aumentando conforme o preço cair. Embora compradores sempre queiram conseguir um bom negócio, se os produtos e serviços são percebidos como baratos demais, isso muitas vezes mina a confiança neles. A percepção de valor pelo comprador pode agir como uma autorregulação da sensibilidade do comprador ao preço.

O preço também é afetado pela concentração de compradores (um pequeno número de compradores de grandes volumes pode fazer cair o preço) e pela concentração de vendedores (pequeno número de vendedores pode elevar o preço). O preço mínimo no mercado é

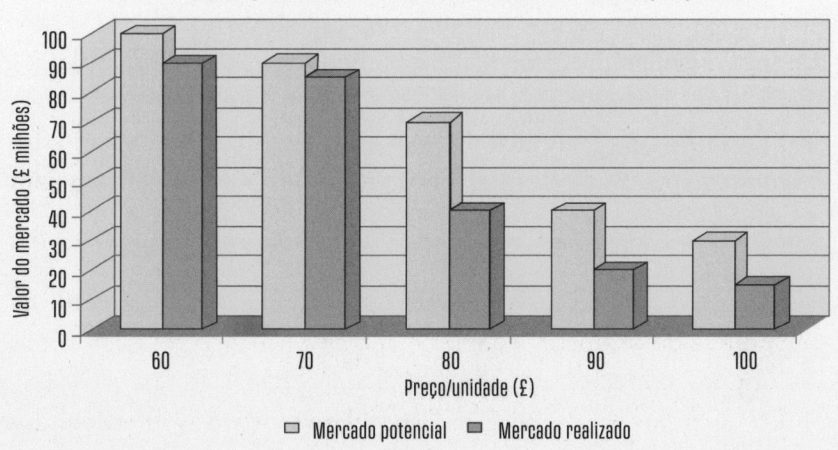

FIGURA 2.1 Gráfico do valor de mercado total e realizado *versus* preço

Valor potencial e realizado do mercado *versus* preço 2012

□ Mercado potencial   ■ Mercado realizado

determinado pela disposição e capacidade dos compradores de comprar a um preço, pela disposição e capacidade dos vendedores de vender a esse preço e por quem tem o poder no mercado.

Na ilustração acima, o preço mínimo é de £ 60 por unidade. Nenhum vendedor nesse ponto do tempo estava disposto e era capaz de vender abaixo desse preço. Isso, porém, pode mudar ao longo do tempo, à medida que um vendedor seja capaz de reduzir custos ou adote uma estratégia de liderança em preços para penetração de mercado ou que um comprador exercite seu poder sobre os vendedores – como os supermercados quando exercem seu poder sobre fornecedores.

O gráfico ilustrado mostra queda significativa no valor do mercado, tanto total quanto realizado acima de £ 70, com quedas adicionais significativas acima de £ 80. Isso demonstra que buscar alcançar prêmios de preço pode não ser atraente, pois o porte e o valor dos mercados total e realizado nesses preços podem não ser o suficiente para permitir explorá-los de modo lucrativo. O gráfico indica que o mercado pode ser atraente apenas se a empresa acreditar que pode obter suficiente lucratividade na fatia de mercado (*market share*) com preço de £ 60–£ 70 por unidade, para gerar os retornos sobre o investimento que ela precisa ter.

A chave para o exposto acima não é produzir um gráfico definitivo, mas usá-lo para trazer à tona e lidar com as diferentes percepções a respeito do mercado e da abordagem com a qual a empresa atua nele. Vi que essa abordagem revela diferenças muito reais nas visões dos gestores a respeito da atratividade dos mercados. Alguns exemplos:

- Existe um apego emocional em lugar de uma abordagem com fundamentação econômica no mercado (esse foi o mercado com o qual a empresa começou e é o coração da empresa).

- Existem diferentes níveis de otimismo em relação à capacidade da empresa de competir.

- Estão sendo feitas suposições especulativas sobre as intenções dos concorrentes.

- Estão sendo feitas suposições otimistas não compartilhadas a respeito do futuro valor total do mercado ou da sua taxa de crescimento.

- Estão sendo feitas suposições otimistas não compartilhadas sobre a capacidade da empresa de converter o valor não realizado em valor realizado no mercado.

- Existem visões diferentes sobre a natureza e o potencial impacto das barreiras à saída e se elas podem e devem ser enfrentadas ou não.

- Existem diferentes visões sobre a natureza e o impacto das barreiras à entrada de novos concorrentes.

- Existem visões diferentes sobre a lealdade do comprador e sobre a disposição e capacidade dos compradores de mudar para outros vendedores.

- Há uma falta de compreensão compartilhada sobre as necessidades em evolução dos compradores no mercado.

▸ Há visões antes não expostas de que o mercado não é atraente e de que a empresa deveria se retirar dele.

As empresas devem ter uma compreensão compartilhada da atratividade dos mercados, e essa compreensão deve efetivamente guiar suas ações. Desenvolver um gráfico do *valor total e do valor realizado do mercado* versus *preço* e responder às questões a seguir facilita um diálogo realista a respeito de mercados, de sua atratividade e da capacidade das empresas obterem lucro com eles.

DICAS DE PROFISSIONAL

1. Seja claro a respeito da definição do mercado e procure que sejam bem compreendidas as diferenças entre atração e atratividade.

2. Faça cada membro do time registrar suas suposições a respeito do preço mínimo e do valor total e realizado do mercado antes que o time se reúna para discutir isso.

3. Discuta, como um time, as suposições subjacentes às diferentes avaliações que cada indivíduo faz da diferença entre o valor total e o valor realizado do mercado, nos diferentes pontos de preço.

4. Identifique se há outras grandes variáveis que tenham probabilidade de afetar as diferenças entre os valores total e realizado do mercado. Se houver, então use-as como parte da discussão.

5. Identifique o que torna o mercado atraente, não só para a sua empresa, mas para todos os concorrentes.

6. Não coloque em discussão os produtos e serviços da sua empresa antes de ter examinado os pontos acima.

7. Lembre-se de que os produtos e serviços da sua empresa não operam isoladamente; você deve examinar os produtos e serviços dos outros.

8 Certifique-se de que você sabe não só o custo unitário atual e a margem dos produtos e serviços de sua empresa, como a capacidade de sua empresa de mudá-los se necessário.

9 Lembre-se de que isso não é uma ciência e que você está fazendo suposições.

10 Certifique-se de que no final da discussão exista uma compreensão compartilhada do mercado; de como a atratividade é definida; se o mercado é atraente ou não para a empresa; se alguma coisa precisa mudar para torná-lo atraente; quais perguntas ainda precisam ser respondidas; e certifique-se de que há um compromisso compartilhado de responder a essas perguntas.

PERGUNTAS DE PROFISSIONAL

1 Existe uma compreensão compartilhada da definição do mercado adotada pela empresa e dos critérios para a atratividade do mercado?

2 Quando o preço sobe, de que maneira os valores totais e realizados do mercado sobem ou descem?

3 Conforme o relacionamento entre valor de mercado total e realizado muda, de que maneira isso tem impacto na lucratividade de sua empresa?

4 Onde está a sua empresa em relação aos seus concorrentes em termos de preço e lucratividade?

5 O mercado é estável ou está mudando? Se está mudando, como é essa mudança?

6 O que sua empresa precisa fazer para ser capaz de competir?

7 O valor do mercado é atraente para a sua empresa no ponto de preço em que ela pode competir?

8 Quais são as tendências no mercado em termos de preço, valor total, valor realizado, fatias de mercado da concorrência e natureza da concorrência?

9 Quais são as principais variáveis que afetam preço, valor total do mercado e valor realizado do mercado?

10 Sua empresa tem condições de mudar a dinâmica competitiva e o relacionamento entre o valor total e o valor realizado do mercado?

CAPÍTULO 3

ONDE EXISTEM MERCADOS?

INTRODUÇÃO

O mundo mudou com os imensos avanços nas tecnologias de comunicações e o acesso às funcionalidades que a tecnologia oferece às pessoas. Os estilos de vida mudaram em razão dessas mudanças tecnológicas e há maior confiança na segurança das transações baseadas na internet.

Essas mudanças se refletiram nos lugares em que os mercados existem, com significativas implicações para os *marketplaces* tradicionais e para a infraestrutura física e o investimento feito para apoiá-los. Este capítulo explora essas mudanças e o que as empresas precisam ajustar para não ficar atrás, perdendo oportunidades de competir.

MERCADOS E LUGARES

Muitas das definições de mercado referem-se ao lugar em que vendedores e compradores de produtos e serviços se juntam para fazer negócios – como a citada feira de Bakewell. A referência a "um lugar" reflete o ambiente histórico dos mercados, como lugares nos quais vendedores e compradores se reuniam para trocas e para definir preços de transações de bens e serviços. Lugares onde se realizavam feiras ou mercados eram referidos como cidades-mercado.

Quer na zona rural da Europa, Estados Unidos, África, Austrália, Ásia ou Índia, os dias de mercado continuam sendo uma parte do tecido social e econômico das sociedades locais. Mercados físicos ainda atraem pessoas, mas a natureza dos mercados ampliou-se bem além dos lugares físicos onde tradicionalmente se situavam.

Como já vimos na definição de mercado no Capítulo 1, a mera presença física ou virtual de uma empresa num *marketplace* não significa que ela esteja de fato num mercado. Um mercado requer uma interface entre compradores dispostos e capazes e vendedores dispostos e capazes.

Algumas empresas confundem a presença num *marketplace* físico ou virtual com "estar no mercado". Elas só estarão num mercado se forem parte da interação entre compradores dispostos e capazes e vendedores dispostos e capazes, independentemente de onde estiverem localizados. No passado, a disposição e capacidade do comprador de ir além da rua principal de comércio da cidade eram muito limitadas. Hoje, são cada vez mais ilimitadas.

> Limites físicos e geográficos definem cada vez menos um *marketplace*. Os *marketplaces* são cada vez mais definidos pela disposição e capacidade dos compradores de interagirem com vendedores dispostos e capazes virtualmente, mais do que definidos por onde estejam localizados fisicamente, como acontecia antes.

Hoje os *marketplaces* físicos apenas restringem a operação de um mercado quando compradores dispostos e capazes têm necessidade de um produto e serviço e dispõem de pouco tempo, ou quando não pretendem ficar "pesquisando" a melhor oferta. É por isso que lojas de "conveniência" conseguem cobrar um preço *premium* por produtos, e os postos de combustível que se localizam onde não há alternativas de suprimento num raio de quilômetros podem cobrar preços mais altos.

Como sabemos, quando um mercado consiste num único vendedor – os chamados "mercados monopolistas" –, isso cria uma distorção entre o poder dos compradores e o dos vendedores. O vendedor é todo-poderoso para aqueles produtos de que o comprador tem necessidade ou que deseja comprar. O *marketplace* nessas situações é determinado pelo vendedor.

MARKETPLACES VIRTUAIS

A internet transformou a disposição e capacidade do comprador de interagir com vendedores onde eles estejam localizados, e mudou os limites dos mercados e a definição dos *marketplaces*. Isso é evidenciado cada vez mais pelos "*marketplaces* virtuais", onde compradores num país têm suas vendas concluídas na jurisdição fiscal de outro. Há uma crescente controvérsia a respeito de empresas como Google e Amazon, que geram imensas vendas com compradores de um país, mas pagam pouco imposto ao governo desse país, embora operem dentro da lei.

O desenvolvimento de *marketplaces* virtuais tem ressaltado a diferença e a separação entre *marketplace* e mercado. Imensas empresas foram criadas com base na conveniência de prover *marketplaces* virtuais para a compra de produtos e serviços. Amazon, eBay e os sites de empresas tradicionais "físicas" estão transformando a aparência e o uso das ruas comerciais, pois os varejistas não têm mais a exigência absoluta de sua presença física em cidades para operar um mercado para seus produtos e serviços.

Varejistas procuraram se adaptar a isso oferecendo um site transacional exclusivo da empresa, com o produto sendo retirado nas suas lojas físicas ou entregue por empresas de logística especializadas. O termo "transacional" é importante porque, como ocorria com *marketplaces* do passado, mercados para certos bens e serviços e para alguns compradores exigem um elemento social.

Marketplaces baseados na internet procuraram atender a essa necessidade de um elemento social para a compra oferecendo grande quantidade de informações. No entanto, nem todo comprador está disposto a trafegar por toda essa informação e alguns preferem falar diretamente com uma pessoa. Os *marketplaces* da internet também buscaram usar a experiência daqueles que já compraram pelo *marketplace* para que deem maior certeza aos possíveis compradores sobre a qualidade e confiabilidade dos produtos e serviços oferecidos. É por isso que sites como o da Amazon incluem resenhas de livros feitas por leitores e avaliações de quem comprou sobre o desempenho do vendedor. E foram até criados alguns negócios baseados em fornecer resenhas das experiências dos compradores, como é o caso do www.tripadvisor.co.uk.

Um dos mercados mais sofisticados do Reino Unido, representado pela Bolsa, há muito tempo migrou e virou virtual. Os corretores e operadores da Bolsa não se conhecem mais e não negociam mais pessoalmente na base do "pode confiar na minha palavra". Agora, dependem de negócios virtuais e de programas de computador para realizar milhares de negociações numa fração de segundo, quando gatilhos são alcançados.

Nesse caso, o local em que o mercado se situa é uma plataforma de negócios cada vez mais virtual. Isso talvez explique algumas das dificuldades experimentadas quando programas de computador criam turbulências no mercado – ações que repercutem fortemente no mercado em segundos, geradas por processos pré-programados que não contaram com a devida avaliação!

Também ocorre que o tempo se tornou uma questão crucial em alguns mercados. Em alguns deles, a expressão "o tempo é essencial" tem por base um parâmetro expresso em dias, enquanto em mercados financeiros e em certas situações de negócios esse parâmetro é de frações de segundo. É importante compreender o contexto de tempo para os diferentes *marketplaces* e mercados.

Esse aspecto crucial do tempo tem impulsionado a automação dos processos de transações. A natureza e o volume dos resultados desses processos transacionais podem ter forte impacto na viabilidade e na reputação de mercados e nos compradores e vendedores que participam deles. Nessas situações, os programas de software de processos transacionais tornam-se um substituto de compradores e vendedores que testam sua disposição e capacidade de negociar. Isso é muito distante do conceito tradicional de mercado e de sua dependência de pessoas e de lugares.

> Os "lugares" em que os mercados existem estão ficando cada vez mais virtuais. "Lugar" diz respeito ao ponto onde e como ocorre a interface entre compradores e vendedores dispostos e capazes. Mercados diferentes têm diferentes níveis de dinâmica quanto à relevância do tempo; têm diferentes níveis de dependência de tecnologia; diferentes

> níveis de requisitos de interação social e diferentes níveis e tipos de requisitos de funcionalidade transacional.

Apesar disso, embora os processos dentro de um mercado possam ser cada vez mais transacionais e automatizados, um mercado não é uma entidade inanimada. Um mercado consiste em uma coleção viva e dinâmica de pessoas atuando como compradores ou vendedores – um dinamismo afetado por um número de variáveis econômicas e sociais que serão exploradas mais adiante.

Quanto mais automatizados os processos de um *marketplace*, quanto menor a supervisão e a avaliação, maiores os riscos para as organizações. Processos automatizados precisam ser constantemente revistos e ajustados para poderem refletir as condições mutantes do mercado e o perfil de riscos da empresa.

> Embora processos transacionais inanimados apoiem os mercados, eles precisam ser geridos para manterem contato com o mercado à medida que este se desenvolve e para garantir a gestão dos riscos. Se o dinamismo nos mercados é criado por processos transacionais inanimados, o risco organizacional pode aumentar.

É importante destacar a essa altura que o aumento atual de sites comparativos com funcionalidade de vendas significa que estão sendo criados diferentes *marketplaces*. As empresas agora precisam estar em diferentes *marketplaces* virtuais para assegurar sua competição por negócios. Os compradores querem ter a oportunidade de comparar diretamente as ofertas de diferentes vendedores.

Também é importante destacar que empresas que desenvolvem suas marcas e investem grandes somas de dinheiro nelas não desejam estar em certos *marketplaces*. Isso porque acreditam que a associação da marca a determinados *marketplaces* pode afetá-las negativamente.

ESTUDO DE CASO

Burberry

A Burberry é uma promissora empresa de vestuário que tem tido um tremendo sucesso. Em novembro de 2013, a empresa anunciou que suas vendas em um semestre haviam pela primeira vez ultrapassado mais de £ 1 bilhão.

O xadrez Burberry é sinônimo da marca e é instantaneamente reconhecível, transmitindo valores de marca consistentes com seu público-alvo de compradores de nível socioeconômico alto. O xadrez da Burberry é um design que transmite distinção.

Esses valores de marca foram minados há um tempo pela adoção do xadrez Burberry por torcedores de futebol vândalos e por grupos socioeconômicos de nível mais baixo, conhecidos coloquialmente como *chavs* ["maloqueiros"]. Isso criou um grande problema para a Burberry, já que fabricantes de imitações e versões pirata criaram um suprimento de produtos de baixo custo e baixa qualidade usando o padrão icônico. A marca Burberry, antes exclusiva, foi minada, já que o xadrez, que era sua marca registrada, passou a ser visto no mercado de massas, e isso minou sua desejabilidade entre os compradores de alto poder aquisitivo.

A Burberry também procurou crescer usando um modelo de licenciamento. Havia ao redor do mundo 23 licenciados produzindo algo diferente, de kilts a guias de cachorro. A impressão é que havia produtos para todo mundo, mas poucas dessas coisas tinham a ver com exclusividade. Esse licenciamento fez a gama de produtos proliferar, e a Burberry perdeu o controle sobre seu ativo mais importante: sua marca.

Em 2006, a nova CEO Angela Ahrendts combateu essa sabotagem da marca e voltou a assumir o controle dela. A empresa gastou milhões para comprar de volta as licenças e abriu processos legais por violação da marca registrada contra varejistas que mantinham versões pirata em estoque. Ela constatou o quanto a ubiquidade é fatal para uma marca baseada na exclusividade e estava determinada não só a controlar o acesso do mercado ao produto, mas a garantir que todo

> comprador que tivesse contato com produtos Burberry contasse com um serviço da empresa consistente, de alta qualidade. A Burberry usou endossos de celebridades de "primeiro time", como Kate Moss, para reposicionar a marca. Anunciou pesadamente em revistas como *GQ*, *Vogue* e *Harper's Bazaar* e adotou uma abordagem de marketing viral, baseada na internet. Marcou presença em semanas de moda ao redor do mundo e promoveu eventos exclusivos. Aspecto crucial: passou a controlar onde seus produtos podiam ser comprados.

A disponibilidade de produtos no mercado "paralelo", que encontravam um canal em *marketplaces* inconsistentes com os valores da marca, é um desafio constante para empresas empenhadas em proteger suas marcas. Ver um perfume de alta qualidade numa loja de descontos não protege e não apoia os valores da marca do produto. Controlar os canais para o mercado de vendedores é crucial para manter a integridade da marca. Os *marketplaces* precisam ser consistentes com os objetivos que os vendedores definem para seus produtos e serviços.

GERIR MÚLTIPLOS *MARKETPLACES*

As empresas precisam estar cientes da proliferação de *marketplaces* e, sempre que possível, fazer escolhas positivas quanto a competir ou não dentro deles. Cada vez mais as empresas precisam ter planos de marketing que incluam diferentes tipos de *marketplaces*. Diferentes *marketplaces* têm diferentes "regras do jogo" competitivo e nutrem diferentes expectativas no comprador. As empresas precisam compreender essas "regras do jogo" e as diferentes expectativas do comprador e ter sistemas preparados, para garantir que não buscarão aplicar velhos processos e respostas a novos *marketplaces*.

A proximidade física dos *marketplaces*, que antes era algo implícito na sua definição, há tempos não existe mais, e somente as empresas capazes de reconhecer e reagir aos requisitos dos novos *marketplaces* irão sobreviver e prosperar. Cada vez mais, o *marketplace* é algo que não está mais aqui e sim em toda parte.

A presença em diferentes *marketplaces* precisa levar em conta onde os compradores querem estar e onde e como tomam suas decisões "de comprar". Não é por acaso, por exemplo, que o valor do espaço publicitário em sites está diretamente relacionado à natureza e ao volume de tráfego gerado por eles. As empresas, ao decidirem onde anunciar, precisam saber muito bem onde os compradores que elas querem atrair se reúnem e como a presença dos produtos e serviços da empresa nesses sites será vista pelos compradores.

Não é mais adequado ter uma mesma abordagem ao *marketplace* e ao marketing. Diferentes *marketplaces* exigem abordagens próprias, e os gestores precisam fazer escolhas a respeito de como apoiar o modo em que o comprador percebe a marca e a acessibilidade a ela. Será que a empresa pode bancar múltiplos planos e estratégias para *marketplaces*?

Tão importante quanto ter clareza a respeito da estratégia para múltiplos *marketplaces* é assegurar que as expectativas geradas neles sejam entregues na prática. Um *marketplace* baseado na internet não demorará a ser minado se o preenchimento físico de um pedido não for confiável, do mesmo modo que ocorreria com *marketplaces* físicos que tivessem suas prateleiras vazias.

Ao desenvolver diferentes estratégias para diferentes *marketplaces*, é necessário compreender os desafios disso em termos da cultura organizacional, dos recursos e dos vínculos entre as atividades da empresa. Um comprador que deseja comprar um produto usando um *marketplace* baseado na internet quer ser capaz de transacionar a compra sem entraves, de maneira rápida e com absoluta confiança na segurança da transação. Tampouco ficará satisfeito se fizer uma escolha de produto e, depois de alguns cliques, se deparar com uma afirmação do tipo: "Desculpe, no momento não temos em estoque". As empresas precisam ter clareza a respeito dos critérios do comprador para cada *marketplace*, de como ele quer ver esses critérios atendidos e como faz comparações com outras empresas concorrentes desse *marketplace*.

DICAS DE PROFISSIONAL

1 O "lugar" no *marketplace* reflete os requisitos dos compradores. O simples fato de estar num *marketplace* não significa que a sua empresa esteja num mercado.

2 Empresas precisam ter uma estratégia para influenciar e planejar prováveis mudanças futuras no "lugar" desse *marketplace*.

3 Não fique limitado por investimentos passados ao investir no *marketplace* para o futuro.

4 Lembre-se de que todos os custos fixos são variáveis no longo prazo. Não há nada que seja definitivo, tudo pode ser alterado, incluindo onde sua empresa tem seu *marketplace* e como ela pode usar os de outras.

5 A tecnologia torna tudo possível, a um preço e com um risco. Seja claro a respeito do que sua empresa precisa para conseguir realmente atender aos requisitos dos compradores, a respeito do que ela está preparada para gastar para conseguir isso e sobre os riscos tanto de investir quanto de não investir.

6 Coloque a eficiência e a economia dos processos transacionais baseados em tecnologia no contexto das necessidades dos compradores.

7 Não esqueça que os compradores com frequência querem mais que mero acesso à compra de um produto e serviço, e que o *marketplace* precisa ser capaz de oferecer isso.

8 Evite simplesmente abandonar a infraestrutura física; pense em como ela pode ser usada num novo contexto de *marketplace*.

9 Tenha clareza a respeito dos *marketplaces* em que você precisa estar e daqueles nos quais não quer estar.

10 Faça questão de saber como e sob quais condições seus produtos e serviços estão sendo oferecidos, para garantir que o *marketplace* não esteja minando sua marca e seus objetivos.

PERGUNTAS DE PROFISSIONAL

1. Onde estão os *marketplaces* nos quais sua empresa precisa estar agora?

2. Quais são os objetivos da sua empresa para esses *marketplaces* (no item "1" acima)? E eles estão sendo alcançados?

3. Sua empresa tem clareza a respeito dos *marketplaces* nos quais não quer estar e toma medidas para garantir que não esteja nesses *marketplaces*?

4. Onde estarão os *marketplaces* que os compradores usarão no futuro?

5. Você tem um plano para desenvolver a presença nesses *marketplaces* do futuro, pelo menos para acompanhar o ritmo em que os compradores migrarão para eles?

6. Se a sua empresa criou o próprio *marketplace* virtual, você tem clareza sobre que funcionalidade e apoio os compradores querem da operação do *marketplace* e como sua empresa se compara com esses requisitos e a oferta de outros *marketplaces*?

7. Se um *marketplace* tem alcance internacional, os produtos e serviços da empresa estão sendo oferecidos de maneira consistente com os diferentes requisitos do *marketplace* internacional?

8. A sua empresa é fisicamente capaz de atender *marketplaces* com alcance internacional no nível exigido pelos compradores e oferecido pelos outros vendedores?

9. A presença e o investimento de sua empresa nos *marketplaces* são impulsionados por tecnologia? Ela usa tecnologia para apoiar a realização dos objetivos corporativos?

10. Qual o perfil de risco da empresa que decorre de sua presença em diferentes *marketplaces*, tanto individualmente quanto de forma cumulativa?

Cada vez mais, o *marketplace* é algo que **não está mais aqui e sim em toda parte**.

CAPÍTULO 4

COMPRA OBRIGATÓRIA OU DISCRICIONÁRIA?

INTRODUÇÃO

Compradores compram por diferentes razões. Alguns compram porque são obrigados a comprar e outros porque gostariam de comprar; isto é, estes últimos estão numa situação de compra discricionária. Alguns são forçados por alguma necessidade e outros são movidos pelo desejo. É importante que as empresas compreendam as motivações que os compradores têm para comprar, para decidirem como comercializar seus produtos e serviços de maneira mais focada e efetiva e melhorar sua oferta competitiva em relação a outras.

Este capítulo examina a dinâmica humana de *ser forçado a comprar* e de *comprar como opção*. É feita uma referência particular à hierarquia de necessidades de Maslow e aos desafios para os gestores de assumir um ponto de vista externo de comprador dos produtos e serviços que são identificados.

COMPREENDENDO COMPRA OBRIGATÓRIA E COMPRA DISCRICIONÁRIA

A compra pode ser dividida em *compra obrigatória* e *compra discricionária*. A *compra obrigatória* limita os mercados em que os compradores podem ser ativos. A *compra discricionária* oferece aos compradores flexibilidade e escolha em relação aos mercados nos quais eles podem ser ativos. Um objetivo do marketing é convencer aqueles com disposição e capacidade de comprar de que aquilo que a empresa oferece é *compra obrigatória* em vez de *compra discricionária*. Exemplos: "Preciso comprar um celular porque é uma necessidade vital". O celular deixou de ser uma *compra discricionária* para a maioria das pessoas e passou a ser um item de *compra obrigatória*. Um iPhone é uma compra discricionária, já que existem muitos celulares mais baratos com menos funcionalidades ou com a mesma funcionalidade. Porém, o marketing e o branding associados aos produtos da Apple buscam convencer aqueles que têm disposição e capacidade de fazer uma compra discricionária de um celular a comprarem o iPhone da Apple. O marketing é direcionado não apenas a incentivar compradores a fazer uma compra discricionária, mas a convencê-los de que o iPhone Apple é um pacote de produto e serviços de *compra obrigatória*.

Se eu *tenho que comprar* um iPhone Apple só serei ativo em mercados e nos *marketplaces* que vendam iPhones Apple. A concorrência pela minha disposição e capacidade de comprar será focada em torno de *onde* eu tenho que comprar e não no *que* eu tenho que comprar. No exemplo acima, a concorrência não é entre iPhones Apple e outros telefones, mas entre os *marketplaces* que vendem iPhones da Apple.

Quando aqueles numa situação de *compra obrigatória* não estão limitados a ter que comprar um iPhone Apple, então o mercado (e, portanto, a concorrência) está entre uma gama muito mais ampla de celulares e não apenas entre os *marketplaces* que vendem iPhones Apple. Quanto menos específicos forem os requisitos do comprador, mais diversificados serão os produtos e serviços competindo pela disposição e capacidade dos compradores de gastar na compra de um celular.

MOTIVAÇÃO PARA COMPRAR

Para compreender o que comprar, é preciso compreender a motivação dos compradores. Uma ferramenta útil para alcançar essa compreensão é a hierarquia de necessidades de Maslow. Maslow (1954) identificou que as pessoas têm uma hierarquia de necessidades que afeta sua motivação. Esses níveis começam com as necessidades fisiológicas e se desenvolvem por meio de segurança, "pertencimento", estima, até chegar à autorrealização. A teoria explica que os indivíduos buscam preencher suas necessidades nas seções mais baixas da hierarquia, antes de considerar as seções mais altas.

Foi constatado, porém, que indivíduos podem na realidade buscar preencher seções mais altas da hierarquia antes que sejam atendidas as necessidades nas seções mais baixas. Em parte, o marketing, o acesso a crédito e as mudanças sociais têm sido responsáveis por esse desdobramento. Também foi descoberto que o foco dos indivíduos varia com o contexto; por exemplo, em tempos de guerra (Tang e West 2002), e que varia de acordo com os grupos etários (Goebel e Brown 1981).

Os compradores, cada vez mais, querem produtos e serviços na hora, em vez de esperar até juntar o dinheiro suficiente para adquiri-los. O acesso a crédito significou que eles se tornaram capazes de comprar produtos e serviços na hora, e o marketing estimulou uma demanda de compradores do tipo "eu também". Embora isso tenha promovido crescimento econômico, o fez à custa de níveis insustentáveis de endividamento pessoal. Foi esse endividamento, estimulado e apoiado por instituições financeiras, que subsequentemente se revelou tóxico para essas instituições e para os compradores que contraíram dívidas, com as economias ao redor do mundo entrando em recessão.

Embora a recessão econômica resultante tenha afetado gravemente a demanda no mercado, é interessante observar que, como as economias ao redor do mundo estão em diferentes estágios de recuperação, o nível de financiamento do endividamento segue no mesmo caminho. Parece que as mudanças sociais subjacentes às culturas do "eu também" e do "quero isso agora" não desapareceram, apenas foram colocadas em espera até a confiança começar a voltar e o acesso ao crédito ficar mais fácil.

É importante compreender a psicologia da motivação do comprador. Também é importante compreender como essas motivações mudam ao longo do tempo e nos diferentes contextos. Diferentes compradores em diferentes segmentos de mercado podem ter diferentes motivações afetando seu comportamento de compras.

Prosseguindo com o exemplo do celular, podemos ver que algumas pessoas que aparentemente não satisfizeram as seções mais baixas da hierarquia de Maslow acreditam que um iPhone é uma *compra obrigatória*. De fato, têm tamanha disposição de adquirir o celular como se ele fosse uma *compra obrigatória* que ganham a capacidade de fazer isso com dinheiro emprestado. As empresas que buscam aumentar as vendas procuram oferecer a compradores dispostos essa capacidade de comprar, por meio das condições de crédito que oferecem.

Uma maneira de ilustrar isso é encará-lo como um processo de três passos:

O Passo 1 envolve definir os compradores-alvo e identificar se os produtos e serviços são *compra obrigatória* ou *discricionária*.

A seguir, o Passo 2 pega os produtos e serviços concorrentes (isso pode ser feito para produtos e serviços que são *compra obrigatória* ou *compra discricionária*) e os coloca no contexto da hierarquia de necessidades de Maslow. Isso fornece um contexto para as decisões de "compra" que estão sendo buscadas e para a abordagem de marketing necessária.

O Passo 3 busca identificar como as marcas concorrentes para os produtos e serviços que estão competindo são percebidas pelos compradores. Isso ajuda a aprimorar o mix de marketing, a compreensão da segmentação de mercado e a definir onde a empresa precisa pôr foco em termos do desenvolvimento do produto e serviço.

Empreender esse processo permite à empresa lidar com as seguintes questões:

❶ Será que o marketing pode ajudar a convencer compradores dispostos e capazes de que os produtos e serviços da empresa são *compra obrigatória* em vez de *compra discricionária*?

❷ O marketing poderá convencer compradores dispostos e capazes de que os produtos e serviços da empresa atendem aos seus requisitos da hierarquia de Maslow?

❸ O marketing pode convencer compradores dispostos e capazes de que a marca da empresa tem uma vantagem competitiva sobre suas rivais?

Esse processo e essas perguntas permitem que se inicie um diálogo focado externamente dentro da empresa, que fornece um contexto para avaliar os objetivos e o equilíbrio do mix de marketing para os seus produtos e serviços.

Passo 1: Identificar se os produtos e serviços são *compra obrigatória* ou *compra discricionária*.

FIGURA 4.1 Categorizando produtos e serviços como compra obrigatória ou compra discricionária

Produtos e serviços concorrentes ↓	Compra obrigatória	Compra discricionária
A		
B		
C		
D		

Passo 2: Identificar como os produtos e serviços concorrentes se relacionam com a hierarquia de Maslow.

FIGURA 4.2 Produtos e serviços concorrentes e a hierarquia de Maslow

	Produtos e serviços concorrentes
	Autorrealização
	Estima
Hierarquia de Maslow	Pertencimento
	Segurança
	Fisiológicas

Passo 3: Colocando as marcas concorrentes na hierarquia de Maslow.

FIGURA 4.3 Marcas e a hierarquia de Maslow

		Marcas de produtos e serviços concorrentes
Hierarquia de Maslow	Autorrealização	
	Estima	
	Pertencimento	
	Segurança	
	Fisiológicas	

Para realizar os três passos acima, é vital que o foco da empresa seja externo e o mais objetivo possível. Só assim se poderá coletar informações úteis que permitam uma evolução bem-sucedida do marketing e das estratégias de desenvolvimento de produto e serviço. Conhecer os próprios produtos e serviços é essencial. Conhecê-los no contexto de compradores dispostos e capazes no mercado é vital. Trata-se de um processo contínuo.

> Saber se os produtos e serviços da empresa são **compra obrigatória** ou **compra discricionária** é um primeiro passo importante para compreender compradores dispostos e capazes. Isso precisa ser construído buscando compreender a motivação de compradores dispostos e capazes para permitir que o desenvolvimento de produtos e serviços da empresa e o marketing tenham foco.

A funcionalidade básica de um telefone era a comunicação verbal. Porém, cada vez mais a comunicação verbal tem se tornado só uma parte da funcionalidade das comunicações móveis e do portal de informações e do recurso de entretenimento chamado telefone. O tamanho do mercado para a funcionalidade básica tradicional única de um telefone (apenas permitir falar com alguém) encolheu para zero em muitas partes do mundo. Posso *achar obrigatório* comprar um telefone, mas hoje eu quero que seja parte do portfólio de funcionalidades móveis.

O mercado do telefone foi redefinido por essas mudanças, com um nível de funcionalidades de comunicações não verbais que se tornou norma. Pode-se argumentar que não existe mais um mercado de telefones, e sim um mercado de comunicações móveis segmentado por funcionalidade. Houve uma redefinição dos segmentos de funcionalidade de *compra discricionária* do passado no mercado e da dinâmica da concorrência, dentro e entre esses segmentos de mercado, e eles continuam evoluindo com o desenvolvimento de produto dos vendedores e sua capacidade de convencer compradores dispostos e capazes do poder que esses avanços têm de atender à sua hierarquia de necessidades de Maslow.

Quanto mais a funcionalidade e os benefícios dos produtos e serviços evoluem, mais segmentado fica o mercado e mais se modificam os limites entre *compra obrigatória* e *compra discricionária*. As empresas precisam compreender o impacto dessas mudanças nas motivações da hierarquia de necessidades de Maslow dos compradores dispostos e capazes. Também precisam desenvolver seu marketing e sua oferta de produto e serviço de modo contínuo nesse contexto. Aqueles que tiverem a maior compreensão e capacidade de reagir às necessidades em evolução dos compradores obterão os melhores resultados.

COMPETIÇÃO, NÃO SUBSTITUTOS

Em contextos de *compra discricionária*, os compradores particularmente dispostos e capazes podem ser ativos em vários mercados. Posso pensar em comprar um computador ou em comprar uma televisão. Se tenho disposição e capacidade de comprar um ou outro, ou ambos, e começo a explorar ativamente as duas possibilidades, sou parte dos dois mercados. Se vou de fato decidir comprar ou não um deles, ou ambos, ou nenhum, é outra questão, assim como a escolha do mercado ou do *marketplace* em que vou realizar a compra.

Se estou numa situação de *compra discricionária* e compro um computador em vez de uma televisão, será que comprei um produto substituto para um televisor? A resposta é não. O que aconteceu é que decidi comprar em um mercado, e não em outro. Pode haver uma série de razões para decidir comprar um computador, não uma televisão. Outras pessoas podem tomar uma decisão diferente ou comprar equipamento de cozinha em vez de um computador ou qualquer outra coisa. A chave é compreender que produtos e serviços provavelmente competirão pelo dinheiro que o comprador tem à disposição e pela sua capacidade de gastar. Trata-se de uma competição pela disposição e capacidade de gastar, não por se um produto é um substituto de outro ou não.

Vendedores precisam compreender se seus produtos e serviços são *compras obrigatórias* ou *compras discricionárias* para entender com o que seus produtos e serviços estão competindo. Só então começarão a lidar com a concorrência e com *marketplaces*. Também precisam compreender como podem desenvolver seus produtos e serviços para competir em mercados de *compras opcionais*. Isso é especialmente importante se o mercado histórico "essencial" de *compra obrigatória* está encolhendo e/ou ficando cada vez mais competitivo.

> Não há algo como produtos e serviços substitutos, apenas produtos e serviços concorrentes. Os vendedores precisam identificar se estão numa situação de **compra obrigatória** ou de **compra discricionária** para que possam detectar quais produtos e serviços estão competindo entre si.

Às vezes, empregam-se termos genéricos para descrever mercados, por exemplo: "o mercado de produtos ao consumidor". Embora essa possa ser uma nomenclatura conveniente, há o perigo de que a extensa variedade de compradores, produtos e serviços numa definição de mercado como essa diminua não só sua credibilidade como a praticidade de seu uso. Uma definição de mercado tão ampla conterá grande número de segmentos e com frequência terá um dinamismo competitivo muito diferente e uma gama amplamente diferenciada de disposições e capacidades do comprador. É como dizer que sei que o mercado está segmentado como as cores de um arco-íris, mas que vou focar apenas as características presentes na seção de vermelho do arco-íris.

Alguns segmentos de mercado estão dominados por compradores de *compras obrigatórias* e outros por compradores de *compras discricionárias*. A chave é saber como definir o mercado de maneira que facilite uma análise e avaliação úteis, que guiem o desenvolvimento de marketing e de estratégias competitivas efetivos.

Será difícil competir de modo bem-sucedido se a empresa não tiver uma clara compreensão de quais são os concorrentes de seus produtos e serviços. Competir em segmentos de mercado dominados por compradores de *compras obrigatórias* pode ser muito diferente de competir em segmentos de mercado dominados por compradores de *compras discricionárias*.

> A empresa deve buscar definir mercados de maneira que reflitam produtos e serviços concorrentes, não apenas usando termos genéricos que representem produtos e serviços agregados.

A vida é feita de escolhas. As escolhas que compradores fazem num contexto de *compras obrigatórias* pode ser diferente das escolhas feitas num contexto de *compras discricionárias*. Ao compreender a motivação dos compradores, a percepção que um comprador tem de um produto ou serviço pode ser mudada, e ele deixa de ver algo como *compra discricionária* e passa a vê-lo como *compra obrigatória*. A dinâmica da concorrência é então alterada. Os produtos da Apple têm evoluído continuamente nos últimos anos e sido vistos como *compras obrigatórias*, e não como *compras opcionais*, por um número significativo de compradores dispostos e capazes. Isso dificulta muito a competição para outras empresas. Em menor extensão, é o que ocorre com o poder das marcas – eu sou apreciador da Mercedes, então só vou comprar carros da Mercedes. Só uso roupas Paul Smith e só compro computadores da Apple.

DICAS DE PROFISSIONAL

1 Se você vende num contexto de *compras obrigatórias,* deve ter clareza contra quais produtos e serviços da sua empresa está competindo. Se você vende num contexto de *compras obrigatórias,* pode ter que competir em vários *marketplaces.*

2 Se você vende num contexto de *compras discricionárias,* é provável que esteja competindo em vários mercados. Se vende num contexto de *compras discricionárias,* também é provável que tenha de competir em vários *marketplaces.*

3 Compreender se você está num contexto de *compras obrigatórias* ou de *compras discricionárias* tem impacto sobre como a empresa conduz sua abordagem ao(s) mercado(s) e aos *marketplaces.*

4 Produtos e serviços precisam ser colocados no contexto das motivações e necessidades dos compradores dispostos e capazes (por exemplo, usando a hierarquia de necessidades de Maslow), para permitir que a empresa compreenda o contexto de *compras obrigatórias* e de *compras discricionárias.*

5 Num contexto de *compras obrigatórias*, não existem produtos e serviços substitutos daquilo que tem de ser comprado, apenas produtos e serviços concorrentes.

6 Num contexto de *compras discricionárias*, não há um produto e serviço substituto, apenas produtos e serviços concorrentes para o dinheiro que os compradores estão dispostos e são capazes de gastar.

7 Compreenda que um dos papéis do marketing é convencer compradores dispostos e capazes de que eles estão num contexto de *compras obrigatórias*, não num contexto de *compras discricionárias.*

8 Compreenda que aspectos da oferta de produto e serviço são suscetíveis a serem percebidos como de *compra obrigatória*, em vez de *compra discricionária.*

9 Descrições de mercado genéricas não são úteis, e as empresas precisam ter clareza sobre quais produtos e serviços estão competindo entre eles.

10 As empresas precisam compreender, no contexto de *compras obrigatórias* e *compras discricionárias*, como seus produtos e serviços precisam ser desenvolvidos e comercializados para mudar as percepções e motivações dos compradores dispostos e capazes em relação a seus produtos e serviços.

PERGUNTAS DE PROFISSIONAL

1 Os produtos e serviços da sua empresa são vistos pelos compradores como de *compra obrigatória* ou de *compra discricionária*?

2 Se os produtos e serviços da sua empresa são de *compra discricionária*, com quais outros estão concorrendo?

3 Sua empresa consegue convencer compradores dispostos e capazes de que seus produtos e serviços estão numa situação de *compra obrigatória* em vez de *compra discricionária* em relação à hierarquia de necessidades de Maslow?

4 Sua empresa consegue desenvolver seus produtos e serviços para incluir suficientes funcionalidades/recursos/benefícios para ampliar os mercados nos quais pode competir?

5 Sua empresa tem clareza a respeito de em que mercados seus produtos e serviços estão competindo e em que *marketplaces* ela precisa estar presente para competir?

6 Os produtos e serviços da sua empresa evoluem tão rapidamente quanto a definição que seus compradores têm de qual é a norma para a funcionalidade/recursos/benefícios dos produtos e serviços que estão adotando?

7 Como sua empresa está se engajando e rastreando os requisitos e as percepções em constante mudança de seus compradores no mercado?

8 De que maneira sua empresa está se engajando e rastreando o uso em constante mudança dos *marketplaces* pelos compradores?

9 Sua empresa é vista como líder ou como seguidora no mercado?

10 Os produtos e serviços da sua empresa são capazes de criar um padrão de compra atraente para os clientes de *compras obrigatórias* e *compras discricionárias*?

A empresa deve buscar **definir mercados de maneira que reflitam produtos e serviços concorrentes**, não apenas usando termos genéricos que representem produtos e serviços agregados.

CAPÍTULO 5

PRODUTOS E SERVIÇOS

INTRODUÇÃO

Este capítulo explora o fato de que os produtos são tão inseparáveis dos serviços quanto estes estão intimamente relacionados a produtos. Reconhece que o paradigma e a estratégia organizacionais de algumas empresas ficaram dominados demais por produtos ou serviços e que isso cria uma inadequação no desenvolvimento do portfólio e na abordagem para atender às necessidades dos compradores. A vantagem competitiva está em oferecer soluções às necessidades de compradores e reconhecer que essas soluções são uma combinação de produtos apoiados por serviços ou de serviços que prestam apoio a produtos.

No caso de serviços que dão suporte a produtos, pode ocorrer que o produto não seja fornecido pela empresa que provê o serviço – por exemplo, o serviço é de manutenção de uma prensa impressora para um comprador cujo produto é a fabricação de pacotes para uma ampla variedade de alimentos. Os fornecedores do serviço precisam entender como os serviços que eles oferecem contribuem para o produto ao qual o serviço é fornecido.

Este capítulo explica que um foco estreito demais, seja nos produtos, seja nos serviços, é uma oportunidade perdida de melhorar a competitividade e de captar e reter compradores.

A NATUREZA DE PRODUTOS E SERVIÇOS

Gestores costumam falar que suas empresas vendem produtos. Isso é impreciso e os leva a perder oportunidades e a ter um desempenho inferior em vendas. Empresas vendem produtos e serviços. Produtos e serviços não podem ser separados. Todo produto tem alguma forma de serviço anexada a ele, mesmo em situações de autosserviço.

Quando abastecemos combustível, podemos nós mesmos fazer a operação e até pagar pelo combustível na própria bomba, mas nossa expectativa é que pagaremos tendo confiança de que nossos dados serão mantidos em segurança e que a transação será precisa. Esperamos ser capazes de preencher o volume de combustível que queremos, que a bomba esteja limpa, que haja papel-toalha e luvas disponíveis se precisarmos e que tudo funcione adequadamente e com segurança. Esperamos ter acesso a alguém que ajeite as coisas se algo não funcionar direito.

Quando compramos pela internet, esperamos ser capazes de pagar dentro de um ambiente seguro, obter as informações que queremos, que estejam disponíveis e que o produto seja entregue no prazo prometido. Todos os produtos são apoiados por serviços. Produtos e serviços estão ligados de modo indissociável.

Empresas que focam apenas produtos e não dão suficiente atenção aos serviços adequados para apoiá-los costumam perder em situações competitivas. Pegue, por exemplo, as diferenças entre dois sites que vendem o mesmo produto. Um é fácil de usar, oferece muita informação de maneira amigável ao usuário e tem alta pontuação em satisfação do cliente. O outro site, que vende o mesmo produto, tem avaliação muito mais baixa de satisfação do cliente e oferece pouca informação. Se os preços dos produtos forem similares, qual site é mais provável que tenha mais compradores?

A diferença de preço costuma ser marginal. No entanto, minha tendência será comprar não do vendedor mais barato, mas daquele que tiver a melhor avaliação dos clientes. Os vendedores estão sendo diferenciados com base nas avaliações que aqueles que já compraram fazem a respeito do serviço ao cliente. Diferenciação e vantagem competitiva estão sendo criadas não pelo produto, mas pelos serviços de apoio associados.

ESTUDO DE CASO

Disney

Disney é uma marca internacional, com um portfólio de produtos e serviços que atravessa gerações e que deixou de ser o que muitos definiriam como uma *compra discricionária* para se tornar uma *compra obrigatória*. Como todo pai de criança pequena sabe, quando há um novo filme da Disney, seja com os personagens existentes ou com novos, assistir ao filme e comprar os produtos associados tornou-se obrigatório: virou uma *compra obrigatória* para muitos pais.

A Disney tornou-se incrivelmente hábil em apoiar seus produtos com serviços. A melhor evidência disso são os parques temáticos, onde seus personagens ganham vida, com o apoio da experiência da Disney em serviços, por meio de hotéis, locais de alimentação, lojas de *merchandise* e/ou interação com os personagens Disney, ou por meio dos próprios passeios e atrações.

A Disney promove seus parques temáticos como "O Lugar mais Feliz da Terra". A oferta de produto e serviço cria uma reação emocional que busca converter uma *compra discricionária* em uma *compra obrigatória*. No entanto, essa conversão não seria possível apenas por meio do produto. Precisa ser uma combinação de produto e serviço. Muito menos pessoas passariam da *compra discricionária* para a *compra obrigatória* se os excelentes serviços que apoiam o parque temático não estivessem disponíveis. Se personagens como o Mickey Mouse não dessem as boas-vindas às crianças e aos seus pais nos parques temáticos e não "vivessem" seus papéis, os parques da Disney logo teriam um baixo desempenho como *compras obrigatórias*.

Os serviços Disney apoiam e dão vida aos produtos Disney. Quando a Disney cria um personagem ou desenvolve um novo produto, põe foco no produto total e no portfólio de serviços, e busca oferecer uma combinação atraente de produtos e serviços que converta a *compra discricionária* em *compra obrigatória*.

Sua empresa pode ter o produto tecnologicamente mais avançado do mundo, mas, sem os serviços necessários para apoiá-lo, o produto não realizará seu potencial comercial. No entanto, a conversão de *compra discricionária* em *compra obrigatória* também pode ser minada pelos serviços associados ao produto. Mesmo assim, num mundo que cada vez mais converge para uma especificação de produto, costuma-se conseguir manter os compradores por meio da diferenciação criada pelos serviços usados para suporte.

> Produtos e serviços existem juntos. Serviços dão suporte a produtos. Você precisa compreender ambos e como eles criam valor para os compradores e aqueles que recebem os serviços. Produtos como commodities acabarão competindo apenas no preço, a não ser que os serviços que os apoiam deem uma diferenciação.

Num contexto de serviço, o valor é criado na interface do provedor e do receptor do serviço, mas não é necessariamente assim que o valor é criado no contexto dos produtos.

O relacionamento entre a linha de frente e a retaguarda de uma empresa [*front office* e *back office*] também ilustra esse aspecto. Nenhuma linha de frente sobreviverá sem uma retaguarda, e vice-versa. Pode ser que existam elementos diferentes na linha de frente e na retaguarda de duas organizações diferentes, mas ambas estarão sempre ligadas de modo indissociável. A reputação e a efetividade das empresas dependem tanto dos serviços quanto dos produtos. Um hotel pode ter as melhores instalações do mundo, mas, se o serviço ao cliente for precário, sua reputação logo será minada. Nunca pense apenas em produto ou em serviço; pense sempre nos dois.

Um mercado opera com base na sua provisão tanto de produtos como de serviços. Não existem mercados apenas de produtos. A ênfase e a importância de produtos e serviços podem variar, mas ambas precisam receber atenção.

Quando os produtos da sua empresa são vendidos por outros, digamos, por um agente ou varejistas, a reputação de sua empresa dependerá não apenas da funcionalidade, do design, da qualidade e confiabilidade do produto que está sendo vendido, mas dos serviços fornecidos por quem vende o produto da sua empresa.

ESTUDO DE CASO

Penetrando num novo segmento de mercado

Um importante fabricante de caminhões de grande porte queria melhorar seu desempenho de vendas e decidiu rever e aprimorar sua estratégia de marketing e identificar como poderia penetrar num novo segmento de mercado. Em resumo, a empresa queria ver mais caminhões dela na estrada.

A empresa atuava no mercado por meio de franquias. O produto era de primeira linha tecnicamente, e seu motor oferecia a melhor economia de combustível para a categoria. Sua marca era bem considerada pelos compradores no mercado e a empresa era competitiva no aspecto financeiro. O sucesso das franquias, porém, variava significativamente. Essa variação não podia ser atribuída apenas às diferenças nos territórios geográficos cobertos.

A maior demanda pelos caminhões era no segmento de mercado de "remoção". Envolvia lidar com material descartado ou entulho de construções, que era transportado de onde tivesse sido criado ou armazenado até os locais de descarte ou reutilização. Os caminhões tinham reputação de serem confiáveis e robustos. A empresa, no entanto, falhara em não penetrar com sucesso no segmento de mercado de transporte de contêineres.

O segmento de mercado de transporte de contêineres precisava de caminhões para içar contêineres e levá-los aos portos, e que fizessem viagens por toda a Europa. Embora a economia de combustível e a confiabilidade fossem os requisitos principais desse segmento de mercado e os caminhões fossem líderes nessas funcionalidades, não estavam penetrando com sucesso nesse segmento. A análise descobriu que os compradores adquiriam caminhões (o produto) não apenas por sua funcionalidade técnica, mas pelo grau de confiança que poderiam ter na atuação do serviço da franquia "dentro do território da franquia" e pela cobertura de serviços oferecida por meio do fabricante quando o caminhão era usado "fora da franquia" e por toda a Europa.

Um aspecto crucial era ter o caminhão disponível para processar cargas para as quais "o fator tempo era essencial" – por exemplo, quando envolvia alimentos. Isso significava que os compradores precisavam contar com serviços flexíveis e ágeis para os veículos, de preferência noturnos, e também que os reparos fossem rápidos e confiáveis, tanto no Reino Unido quanto nos países da Europa.

O suporte de serviços para o produto e as percepções a respeito daqueles que forneciam esses serviços eram absolutamente cruciais para a decisão de compra no segmento de mercado de transporte de contêineres. Embora o produto fosse tecnicamente líder e tivesse uma vantagem na muito decisiva questão da economia de combustível, não foi possível explorar isso plenamente em razão das percepções referentes aos serviços de suporte.

Os franqueados eram empresas independentes. A franquia de caminhões costumava ser apenas um dos negócios dos franqueados. Ou seja, a venda de caminhões e os serviços de apoio competiam com investimentos em outros negócios dos quais os franqueados eram também donos. O fabricante do caminhão precisava convencer e incentivar os franqueados a investir nos serviços de apoio para melhorar as vendas de caminhões. Precisava colocá-los numa posição de compreensão compartilhada do mercado e das aspirações do fabricante de caminhões em relação a ele. Também precisava garantir que houvesse acesso fluente e livre de entraves aos serviços no resto da Europa.

Os franqueados precisavam desenvolver uma compreensão compartilhada do mercado, de sua segmentação e de como o fabricante de caminhões via seu futuro posicionamento competitivo dentro dele. Precisavam, portanto, desenvolver o portfólio de produtos e serviços para poder explorar as oportunidades de mercado de modo mais eficaz.

> O fabricante de caminhões dependia do compromisso dos franqueados com o produto e da disposição e capacidade deles de investir nos comportamentos e serviços de suporte. Precisava ser um relacionamento simbiótico, partindo da compreensão mútua e da intenção de investir para dar novo impulso ao portfólio de produtos e serviços e de mudar as percepções a respeito da marca, oferecendo soluções aos compradores em diferentes segmentos de mercado.
>
> Portanto, não eram apenas os potenciais compradores no segmento de mercado de transporte de contêineres que precisavam ser convencidos, mas também os franqueados. Produtos e serviços não são vendidos com sucesso se aqueles que os vendem não confiam neles e não os veem como um retorno lucrativo de seu investimento. Os franqueados precisavam ter confiança de que, ao vender no segmento de mercado de remoção de contêineres, os serviços para o resto do país e para o exterior não decepcionariam seus compradores. No segmento de mercado de remoção, os caminhões viajavam geralmente dentro do território dos franqueados, e os problemas podiam ser resolvidos por eles. Já o segmento de mercado de transporte de contêineres não oferecia esse conforto e controle.

Lições aprendidas:

1. Numa situação de mercado B2B (*business-to-business*), a empresa "um", ao fornecer à empresa "dois", precisa compreender o mercado do ponto de vista da empresa "dois".

2. Numa situação de franquia, é necessário haver uma compreensão compartilhada do mercado e dos segmentos de mercado e de como produtos e serviços são percebidos neles do ponto de vista do mercado.

3. É necessário que haja uma compreensão compartilhada dos objetivos do franqueador e do franqueado no mercado, e das suas abordagens ao mercado e aos segmentos dentro dele.

4 É preciso haver um compromisso e uma intenção compartilhados de investir tanto nos produtos quanto nos serviços para atender às necessidades do comprador, e uma entrega tangível desse compromisso por meio tanto de investimento quanto de comportamentos.

5 Diferentes segmentos de mercado exigem diferentes benefícios de produtos e serviços, e percepções de marca que têm força em um segmento de mercado podem ser vistas em outros como fraquezas.

6 Independentemente do quanto um produto seja bom, se a decisão de compra do comprador tem um peso grande nos serviços de suporte, então esse produto não será bem-sucedido nem capaz de competir com outros produtos que, mesmo tecnicamente inferiores, tenham (ou sejam percebidos como tendo) nível superior de serviços de suporte.

Os gestores precisam ter plena compreensão de que a competitividade e sucesso de um produto podem ser significativamente afetados pelos serviços que o apoiam.

PREÇO *PREMIUM*

Para se conseguir um preço *premium*, é preciso haver uma diferença discernível tanto no produto quanto nos serviços de suporte. Não basta ter um produto diferenciado. Uma marca famosa que reconhece isso é a Aston Martin:

O site da Aston Martin declara:

> Com quase um século de história, a Aston Martin tornou-se um ícone do setor automotivo, uma marca sinônimo de luxo, legado e fabricação esmerada. Ao lado desses valores essenciais vem a paixão, uma paixão pelos carros que produzimos e uma paixão compartilhada por nossos entusiasmados proprietários. Todos os nossos modelos são, e continuarão sendo, construídos artesanalmente e sob encomenda, usando processos de alta tecnologia dentro de um ambiente ultramoderno.

Continuando na linha de frente da manufatura contemporânea, todo carro produzido incorpora excelência de design e engenharia. Renomados no mundo inteiro, entramos na próxima década com a promessa de radical inovação e mudança, sem prejuízo das qualidades essenciais que tornaram nossa marca britânica forte e independente, e tão amplamente reverenciada.

"Um Aston Martin combina três elementos importantes: potência, beleza e alma. Aston Martins são realmente especiais – sempre foram e sempre serão." (Dr. Ulrich Bez – CEO)

Fica evidente, a partir do exposto acima e dos próprios produtos, qual é a intenção. Os carros Aston Martin são belos produtos *premium*, que exalam qualidade, design, excelência em engenharia, fabricação esmerada e luxo. A empresa busca fazer uma conexão não apenas com o produto, mas com as emoções dos compradores. Para gerar fidelidade à marca, ela é associada a algo especial. Algo que a distingue não apenas pela excelência técnica, mas pelo design e estilo. Procura gerar a sensação de que aqueles que dirigem um Aston Martin são especiais.

Para reforçar e dar credibilidade a essa promoção da marca, exige-se serviços à altura do produto e da hipérbole. Os carros são vendidos em instalações bem-equipadas, consistentes com os valores de marca do produto. O preço não é um fator crucial na decisão de aquisição do comprador. Na realidade, como um produto de preço *premium* e com demanda, em geral há pouca flexibilidade de negociação para o comprador no preço. As pessoas de vendas são selecionadas por sua confiança na imagem da marca e sua capacidade de transmitir isso àqueles que têm meios de pagar os preços *premium* do produto. Os serviços pós-vendas têm que ser de primeira classe.

Para apoiar a excelência do produto e alcançar um preço *premium*, é necessário um nível de serviço que precisa ser inigualável. Falhar na entrega de serviço mina a marca e faz com que potenciais compradores fiquem menos dispostos a pagar pelo preço *premium*.

Não há melhor prova disso do que quando uma marca se torna parte do vocabulário. Um exemplo é a Rolls-Royce, que deu lugar a expressões como: "Aqui você terá um serviço nível Rolls-Royce". Não se trata só do produto, mas do serviço que dá suporte ao produto. O preço *premium* tem a ver tanto com o produto quanto com o serviço.

Produtos, especialmente os que têm um preço *premium*, são competitivamente suscetíveis aos serviços, como parte do portfólio de produto e serviço oferecido aos compradores. Os produtos mais avançados e diferenciados tecnicamente podem ser totalmente minados pelos serviços que os acompanham, e é possível que isso ocorra antes que a venda seja concluída, ou durante o processo de venda, ou na pós-venda. Se a percepção dos compradores é que o serviço que eles recebem não está à altura dos valores de marca do produto, ou que a promessa de serviço não será entregue pós-venda, a capacidade do produto de competir com sucesso e alcançar o preço *premium* será minada.

> Produtos diferenciados com preço *premium* precisam do apoio de serviços também diferenciados.

COQUETEL DE PRODUTOS E SERVIÇOS

Mesmo para os produtos mais básicos, o que os compradores compram é um coquetel de produtos e serviços. Às vezes isso é feito subconscientemente, mas os compradores logo reconhecem como e quando esses requisitos esperados não são atendidos. Quanto mais sofisticado e mais novo o produto, mais importante é a confiança do comprador nos serviços oferecidos como suporte.

Pegue, por exemplo, uma rede de hotéis que queira comprar mil televisores. O comprador vai querer não só televisores que atendam à sua especificação técnica, mas que atendam a várias condições. Assim, vai querer comprá-los:

1. Quando ele quiser;

2. Tendo várias marcas à escolha;

3 Junto com outros produtos elétricos que possa querer;

4 Com uma gama de funcionalidades à escolha para atender às suas necessidades, abrangendo desde os canais genéricos de televisão até tecnologia inteligente para os diferentes quartos que o hotel oferece;

5 Com acesso a orientações, caso as julgue necessárias;

6 Com garantia de prazos para a resolução de problemas, a fim de assegurar que o usuário final não sofra as inconveniências de problemas técnicos com os aparelhos, o que criaria uma impressão negativa do hotel;

7 Podendo escolher as formas de pagamento;

8 Com a possibilidade de devolvê-los sem problemas caso não sejam os televisores certos;

9 Com a possibilidade de obter reembolso, se requisitado;

10 Com direito a apresentar queixas e obter uma resolução satisfatória da queixa, se necessário;

11 Com a expectativa de ser tratado com cortesia, com respeito e com valorização da sua condição de cliente.

Da mesma forma, compradores que usam a internet querem todas essas coisas, além da confiança de que a entrega será feita nos termos combinados, que chegue nas condições corretas, pontualmente, que haja segurança no pagamento e nos dados e a possibilidade de devolver produtos que não tenham sido solicitados. Eles não estão comprando apenas televisores, mas televisores apoiados por uma gama de serviços.

ESTUDO DE CASO

Marks & Spencer plc

A Marks & Spencer ganhou vantagem competitiva no Reino Unido há alguns anos, não só por ter uma gama de produtos que eram atraentes a compradores, mas por meio da experiência de compras que proporcionava. Essa experiência incluía um serviço novo (na época) que permitia a devolução ou troca de produtos sem complicações. Os clientes que devolviam produtos não eram encarados com suspeitas, como se estivessem fazendo algo errado, mas valorizados e tratados com respeito, não só quando compravam os produtos, mas também quando vinham devolvê-los.

A Marks & Spencer conseguia cobrar preços *premium* com base não apenas no design e qualidade de seus produtos, mas nos seus serviços. Sua marca se tornou conhecida por qualidade e serviço, e com isso foi capaz de alavancá-la e se diferenciar em outras áreas de produtos e serviços. Tamanho foi seu sucesso que se tornou conhecida por marcar tendências na economia do Reino Unido.

Um fator importante para que os rivais da Marks & Spencer fossem capazes de fechar essa lacuna de competitividade com ela foi reconhecer o valor dos serviços que apoiavam os produtos que ela vendia, e passar também a investir nisso. Hoje, os compradores têm a expectativa de grandes produtos e grandes serviços ao cliente, e isso é considerado a norma. Para que os vendedores consigam ganhar e manter seus clientes, precisam reconhecer e ter ações em relação a esse requisito do comprador.

Hoje a Marks & Spencer se esforça para alcançar sua antiga vantagem competitiva, já que não consegue se diferenciar com base em seus serviços. Ocorre também que seus concorrentes não só melhoraram o serviço de suporte a seus produtos, como os produtos da Marks & Spencer (especialmente os que não são de alimentos) já não são tão atraentes para os compradores como eram no passado. Produtos com a marca Marks & Spencer eram vistos por muitos compradores como de *compra obrigatória*, mas hoje são crescentemente

> vistos como *compras opcionais*. Os compradores podem obter produtos e serviços comparáveis de uma série de outros concorrentes, o que não ocorria no passado. A capacidade de Marks & Spencer de alcançar preços *premium* foi erodida.
>
> Empresas que se esforçam para competir apenas em produto ou apenas em serviço perdem sua vantagem competitiva. As que se esforçam para competir tanto em produto quanto em serviço correm o risco de falhar. A retenção do comprador requer produtos e serviços que convertam *compras opcionais* em *compras obrigatórias*. A Marks & Spencer não está mais nessa posição.

Errar nos serviços de apoio ao produto mina o valor intrínseco da oferta do produto. Conseguir uma boa interface de serviços ao cliente requer que os serviços que não são voltados ao cliente estejam bem estabelecidos. Os televisores descritos acima precisam ser projetados, fabricados, testados quanto à qualidade, embalados, armazenados, transportados e colocados nos canais certos para o mercado. Não ter nenhum produto no canal é um pecado capital em vendas, assim como não entregar ou então entregar com atraso um produto encomendado pela internet.

No passado, um problema constante que a Bloomberg reportava para o Walmart, o grande varejista dos EUA, era a falta de estoque – os produtos não estavam disponíveis nas prateleiras. Isso significava que o espaço em prateleira (que é caro), responsável por gerar vendas e lucro, se tornava um custo em vez de gerar receita. Faltas de estoque minam a confiança e a lealdade do cliente e causam erosão na marca. O Walmart agora investe pesado para resolver esse problema, pois era algo que contribuía muito para a perda de sua posição competitiva e afetava sua lucratividade.

Como Dudley (2013) reportou:

> Antes um paradigma da logística, o maior varejista do mundo vinha tentando melhorar seus esforços de reposição de estoque desde pelo menos 2011, contratando consultores

para percorrer os corredores e rastrear se centenas de itens estavam disponíveis. Até colocou recepcionistas da loja para cuidar também de repor mercadorias.

A incapacidade do Wal-Mart de manter as prateleiras estocadas coincidiu com a desaceleração no crescimento das vendas.

Um indicador-chave da saúde de uma empresa e de sua eficácia de gestão no mercado varejista em particular é a maneira como lida com a falta de estoque. Episódios de falta de estoque são feridas autoinfligidas que criam um risco para a empresa. Se ela não consegue manter suas prateleiras (físicas e virtuais) cheias de produtos, não importa se é o produto certo ou não, então ela tem um grave problema. É importante reconhecer que os serviços não voltados ao cliente fazem parte da oferta do vendedor no mercado e de sua definição do negócio em que ele está.

Vendedores precisam que seus processos e atividades estejam vinculados, para poder atender aos requisitos dos compradores. Vendedores que não reconhecem isso e fragmentam esses processos e atividades têm maior risco de falhar e perder para a concorrência. Em vez de contarem com um sistema de criação de valor focado no comprador, essas empresas cuidam apenas de uma série de atividades internas focadas no vendedor. O sistema de criação de valor provavelmente estará baseado, em termos transacionais, nos relacionamentos externos voltados à provisão de serviços, com risco maior de falha no processo do que os concorrentes que têm esse vínculo estabelecido de maneira mais coerente e eficaz, com foco no comprador.

CRIAÇÃO DE VALOR

Produtos têm um papel intrínseco de criação de valor – eles devem "fazer o que está dito na embalagem" –, mas eles exigem sistemas extrínsecos de criação de valor vinculados a eles, para garantir a criação de valor para os compradores. Os compradores de início põem foco no valor intrínseco do produto, mas depois rapidamente focam a criação extrínseca de valor dos serviços de suporte ao produto. Vendedores bem-sucedidos reconhecem isso e definem o valor e o negócio em que estão a partir do ponto de vista do comprador.

> A criação de valor para os compradores relaciona-se tanto com funcionalidade/aspectos/propriedades intrínsecas do produto quanto com os serviços extrínsecos que dão suporte. As empresas têm que compreender (e ser capazes de entregar) tanto os componentes intrínsecos como os extrínsecos de criação de valor, encarados do ponto de vista do comprador.

Sem os serviços extrínsecos de criação de valor, o valor intrínseco do produto não será acessível aos compradores nem será percebido por eles. No seu nível indicativo mais simples, os compradores não terão conhecimento deles (marketing); serão incapazes de acessá-los (logística); incapazes de comprá-los (processos financeiros) e não serão orientados sobre como atendem às suas necessidades (tecnologia e recursos humanos).

Exige-se cuidado, atenção e investimento tanto para a criação extrínseca de valor para serviços quanto para a criação intrínseca de valor para funcionalidade/aspectos e propriedades dos produtos. Esse cuidado deve incluir de que modo esses serviços se vinculam não apenas ao produto, mas entre eles. A proposta competitiva da empresa e de seus produtos pode ser totalmente minada, antes mesmo que ocorra a interface com o comprador, por uma falha nos serviços extrínsecos que criam valor – como ocorre nas faltas de estoque.

> Quanto mais fragmentados forem os serviços de suporte ao produto, mais importante é garantir que os vínculos entre eles funcionem com eficácia, para garantir que a percepção que o comprador tem da oferta do vendedor não seja minada e não se perca a vantagem competitiva no mercado.

A tecnologia de ponto de venda eletrônico [*electronic point-of-sale*, EPOS], quando dados do ponto de venda são coletados e alimentados diretamente à interface de serviço não voltada ao comprador, busca criar os necessários vínculos de processo para evitar faltas de estoque e para fornecer informações de mercado a respeito do que está vendendo e do que não está.

Em empresas nas quais a vida dos produtos na prateleira é limitada – por exemplo, produtos de moda –, é vital que os produtos que estão vendendo estejam disponíveis e aqueles que não estão sejam colocados em promoção ou removidos. Mesmo quando há estoques reguladores, e particularmente quando o produto precisa ser manufaturado, essa inteligência de mercado tem que ter o apoio de eficientes serviços extrínsecos de interface voltados ao não comprador, para assegurar que a flexibilidade de suprimento se ajuste à demanda do mercado. Quanto mais os serviços extrínsecos de interface não voltada ao comprador estiverem fragmentados, maior o risco de faltas de estoque e de perder oportunidades de realizar vendas.

Quando se reconhece que produtos e serviços são indissociáveis, fica claro que os mercados são criados por compradores dispostos e capazes e por vendedores de produtos e serviços dispostos e capazes. Essas combinações de produtos e serviços oferecem ao comprador *benefícios* que criam valor. Embora produtos e serviços possam ser vistos como inputs para compradores, na realidade os compradores estão interessados é nos outputs e nos resultados. Esses benefícios são tratados no Capítulo 6.

Como consultor, muitas vezes fiquei impressionado com o foco que as empresas colocam no produto. Esse foco costuma se basear na percepção do valor e do custo de produção do produto (com frequência os serviços de apoio ao produto não são considerados como tendo real relevância). Eu costumava ouvir comentários de que o produto da empresa era tecnicamente superior ao da concorrência; era simplesmente um produto melhor.

Como exercício para fazer essa questão vir à tona, eu reunia grupos de pessoas com diferentes funções dentro da mesma empresa e pedia que produzissem individualmente listas sobre como definir "valor" em termos dos produtos e serviços da empresa. Depois, pedia que ponderassem os componentes de "valor" da lista individualmente por sua importância, usando o modelo a seguir:

FIGURA 5.1 Modelo para definir e ponderar componentes de valor

Componentes de valor individuais internamente definidos	Ponderações individuais de importância
A	
B	
C	
D	

Depois, quando pedia que compartilhassem e comparassem suas definições e ponderações, ficava claro que a definição de valor quase sempre era feita a partir de um ponto de vista interno. A definição também variava dependendo da função do indivíduo que a produzia, e era comum haver uma variação significativa nas ponderações aplicadas que refletiam a função. Partes diferentes da mesma empresa pensavam de modo muito diferente a respeito do valor e da importância dos componentes do mesmo produto e serviço da oferta que a empresa fazia aos compradores e ao mercado.

Era evidente que pessoas da mesma empresa pensando de formas diferentes a respeito das mesmas coisas tinham grande dificuldade em se ajustar como equipe. Ao chegar a esse estágio, eu colocava a pergunta: afinal, de quem é esse valor?

Após discussões – às vezes bem longas –, chegava-se ao consenso de que o valor pode ser definido ou pelo comprador ou pelo vendedor. Em alguns casos até a contragosto, acabava sendo aceito que um atributo intrínseco de um produto só consegue criar ou agregar valor se um comprador ou cliente acredita que ele faz isso. Feito esse progresso, o exercício era repetido a partir do ponto de vista externo do comprador. Com a repetição do exercício, chegava-se muitas vezes a uma mudança na definição de valor, dos componentes do valor e nas ponderações aplicadas a eles. Isso proporcionava um novo contexto no qual o valor era definido e os produtos e serviços eram avaliados. O que permitia um consenso sobre os componentes de valor encarados do ponto de vista do comprador.

O estágio seguinte nesse processo era fazer os delegados fornecerem sua avaliação dos produtos e serviços dos concorrentes (incluindo os próprios), destacando quaisquer áreas que a empresa precisasse corrigir para melhorar a percepção do valor dos seus produtos e serviços pelos compradores e aumentar as vendas. Para isso, foi usado o seguinte modelo:

FIGURA 5.2 Modelo de concorrentes e componentes de valor

Componentes ponderados de valor	Concorrente A	Concorrente B	Concorrente C	Concorrente D	Concorrente E
1					
2					
3					
4					
5					

Tudo isso produziu algumas diferenças sutis, mas importantes, nas suposições e nas questões levantadas — costuma ser difícil reconhecer abertamente "vacas sagradas" e desafiá-las! Mas fazer isso realmente permitiu identificar as questões principais que a empresa precisava abordar para melhorar sua posição competitiva no mercado a partir do ponto de vista do comprador.

Isso ajudou a fazer progressos em desenvolver o portfólio de produtos e serviços e em alcançar uma compreensão compartilhada do valor dentro da empresa. Os produtos da empresa foram colocados num contexto competitivo diferente, focado nas necessidades do mercado (em vez de focados internamente) e levaram a mudanças na maneira como a empresa enxerga o mercado, vê os concorrentes e aprende corporativamente. Também melhorou o trabalho em equipe.

Se a empresa, como um time, não tem clareza a respeito de como o valor é criado internamente, como poderá entregar valor para compradores ou mesmo convencê-los de dar à empresa a oportunidade de fazer isso?

> O valor é definido por compradores dispostos e capazes. É em relação a essa definição de comprador que os diferentes produtos e serviços que competem no mercado devem ser avaliados. Empresas que utilizam definições focadas internamente aumentam o risco de perder contato com o mercado e de não serem capazes de convencer compradores a sequer experimentar sua oferta, e menos ainda comprá-la.

Os mercados são criados na interface de compradores e vendedores dispostos e capazes. O sucesso no mercado requer que os vendedores tenham uma compreensão compartilhada dentro de suas empresas sobre como a combinação do valor intrínseco dos produtos e do valor extrínseco dos serviços cria valor para os compradores.

DICAS DE PROFISSIONAL

1. Certifique-se de que a sua empresa compreende quais são os vínculos entre a percepção do valor intrínseco do produto e o valor extrínseco dos serviços exigidos para apoiar o produto, e que precisam estar presentes e operar a partir do ponto de vista do comprador.

2. Examine a oferta da empresa aos compradores a partir do ponto de vista do comprador como uma combinação de criação de valor intrínseco do produto e extrínseco dos serviços.

3. Reflita sobre e desenvolva, a partir do ponto de vista do comprador, como deve ser a combinação de produtos e serviços para que a empresa possa competir com sucesso no mercado.

4. Lembre-se de que os serviços criam valor na interface do provedor e do receptor do serviço.

5 O valor intrínseco dos produtos costuma ser percebido pelo comprador apenas depois da compra, e as percepções dele são afetadas significativamente pelo valor do serviço extrínseco antes do uso do produto.

6 Se os produtos de sua empresa são vendidos por um intermediário, certifique-se de que essa empresa tem padrões de serviço claros estabelecidos e comportamentos que apoiem os valores do produto.

7 Quando serviços extrínsecos são cruciais para a competitividade e atratividade dos produtos de sua empresa no mercado, certifique-se de que sua empresa testa e investe nesses serviços para assegurar que contribuam para a percepção de valor pelo comprador, em vez de correr o risco de que deponham contra.

8 *Commodities* com o mesmo valor intrínseco de produto competem apenas no preço, a não ser que os serviços extrínsecos que as apoiam possam ser diferenciados e percebidos pelos compradores como tendo maior valor em comparação com os da concorrência.

9 Lembre-se de que preços *premium* requerem não só produtos *premium*, mas também serviços *premium*.

10 A maneira pela qual o valor intrínseco do produto e o valor extrínseco do serviço criam, juntos, valor para o comprador precisa ser compreendida pela empresa inteira e criar uma estrutura compartilhada de tomada de decisões e de comportamentos.

PERGUNTAS DE PROFISSIONAL

1 Quais são as visões dentro da empresa quanto aos principais componentes do valor intrínseco do produto e do valor extrínseco do serviço em relação à oferta da empresa no mercado?

2 De que maneira os diferentes componentes no item 1 são ponderados dentro da empresa?

3 Quais são as causas e os impactos das diferenças que surgem entre os itens 1 e 2?

4 A empresa é capaz de desenvolver uma lista consensual dos principais componentes ponderados do valor intrínseco do produto e do valor extrínseco do serviço da sua oferta de vendas?

5 De que maneira a lista do item 4 se compara com a lista do comprador?

6 Quais as razões das diferenças entre os itens 5 e 4?

7 O que a empresa pode fazer para mudar as percepções que o comprador tem em relação à oferta da empresa ou para mudar a oferta ao comprador em relação à de seus concorrentes?

8 Existe uma clara compreensão e comprometimento em toda a empresa de que os compradores são os definidores de valor?

9 A empresa compreende as implicações práticas de mudar sua maneira de pensar a respeito da necessidade de gerir e desenvolver o valor intrínseco de seus produtos e o valor extrínseco dos serviços que o apoiam?

10 A empresa tem disposição e capacidade de mudar o que ela faz?

CAPÍTULO 6

BENEFÍCIOS E PREÇOS DE PRODUTOS E SERVIÇOS

INTRODUÇÃO

Este capítulo explora os relacionamentos entre os benefícios de produtos e os de serviços e o preço que compradores estão preparados a pagar por eles. Explora também movimentos nesses relacionamentos e o que as empresas precisam fazer para que eles revertam em seu benefício.

CLASSIFICAÇÃO DE PRODUTOS E SERVIÇOS

Compradores compram combinações de produtos e serviços. O potencial comprador identifica e cristaliza os benefícios que exige e/ou deseja e então estabelece uma ordem de importância para os benefícios exigidos. Vale ressaltar o que estou afirmando: ele "identifica e cristaliza os benefícios que exige e/ou deseja", pois alguns compradores já estão persuadidos de quais são os benefícios que precisam ou querem, por terem descoberto mais sobre um produto e serviço por meio de sua pesquisa, ou do processo de vendas ou por meio de marketing. Os compradores podem mudar e efetivamente mudam sua maneira de pensar a respeito do que precisam ou querem, e uma parte central da competência de vendas e do desenvolvimento de planos de marketing é fazer os compradores cristalizarem seus requisitos em favor do produto e serviço que está sendo vendido ou comercializado.

Por exemplo, um comprador que está pensando em comprar um carro para uso da família pode identificar os seguintes benefícios e ordená-los por importância numa tabela como a da Figura 6.1 (10 é a pontuação mais alta na classificação por importância):

FIGURA 6.1 Tabela de classificação dos benefícios

Benefício	Importância
Segurança	10
Tamanho	9
Confiabilidade	8
Economia	7
Custo dos reparos	6
Marca	5
Ter até três anos	4

Esse perfil é então usado, muitas vezes de modo subconsciente, como um modelo (conhecido como "Modelo de Benefícios ao Comprador") para avaliar diferentes carros dentro do preço máximo que o comprador está disposto e é capaz de pagar pela aquisição de um carro. A não ser que haja algum requisito de benefício que se destaque e defina o negócio, os compradores avaliam o pacote geral de benefícios que os diferentes produtos e serviços oferecem. O marketing e o processo de vendas podem mudar a classificação dos diferentes benefícios exigidos pelo comprador. Uma pessoa de vendas competente é capaz de influenciar e depois cristalizar a classificação de benefícios de compradores em favor da oferta de produto e serviço que está vendendo.

> Um Modelo de Benefícios ao Comprador é uma referência subjetiva (e com frequência subconsciente) para os compradores avaliarem produtos e serviços concorrentes. Os vendedores precisam compreender esse modelo do ponto de vista do comprador.

É muito importante compreender esse processo do comprador, porque ele destaca que produtos e serviços, na verdade empresas, só têm forças se os compradores acreditam que são de fato forças. Com muita frequência, os vendedores avaliam forças e fraquezas partindo de um ponto de vista interno, e não externo. No exemplo anterior, apenas carros que se ajustam ao perfil de benefícios e de importância do comprador serão vistos como tendo forças por ele.

Todo gestor que já frequentou um curso de administração deve conhecer a análise SWOT, que é uma ferramenta para identificar Forças, Fraquezas, Oportunidades e Ameaças [*Strengths, Weaknesses, Opportunities e Threats*], como base para desenvolver estratégia e planos organizacionais. Veremos a parte de "oportunidades" e "ameaças" dessa ferramenta analítica no Capítulo 8, na análise e compreensão de mercados.

Forças e fraquezas só podem ser determinadas a partir de um ponto de vista externo. Você pode achar que sua empresa e seus produtos e serviços têm força, mas, se os compradores não acham, não comprarão. Não é só o valor que é definido pelos compradores, também as forças e fraquezas.

> Forças e fraquezas são definidas externamente por compradores, e não internamente pelas empresas.

Pode ser difícil mudar as percepções internas de forças e fraquezas.

ESTUDO DE CASO

Fast food

Uma empresa de *fast food* acreditava ter um serviço para o cliente de alto nível, que, combinado com seus produtos, oferecia uma opção imbatível de produto e serviço *versus* preço. A empresa fora muito bem-sucedida nos Estados Unidos e na Europa Ocidental e começava a se expandir para a Europa do Leste. Mas suas forças tradicionais não estavam entregando o sucesso que ela esperava. Na realidade, o Leste Europeu estava desafiando suas percepções de suas forças e fraquezas.

As estatísticas sobre desempenho mostravam que a qualidade do produto era a mesma exibida em toda parte e que os compradores não faziam nenhuma reclamação a respeito. O formato dos restaurantes era exatamente o mesmo dos outros lugares. Com exceção do idioma e dos preços, o comprador tinha a sensação de que podia estar em qualquer outro lugar do mundo. Na realidade, muitos dos compradores eram turistas da América do Norte e da Europa Ocidental, que reconheciam a marca instantaneamente. O pessoal que atendia havia sido treinado como nas demais partes do mundo. As localizações dos restaurantes eram ótimas. Tudo parecia igual. O problema era que, embora os turistas quisessem a sensação de familiaridade daquela oferta da qual desfrutavam em qualquer lugar do mundo, não havia nenhuma adaptação ao contexto local. Era como em toda parte.

A percepção da empresa da força de seu produto e serviço era o que a havia impedido de ver que sua fórmula exigia que ela entendesse que a igualdade – qualquer que seja o contexto – pode ser tanto uma força quanto uma fraqueza. Ela acreditava que, tendo em vista seu sucesso em toda parte, seria bem-sucedida também no novo contexto do Leste Europeu.

Os empreendedores locais haviam aprendido rapidamente com seus concorrentes ocidentais e ofereciam uma combinação de altos níveis de serviço ao cliente e de uma comida que contivesse um toque local. A comida era reconhecível, mas era mais interessante.

Independentemente do que a empresa ocidental achava, a visão dos compradores prevaleceu, e eles não compraram nos volumes esperados para gerar os retornos que a empresa pretendia obter. Ela falhara em compreender que *forças são definidas pelos compradores* e que sua avaliação dos produtos e serviços concorrentes podia variar nos diferentes segmentos do mesmo mercado e em contextos de mercado diferentes.

Uma força de uma empresa em um mercado pode ter que ser adaptada para incluir a diferente ponderação de benefícios feita pelo

> comprador em outro mercado. Empresas que não adaptam suas forças, ou não são capazes de reconhecer diferenças nos requisitos de benefícios e nas ponderações do comprador, terão dificuldades em competir em diferentes contextos de mercado.

Compradores avaliam as forças dos benefícios dos concorrentes e dos produtos e serviços da concorrência. Isso porque as forças dependem da avaliação subjetiva que o comprador faz em seu contexto. Os produtos e serviços de uma empresa talvez sejam vistos como uma força, mas não tão forte quanto os de um concorrente. À medida que os concorrentes mudam sua oferta de produtos e serviços, as percepções que o comprador tem de forças e fraquezas podem mudar.

Compreender mercados e desenvolver estratégias para eles deve conduzir a uma evolução do coquetel de benefícios dos produtos e serviços da empresa. Ela deve assegurar que seu plano de marketing convença potenciais compradores de que seus produtos e serviços mudaram para atender à avaliação que o comprador faz das forças e fraquezas relativas dos produtos e serviços concorrentes. O marketing trata de mudar as percepções do comprador em favor dos benefícios do portfólio de produtos e serviços que está sendo comercializado. No entanto, o marketing precisa estar ancorado na realidade que o comprador vive no mercado, no contexto da estratégia competitiva da empresa e refletir a capacidade dela de entregar os resultados tangíveis prometidos pelo marketing.

> A percepção que o comprador tem das forças e fraquezas da oferta de produtos e serviços de uma empresa pode variar nos diferentes segmentos de um mesmo mercado. Forças e fraquezas são termos relativos – estão relacionados a produtos e serviços concorrentes. As percepções de um comprador podem mudar ao longo do tempo e como reação ao marketing.

PESQUISA DE MERCADO

A pesquisa de mercado é uma ferramenta útil para descobrir o que os compradores potenciais e os já existentes consideram forças e fraquezas, em comparação com produtos e serviços concorrentes. Contratar uma organização externa independente para fazer isso é o melhor caminho para obter uma visão fiel das forças e fraquezas em relação aos dos concorrentes.

Pela minha experiência, é muito útil fazer um exercício de forças e fraquezas, primeiro internamente, e depois comparar os resultados com as descobertas externas. As diferenças entre as percepções internas e externas às vezes são bem acentuadas.

Ser capaz de aceitar as percepções externas e as diferenças em relação às percepções internas das forças e fraquezas constitui por si só uma força. Para muitos gestores, é extremamente difícil aceitar as descobertas externas das pesquisas de mercado. Há várias razões para isso, entre elas:

- A crença de que as percepções externas minam sua reputação pessoal.

- Porque as descobertas externas questionam os investimentos passados e atuais em produtos e serviços.

- Por insistir que os resultados não levam em conta o tempo, e alegar que os mercados não estariam ainda prontos para o que está sendo oferecido.

- Por achar que o mercado não compreende o que está sendo oferecido e que ele simplesmente está errado!

A maneira de trazer à tona as diferenças dentro da empresa é fazer um exercício sobre forças e fraquezas. Isso requer reunir um grupo de gestores para que eles, antes de mais nada, identifiquem e classifiquem os requisitos de benefícios do comprador. Os gestores então pontuam os produtos e serviços da empresa em relação a esses benefícios do comprador e discutem quaisquer divergências até haver um acordo. Tendo então de um lado essas pontuações de consenso para a empresa, os gestores passam a pontuar os produtos e serviços de seus concorrentes. Isso com frequência faz os gestores reavaliarem as pontuações para os produtos e serviços da empresa, o que implica reavaliar as forças e fraquezas relativas.

Tudo isso, se corretamente conduzido, pode ser um processo desafiador, mas muito compensador, pois revela diferenças nas percepções dentro da empresa e permite que os gestores avancem juntos. Comparar os resultados assim obtidos com os de uma pesquisa de mercado externa independente pode ser igualmente desafiador e compensador. Constato que empresas bem-sucedidas têm consciência de si e chegam a uma classificação correta dos benefícios ao comprador, sendo bem precisas em avaliar as forças e fraquezas de seus produtos e serviços e os da concorrência. Empresas menos bem-sucedidas costumam ter menos autoconsciência e mostram significativas diferenças na compreensão interna das classificações dos benefícios ao comprador das forças e fraquezas de seus produtos e serviços e dos da concorrência.

> Gestores e empresas bem-sucedidos têm consciência de si ao identificarem os requisitos de benefícios do comprador e como os produtos e serviços seus e da concorrência se relacionam com eles em forças e fraquezas. Têm também a capacidade de aprender com o mercado e adaptar e mudar sua oferta de produtos e serviços.

Gestores e empresas bem-sucedidos têm a capacidade de aprender com o mercado e adaptar e mudar sua oferta de produtos e serviços. Quando há desconexão entre as percepções do mercado e as percepções internas, a empresa terá que fazer um investimento significativo (e ter tempo para investir) a fim de mudar as percepções do mercado e/ou adaptar os produtos e serviços e investir em comunicar de que maneira a oferta de produtos e serviços mudou para atender às necessidades do mercado.

ESTUDO DE CASO

Škoda

A Škoda é uma empresa que aprendeu com as percepções do mercado sobre seus produtos e serviços, investiu em desenvolvimento de produto e contou com um tempo para mudar as percepções do mercado.

Quando a Volkswagen comprou a Škoda, a marca era sinônimo de precariedade em qualidade e design. Tornara-se alvo de piadas desmerecedoras e os compradores a percebiam como tendo muitas fraquezas e poucas forças. Os revendedores da Škoda eram poucos e geralmente exclusivos, evitando vender as outras marcas, que poderiam ficar contagiadas pela associação com a Škoda e confundir os potenciais compradores.

A Volkswagen compreendeu o mercado e a dinâmica competitiva dentro dele e desenvolveu uma clara estratégia competitiva para isso. Reconheceu que tinha a oportunidade de usar as vantagens de suas competências essenciais e de sua força financeira para entregar ao mercado uma oferta diferente e competitiva de produto e serviço.

A Volkswagen compreendeu que uma proposta de valor tinha que considerar algo mais que o preço, e que os benefícios oferecidos precisavam entregar o perfil de benefícios exigido pelos compradores, pelo menos com a mesma gama e qualidade dos concorrentes. Também reconheceu que a percepção que o comprador tinha das fraquezas precisava mudar, não só pela realidade física dos veículos, que não sofriam mais panes, mas também por evidências tangíveis.

A Volkswagen não só melhorou o design e a confiabilidade física dos carros, como mudou o portfólio de benefícios oferecido aos compradores em relação aos produtos e serviços concorrentes, e mudou também as percepções da marca ao competir com sucesso em rallies. A Škoda é hoje a marca mais bem-sucedida na história do International Rally Challenge e obteve três títulos consecutivos, tanto na categoria pilotos quanto na de fabricantes, em 2012.

> A Škoda no Reino Unido ganhou prêmios em várias categorias, e suas cifras de vendas continuam crescendo. Ela mudou as percepções sobre suas forças e fraquezas em relação aos concorrentes.

PRODUTOS, SERVIÇOS E PREÇO

Ao tomar a decisão de compra, os compradores não se limitam a avaliar as forças e fraquezas relativas dos produtos e serviços: também avaliam essas forças e fraquezas em relação ao preço. Os compradores têm elasticidade quanto aos limites do preço a ser pago, que se baseia na avaliação que fazem do valor que os produtos e serviços concorrentes criam para eles. Essa avaliação afeta sua disposição de pagar.

Os compradores têm um limite superior *normal* e um limite superior *absoluto* quanto ao que se dispõem a pagar por produtos e serviços, quer estejam numa situação de *compra obrigatória*, quer de *compra discricionária*. Ambos os limites estão dentro de sua capacidade de pagar.

> Os compradores têm um limite superior normal e um limite superior absoluto quanto ao que se dispõem a pagar por produtos e serviços. A diferença entre os dois costuma ser determinada pelo fato de estarem numa situação de compra obrigatória ou de compra discricionária.

O limite de preço superior *normal* é o quanto eles costumam determinar como máximo a pagar pela oferta de produto e serviço. Embora os compradores tenham a disposição de pagar um preço até esse máximo, com frequência negociam com o vendedor para conseguir pagar um preço menor. É a avaliação normal do preço feita pelo comprador, relacionada ao valor que deriva da oferta de produto e serviço. Quanto mais baixo o preço pelo qual compra a oferta de produto e serviço, maior o valor que ele determina ter alcançado. Acima desse limite superior de preço *normal*, a disposição de comprar normalmente cessa, a não ser que o comprador esteja na situação de *compra obrigatória* e que ainda tenha capacidade de pagar mais do que o limite superior *normal* de preço.

Se os compradores estão numa situação de *compra obrigatória*, então o limite superior *normal* do que se dispõem a pagar é revisto para cima e chega ao limite superior *absoluto* daquilo que se dispõem e que são capazes de pagar. Essa extensão do limite superior do preço, de *normal* para *absoluto,* costuma ser alcançada reduzindo o gasto em outros produtos e serviços ou aumentando a dívida do comprador, o que aumenta sua capacidade de pagar.

A operação de dar elasticidade ao limite de gastos do comprador entre os limites de preço *normal* e *absoluto* é fruto da necessidade do comprador de comprar e do poder dos vendedores dentro do mercado de manter seus preços. Se o comprador não é capaz de comprar os benefícios que exige do produto e serviço dentro do limite de preço *normal* que os vendedores definiram (ou que está estabelecido), ele tem duas opções: ou abre mão de alguns de seus requisitos de benefícios até o limite de preço *normal*, ou negocia pagar mais até o limite de preço *absoluto* por aquilo que ele precisa comprar, em vez de adquirir outro produto ou serviço. Esta última opção reduz a quantia disponível para gastar em outros produtos e serviços concorrentes.

Um comprador pode querer comprar uma *smart* TV (uma *compra discricionária*) e também um processador de alimentos (uma *compra obrigatória*), mas só pode gastar uma quantia x de dinheiro. Ele *precisa comprar* um processador de alimentos que tenha certo grau de funcionalidade, mas que é oferecido por um preço acima do limite de preço *normal*. Ele compra então um processador de alimentos e uma tevê normal. Abre mão da *compra discricionária* de uma tevê com a funcionalidade *smart* para poder comprar o processador pagando acima do limite de preço *normal*.

Compradores numa situação de *compra discricionária* podem às vezes ultrapassar seu limite de preço *normal* e chegar a um limite de preço *absoluto* mais alto, revisando seu teto de preço para cima, quando se convencem (ou são convencidos por um vendedor e pelo marketing) de que a *compra discricionária* se transformou em *compra obrigatória* ou que o valor da oferta de produto e serviço é mais alto do que o comprador originalmente acreditava (por exemplo, se a pessoa de vendas convence o comprador da existência de benefícios adicionais na oferta de produto e serviço por aquele preço, ainda não identificados por ele). De novo, os compradores geralmente só são capazes de aumentar seu limite de preço de *normal* para *absoluto* quando reduzem o gasto ao decidir comprar outro produto e serviço ou assumindo uma dívida maior.

O processo do comprador para avaliar o valor e o preço de produtos e serviços é ilustrado pela *Matriz do benefício do produto e serviço percebido pelo comprador* versus *preço*. Um exemplo disso para um comprador individual é ilustrado a seguir para o preço máximo *normal*. Ver também Bowman e Faulkner (1997).

FIGURA 6.2 Matriz do benefício do produto e serviço percebido pelo comprador *versus* preço

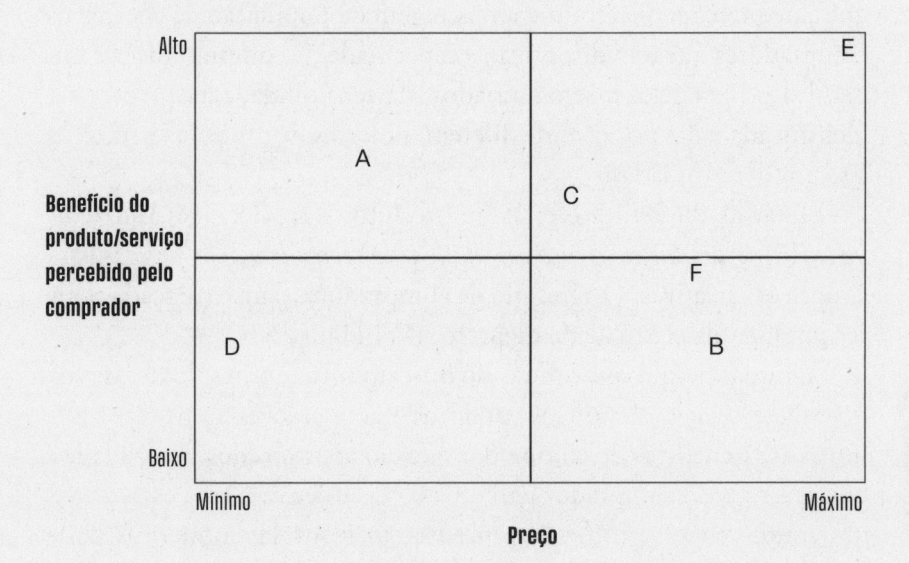

A matriz ilustra as ofertas de produto e serviço para os produtos de A a F. Um comprador individual, ao fazer essa avaliação, determinará a negociação que está preparado a fazer, dentro de sua capacidade de pagar, para ganhar o benefício desses produtos e serviços, pelo preço a ser pago para adquirir esses benefícios.

Todas as seis ofertas de produto e serviço estão dentro do preço máximo *normal* que o comprador se dispõe a pagar. Espera-se que o comprador procure negociar a compra da oferta de produto e serviço

E, pois é a que oferece alto grau de valor de benefício e, além disso, fica dentro do preço máximo *normal*. Se o produto e serviço é uma *compra obrigatória*, talvez seja o que aconteça. Mas, se o produto e serviço E for uma *compra discricionária*, o comprador pode decidir negociar o produto e serviço A ou C, pois ambos dão um benefício razoável por um custo mais baixo. Se isso ocorre, pode indicar que o comprador tinha mais dinheiro para comprar outros produtos e serviços de *compra obrigatória* ou de *compra discricionária*. Indivíduos fazem escolhas individuais com base em seus contextos individuais.

Vendedores, no entanto, precisam ser capazes de compreender se a avaliação individual do comprador feita acima é ilustrativa dos prováveis requisitos e comportamentos dos compradores no mercado. Esses requisitos e comportamentos são identificados por meio de pesquisa de mercado. Fazer uma amostragem da população de potenciais compradores que têm disposição e capacidade de comprar fornece um perfil dos benefícios a serem criados, da sensibilidade ao preço a ser identificada e das posições de diferentes ofertas de produtos e serviços a serem determinadas.

Plotar as diferentes ofertas de produtos e serviços na *Matriz de benefício do produto e serviço percebido pelo mercado* versus *preço* ilustra as posições relativas. O agregado de compradores para o mercado pode ser um guia da elasticidade de preço. (Ver Figura 6.3.)

Algumas pesquisas de mercado buscam tornar os resultados de sua investigação mais "científicos", aplicando ponderações numéricas e fórmulas aos benefícios do comprador que são identificados. A realidade é que as visões do comprador têm uma base subjetiva. Dar a essas visões um status mais "científico" com base em fórmulas numéricas pode aumentar a complexidade e fornecer um grau de certeza que talvez não exista na prática.

A *Matriz do benefício do produto e serviço percebido pelo mercado* versus *preço* da Figura 6.3 ilustra as posições de produtos e serviços de A a F.

A distribuição na matriz indica que existe uma elasticidade variável no preço que os compradores se dispõem a pagar. D é geralmente visto como tendo preço baixo e oferecendo poucos benefícios de valor ao comprador. E é visto geralmente como um preço alto e que oferece altos benefícios ao comprador. A é visto como preço baixo, mas oferecendo mais benefícios ao comprador. Comparar essas posições com as fatias de mercado que estão sendo abordadas levanta as seguintes perguntas para os vendedores:

❶ O mercado quer algo diferente do que é oferecido pela empresa?

❷ A empresa tem como aumentar o preço da sua oferta de produto e serviço?

❸ Os vendedores podem mudar suas posições na matriz?

FIGURA 6.3 Matriz do benefício do produto e serviço percebido pelo mercado *versus* preço

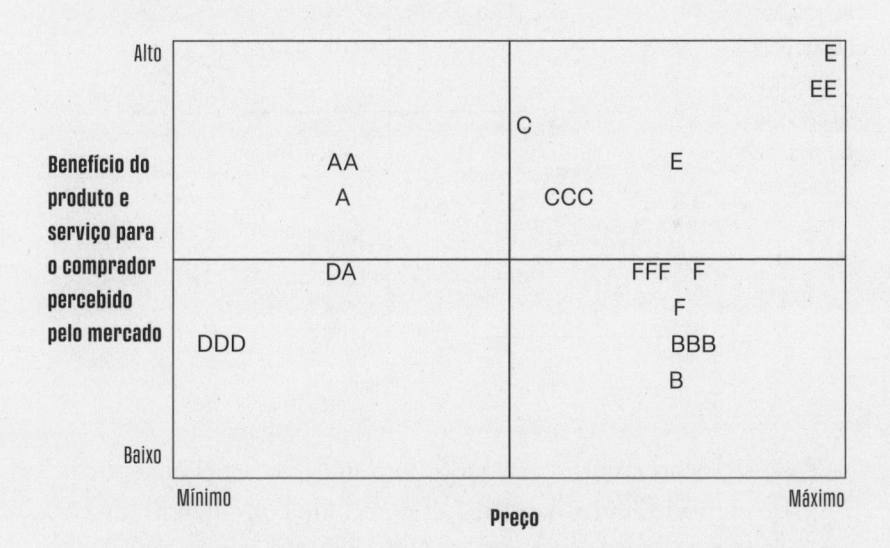

```
Alto                                              E
                                                 EE
                        C
Benefício do    AA              E
produto e       A              CCC
serviço para
o comprador
percebido       DA             FFF  F
pelo mercado                        F
              DDD              BBB
                                B
Baixo
      Mínimo                         Máximo
                      Preço
```

A pesquisa de mercado, de novo, pode oferecer um insight para responder a essas perguntas. Uma pesquisa para determinar as percepções do mercado sobre a futura elasticidade de preço pode ser ilustrada usando a *Matriz de percepção do mercado do benefício adequado de produto e serviço* versus *preço*. Isso é mostrado na Figura 6.4.

Vamos examinar um coquetel de produto e serviço por vez:

A é percebido como oferecendo altos benefícios ao comprador por um preço baixo, com a capacidade de aumentar seu preço pelo mesmo benefício ou aumentar seu preço significativamente se ele melhorar bastante os benefícios que oferece. É um produto e serviço com potencial para maior desenvolvimento.

B é percebido como de alto preço para os benefícios que oferece. Tem limitada capacidade de aumentar seu preço, e, para fazer isso, seria preciso aumentar significativamente seu benefício.

FIGURA 6.4 Matriz de percepção do mercado do benefício adequado de produto e serviço *versus* preço

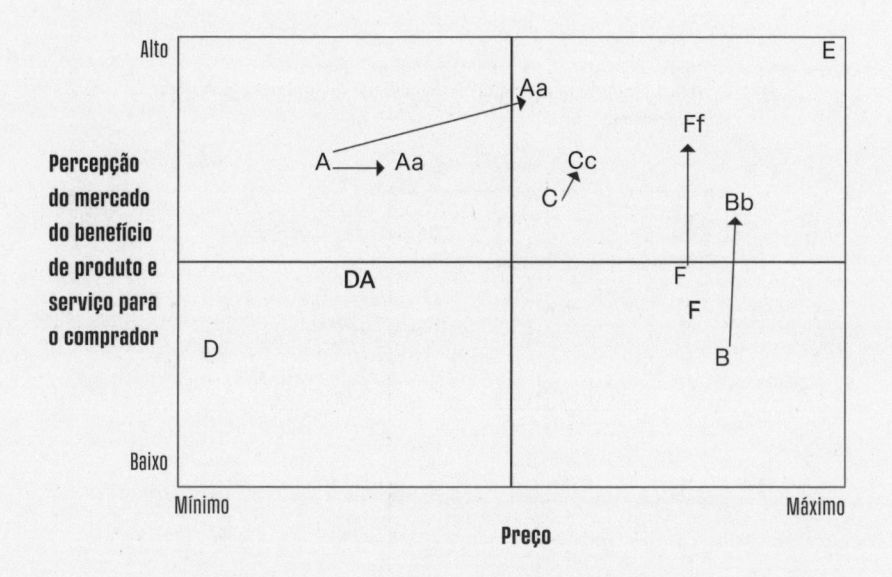

C é percebido como oferecendo bom grau de benefícios por um preço de mercado acima da média. É percebido como tendo limitada capacidade para aumentar o preço ou seu benefício.

D é percebido como oferecendo poucos benefícios por um preço baixo, sem qualquer espaço para mudar essas percepções ou o preço.

E é percebido como oferecendo alto grau de benefícios por um preço máximo. Não é percebido como tendo espaço para aumentar os benefícios oferecidos e não parece precisar reduzir o preço.

F é percebido como oferecendo benefícios abaixo da média com um preço acima da média. É percebido como tendo a capacidade de melhorar o benefício, mas sem muito espaço para aumentar seu preço.

Responder às três perguntas formuladas acima exige mais dados, particularmente sobre fatias de mercado e sobre as empresas envolvidas, mas, em geral:

❶ O mercado quer algo diferente do que está sendo oferecido pela empresa?
A matriz ilustra que A, B, C e F são percebidos como tendo potencial de aumentar seus benefícios ao comprador. O produto e serviço A, porém, tem o maior potencial para aumentar seu preço. Essa diferença no potencial de mudar os benefícios ao comprador é com frequência um reflexo da percepção que o mercado tem da marca. É preciso tempo e investimento para mudar essas percepções, e fazer apenas pequenos ajustes ao produto e serviço não é suficiente para alcançar mudanças significativas nessas percepções do mercado.

❷ A empresa tem como aumentar o preço da sua oferta de produto e serviço? B, C e F têm algum potencial para aumentar seus preços, mas teriam que aumentar a percepção do mercado dos benefícios oferecidos. O produto e serviço A tem o maior potencial de aumentar seu preço tanto para os benefícios existentes quanto no caso de aumento dos benefícios oferecidos. Ao considerarem o potencial para aumento de preço, os vendedores devem levar em conta as implicações para os volumes de vendas e a lucratividade.

❸ Os vendedores podem mudar suas posições na matriz?
D e E achariam isso difícil. B, C e F têm algum potencial para mudar suas posições, mas o maior potencial é do produto e serviço A. Mudar de posição na matriz com frequência exige um significativo investimento nos benefícios do produto e serviço oferecidos e no marketing.

Cabe notar que, quando há uma mudança de posição de um produto e serviço concorrente, isso pode levar outro produto e serviço a querer mudar sua posição – por exemplo, uma redução no preço para um produto e serviço pode causar uma redução de preço em outros, para mudar a percepção da avaliação do benefício do comprador *versus* preço. Da mesma forma, um novo participante do mercado pode causar uma reavaliação dos produtos e serviços existentes que concorrem no mercado, como quando a Dyson entrou no mercado de aspiradores de pó.

Os requisitos de benefícios do comprador para produtos e serviços podem variar muito entre os segmentos de mercado. Vendedores precisam levar em conta essas diferenças para compreender os produtos e serviços com os quais estão competindo. A elasticidade de preço para diferentes produtos e serviços varia e está relacionada com a percepção do comprador e do mercado dos benefícios a esse comprador e se ele está numa situação de *compra obrigatória* ou de *compra discricionária*. O potencial para aumentar o preço costuma ser muito limitado quando não há mudanças significativas nas percepções do comprador. Mudar essas percepções costuma exigir tempo e investimento. Também pode ocorrer que uma mudança no preço não tenha correlação com um aumento no lucro.

O descrito acima ilustra que as forças e fraquezas de produtos e serviços precisam ser identificadas a partir do ponto de vista externo do comprador. A história tem muitos exemplos de empresas e gestores que falharam ao procurar impor sua própria avaliação das forças e fraquezas a fim de decidir como os produtos e serviços deveriam ser desenvolvidos, oferecidos e precificados.

É importante criar valor para o comprador, e isso está relacionado com as contribuições tangíveis e intangíveis que produtos e serviços fazem para atender às necessidades de indivíduos, consistentes com a hierarquia de Maslow das necessidades. Tangíveis no sentido de mudar fisicamente algo ou de serem fornecidas junto com algo (por exemplo, um reparo doméstico) e intangíveis, no sentido de mudar as emoções de alguém em relação à autoestima, status, sensação de pertencimento, segurança ou a sensação de que alguém se interessa e cuida de você.

Faça o seguinte teste. Pegue duas malhas idênticas. Cole numa delas uma etiqueta de um varejista qualquer e na outra a etiqueta de um designer de alta moda. Embora o produto físico seja idêntico, muitas vezes o comprador perceberá enorme diferença entre os benefícios oferecidos pelos dois produtos. Pergunte às pessoas do teste que malha gostariam de levar para casa.

Compradores podem acreditar que a percepção das outras pessoas ao fato de estarem usando uma etiqueta de alta moda cria um *benefício adicional*. Embora não exista nenhuma diferença entre as malhas, exceto a etiqueta, a percepção de valor pelo comprador permite ao designer cobrar um preço *premium*. Vendedores precisam estar cientes de que é possível criar um *benefício adicional* tanto pela percepção direta do comprador dos benefícios oferecidos pelo produto e serviço quanto pela percepção indireta do comprador: aquilo que os outros podem pensar dele pela aquisição desses benefícios. Os benefícios ao comprador podem ser tangíveis e intangíveis.

> É possível criar um benefício adicional se os compradores acreditam que a associação com a marca lhes dá benefícios intangíveis por meio da associação com um produto e serviço ou uma marca particular.

A importância desse *benefício adicional* para os compradores é ilustrada também pelo próprio fato de haver pessoas que vão até as lojas de grandes marcas e compram um produto qualquer, entre os mais baratos disponíveis, só para conseguir uma sacola com o logotipo da loja e desfilar com ela pela cidade!

Vamos falar mais adiante da importância das marcas. O ponto central a essa altura é reconhecer que compradores compram também os benefícios que produtos e serviços oferecem, assim como o produto físico. Esses benefícios podem ser tanto funcionais quanto psicológicos. Podem estar associados com a percepção do comprador do benefício – como o aumento na autoestima e a percepção do impacto que irá causar na avaliação que os outros fazem dele –, aumentando, por exemplo, a consideração dos outros por ele.

DICAS DE PROFISSIONAL

1. Certifique-se de que sua empresa compreende quais são os benefícios que seus produtos e serviços buscam satisfazer.

2. Certifique-se de que uma avaliação dos benefícios proporcionados pelos produtos e serviços da empresa e pelos produtos e serviços de seus concorrentes é empreendida a partir de um ponto de vista externo, baseada nos requisitos de benefícios dos compradores.

3. Desafie a si mesmo e seus colegas a procurar compreender os pontos de vista externos sobre os pontos fortes e fracos que decorrem do item (2) acima.

4. Crie um "Modelo de Benefícios ao Comprador" para o mercado e use-o como guia para identificar o que sua empresa precisa fazer para lidar com a percepção externa dos pontos fracos e proteger/incrementar seus pontos fortes.

5. Certifique-se de que há uma compreensão compartilhada em sua empresa das posições relativas dos produtos e dos serviços concorrentes no mercado em termos dos requisitos de benefícios do comprador.

6. Certifique-se de que há uma compreensão compartilhada de que os produtos e serviços podem ser de *compra obrigatória* ou de *compra discricionária*.

7. Certifique-se de que há uma compreensão compartilhada das percepções externas a respeito da diferença entre o preço máximo *normal* e o preço máximo *absoluto* para produtos e serviços.

8. Certifique-se de que a percepção externa sobre a percepção de benefícios de produto e serviço pelo mercado *versus* preço é compreendida em sua empresa.

9. Certifique-se de que a percepção externa do potencial de mudar a percepção pelo mercado dos benefícios de produtos e serviços *versus* preço é compreendida em sua empresa.

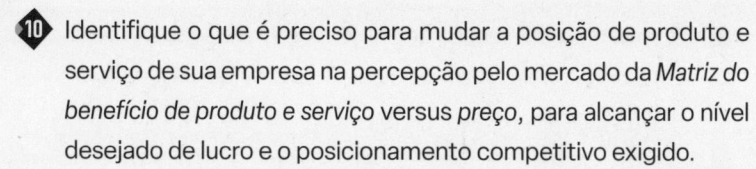

10 Identifique o que é preciso para mudar a posição de produto e serviço de sua empresa na percepção pelo mercado da *Matriz do benefício de produto e serviço* versus *preço*, para alcançar o nível desejado de lucro e o posicionamento competitivo exigido.

PERGUNTAS DE PROFISSIONAL

1 Quais são os benefícios que compradores dispostos e capazes querem dos produtos e serviços, e de que modo estão sendo priorizados?

2 De que modo sua empresa assegura obter (e manter controle sobre as mudanças nas) percepções do mercado a respeito dos requisitos de benefício e de suas prioridades?

3 De que maneira sua empresa identifica e rastreia a elasticidade de preço no mercado e garante estar compreendendo a dinâmica entre *compras obrigatórias* e *compras discricionárias*?

4 De que maneira sua empresa assegura estar adotando uma percepção externa dos benefícios que seus produtos e serviços oferecem no contexto daquilo que o mercado requer?

5 De que maneira sua empresa assegura que uma avaliação externa objetiva das forças e fraquezas relativas e das posições de mercado dos produtos e serviços concorrentes dentro do mercado está sendo alcançada e é rastreada para o futuro?

6 De que maneira os resultados do exposto acima serão usados dentro da empresa para avaliar as forças e fraquezas dos produtos e serviços da empresa e dar forma aos objetivos para esses produtos e serviços?

7 A empresa deseja mudar a posição de seus produtos e serviços segundo a percepção do mercado na *Matriz do benefício do produto e serviço para os compradores* versus *preço*?

8 A empresa tem clareza dos objetivos em relação ao retorno que está procurando obter de seus produtos e serviços agora e no futuro?

9 A empresa tem acesso aos recursos necessários para investir nos produtos e serviços e no marketing para alcançar os objetivos que define para eles?

10 A empresa tem clareza a respeito do que faria se os concorrentes buscassem mudar suas posições na *Matriz da percepção do mercado sobre o benefício de seu produto e serviço para os compradores* versus *preço*?

Forças e fraquezas são **definidas externamente por compradores**, e não internamente pelas empresas.

CAPÍTULO 7

SEGMENTAÇÃO DE MERCADO

INTRODUÇÃO

Mercados não são homogêneos. Podem ser segmentados de diversas maneiras para refletir sua natureza heterogênea. A chave é segmentar de modo que faça sentido para compradores e permita às empresas desenvolverem suas estratégias competitivas com credibilidade. Este capítulo explora a segmentação de mercados e como desenvolver a oferta de benefícios de produtos e serviços para atrair os compradores dentro de segmentos.

SEGMENTANDO MERCADOS

Há várias maneiras de segmentar mercados. A chave é que as empresas façam isso de modo que as ajude a alcançar seus objetivos competitivos e corporativos. Constatei que segmentar mercados com base em produtos e serviços costuma refletir um pensamento interno focado na empresa, em vez de um pensamento orientado pelo mercado. Afinal, estamos tratando de compradores que compram, e os vendedores devem entender esses compradores. Produtos e serviços precisam ser vistos no contexto dos compradores.

Mercados consistem em compradores dispostos e capazes e vendedores dispostos e capazes que buscam alcançar um acordo a respeito de comprar e vender produtos e serviços e quanto aos preços dessas operações. Em razão da natureza heterogênea dos compradores, é útil identificar se os requisitos de benefícios dos compradores podem ou não ser agrupados de alguma maneira. Esses agrupamentos são conhecidos como *segmentos de mercado*, e o processo de defini-los é chamado de *segmentação de mercado*.

> A segmentação de mercado é o processo pelo qual os compradores dispostos e capazes em um mercado com tipos semelhantes de requisitos de benefícios são categorizados em grupos, conhecidos como segmentos de mercado.

A segmentação de mercado não é um fim em si, mas um meio para atingir um fim. Segmentar um mercado permite às empresas

1. Compreender os requisitos de grupos de compradores em termos dos benefícios de produtos e serviços que eles precisam e como negociar esses requisitos em relação ao preço;

2. Colocar os produtos e serviços da empresa e de seus concorrentes no contexto de grupos de compradores identificados, para facilitar a avaliação das forças e fraquezas relativas;

3. Desenvolver sua oferta de produtos e serviços para atender às necessidades de grupos específicos de compradores;

4. Identificar e avaliar a dinâmica de mercado para esses grupos de compradores;

5. Focar seus esforços de marketing e investimentos nas necessidades específicas desses grupos de compradores;

6. Desenvolver opções estratégicas e escolhas para o mercado e seus segmentos;

7. Determinar a probabilidade de que visar diferentes segmentos de mercado seja suficientemente lucrativo;

8. Identificar se há vínculos e movimento de compradores entre diferentes segmentos de mercado e entre mercados.

MARKETING E SEGMENTOS DE MERCADO

Costuma haver grande preocupação a respeito dos gastos com marketing e com a sua eficácia. Se o marketing não for dirigido às necessidades e requisitos dos compradores em segmentos de mercado específicos, não será visto como relevante por esses compradores. Embora ele possa melhorar a consciência geral da marca do produto e serviço, é provável que nessas circunstâncias ele represente mais um custo do que um investimento e que não seja eficaz para influenciar compradores dispostos e capazes de comprar.

> Os objetivos e o foco para segmentar um mercado precisam ser compreendidos. Uma empresa que fornece ou comercializa uma oferta de produto e serviço para cobrir todos os segmentos de mercados terá desempenho abaixo do esperado e confundirá o mercado.

Segmentos de mercado de compradores dispostos e capazes devem ter:

1. Requisitos de benefícios que possam ser definidos como similares;

2. Diferenças definíveis em relação a outros grupos de compradores;

3. Similaridade de reação a variáveis externas, como o marketing e a economia.

Existem outras maneiras pelas quais as empresas procuram segmentar um mercado. Por exemplo:

▶ Segmentação por produto e serviços

Quando a empresa examina apenas produtos e serviços, é mais provável que se concentre no que ela acredita que devem ser os valores intrínsecos dos produtos, em vez de naquilo que os compradores acham importante. Ela talvez ignore outros importantes benefícios de valor, intrínsecos e extrínsecos dos compradores – por exemplo, o canal para o mercado, os benefícios tanto diretos quanto sugeridos (por exemplo, associação à marca) que os compradores prezam muito. A segmentação baseada em aspectos de produto e serviço limita a concorrência a produtos e serviços, em vez de focar o que é preciso para convencer compradores dispostos e capazes a comprar da empresa.

➤ Segmentação por geografia

A segmentação por geografia pressupõe que compradores dispostos e capazes dentro de uma área geográfica particular são suscetíveis a uma mesma proposta de marketing para produtos e serviços. Embora seja útil visar mercados específicos definidos geograficamente, a probabilidade de todos os compradores dispostos e capazes terem os mesmos requisitos de benefícios e a mesma avaliação dos benefícios oferecidos pelos produtos e serviços é pequena. Mercados definidos geograficamente têm diferentes segmentos de mercado de compradores.

➤ Segmentação por demografia /B2Bographics

"B2Bographics" está relacionado a mercados *business-to-business*, nos quais os compradores dispostos e capazes são empresas. Essa abordagem pressupõe que os compradores dispostos e capazes (sejam eles indivíduos ou empresas) podem ser agrupados por critérios que se relacionem com eles, por exemplo, homens de 20-30 anos de idade ou empresas de manufatura do aço. Embora haja, sem dúvida, algumas questões comuns que podem ser atribuídas a grupos particulares de indivíduos ou empresas, elas raramente são suficientes para apoiar a definição de um segmento de mercado de maneira significativa que dê forma à proposta de marketing dos vendedores. A segmentação por demografia/B2Bographics pode desempenhar um papel no sentido de identificar algumas das características de compradores dispostos e capazes num segmento de mercado, mas não pode, por si só, definir um segmento de mercado.

➤ Segmentação por canal

Com o advento da internet, houve sem dúvida em muitos mercados uma mudança de canal para compradores dispostos e capazes. No entanto, segmentar um mercado apenas com base no canal usado (ou canais) corre o risco de não levar em conta de que maneira compradores dispostos e capazes querem comprar por meio de uma gama de canais, e a total extensão dos benefícios que eles querem obter. O canal para o mercado é apenas um dos benefícios que compradores dispostos e capazes levam em conta em sua decisão de "comprar". Identificar as preferências de canal de compradores dispostos e capazes pode ser útil para definir as características dentro de segmentos de mercado. Mas isso não deve ser confundido com a necessidade de ter opções de canal particulares disponíveis para atender aos requisitos de benefícios dos compradores.

▶ Segmentação psicográfica

Esta procura dividir os compradores em diferentes grupos com base em características de estilo de vida, classe social ou personalidade. Procura identificar as motivações internas de compradores dispostos e capazes. É aparentada aos diferentes estágios na difusão da inovação (Rogers 2003), quando a inovação é adotada por diferentes pessoas em diferentes graus – por exemplo, inovadores, *early adopters*, a maioria antecipada, a maioria tardia e os retardatários. Os compradores em cada uma dessas categorias têm diferentes motivações para suas decisões de compra. As empresas de tecnologia são particularmente atentas às diferentes características de compradores no contexto da difusão da inovação, e desenvolvem suas abordagens de marketing de acordo. No entanto, não baseiam sua segmentação do mercado apenas nesses critérios. Elas identificam os benefícios de produtos e serviços que compradores dispostos e capazes nessas categorias desejam e então examinam como podem atender e acelerar tais benefícios entre essas categorias para chegar aos segmentos de mercado lucrativos de maior volume.

Elementos de todos esses segmentos acima descritos podem ser usados para contribuir com a segmentação de um mercado, mas não devem ser usados individualmente para definir um segmento de mercado. O processo para segmentar um mercado começa pela identificação de alguns critérios extraídos do exposto acima para definir o mercado. Esse processo é chamado de *identificar o lócus para a segmentação de mercado*.

> A segmentação de mercado apoia-se nos critérios para a tomada de decisões de compra para criar um lócus para a segmentação de mercado. Isso não deve ser confundido com segmentar mercados com base nos requisitos de benefícios de compradores dispostos e capazes.

Identificar o lócus para a segmentação de mercado começa buscando respostas às seguintes questões:

1 Quais produtos e serviços estão relacionados ao mercado?
Evite desenvolver uma definição de mercado que seja ampla demais. Definir um mercado como de bens ao consumidor é amplo demais e pode não significar nada. Não é uma base útil para análise. Os mercados são naturalmente segmentados – por exemplo, calçados de lazer são segmentados em botas para caminhadas, botas para montanhismo, botas para críquete, chuteiras, tênis para basquete etc. Seja mais específico para identificar um tipo de produto e serviço que forme uma base significativa para a segmentação. Existem mercados distintos para botas para caminhadas, para críquete e para futebol. Botas para caminhadas podem ser segmentadas em botas para passeios, para trilhas, para alpinistas etc. Embora haja alguns benefícios comuns exigidos por todos os compradores dispostos e capazes de botas, por exemplo, que sejam à prova d'água, haverá diferenças específicas nos requisitos de benefícios para diferentes compradores de tipos diferentes de botas. É bastante improvável que um comprador de botas para caminhadas tenha os mesmos requisitos de benefícios que compradores que querem calçados para jogar beisebol!

2 Qual a cobertura geográfica do mercado que precisa ser segmentada?
Com frequência haverá significativas diferenças entre os requisitos

de benefícios dos compradores para o mesmo produto e serviços em diferentes mercados geográficos, em razão de aspectos culturais, econômicos, legislativos, sociológicos e por outros motivos. O design de uma bota para caminhadas e os benefícios exigidos por compradores no México podem ter certos pontos em comum com os exigidos por compradores, digamos, na Irlanda, mas também é provável que tenham marcadas diferenças.

Mesmo quando o mercado é baseado na internet, muitas vezes haverá acentuadas diferenças nos requisitos de benefícios de compradores em diferentes localidades geográficas que utilizam o mercado baseado na internet. O contexto dos compradores em termos tanto de sua localização quanto do uso proposto do produto e dos serviços continuará sendo importante.

> É possível identificar requisitos de benefícios comuns para todos os compradores e então distinguir requisitos de benefícios para diferentes grupos de compradores para o mercado selecionado?

Se compradores querem comprar um relógio, é provável que todos exijam um conjunto comum de benefícios (os benefícios essenciais), por exemplo, que o relógio marque o tempo com precisão. Identifique esses benefícios essenciais e depois identifique quais são os outros requisitos de benefícios (benefícios diferenciados) para diferentes usos. Alguém pode querer comprar um Cartier em razão dos benefícios diferenciados que ele oferece em comparação com outra marca mais barata com menos benefícios diferenciados. Os dois relógios marcam o tempo com precisão e são à prova d'água, por exemplo, mas o Cartier tem benefícios diferenciados específicos pelos quais é possível cobrar um preço *premium*.

Os grupos de compradores para esses produtos e serviços vão "ponderar" tanto os benefícios essenciais quanto os benefícios diferenciados de maneiras particulares. É importante identificar essas ponderações, pois são fundamentais para a segmentação do mercado. No exemplo dos relógios, para alguns será muito importante ter essa associação com a marca e o estilo, enquanto para outros o mais importante talvez seja a possiblidade de praticar esportes com o relógio no pulso.

Aprofundando mais o exemplo dos relógios, o processo acima terá identificado quais são os benefícios essenciais para relógios no mercado e também quais os benefícios diferenciados exigidos. Então será possível identificar, por meio do processo de ponderação, uma hierarquia de benefícios diferenciados.

Cada grupo de compradores usará essa hierarquia para determinar seus benefícios *obrigatórios* e seus benefícios *discricionários*. Eles então são comparados com o preço, e a negociação do preço de venda terá por base quais benefícios *discricionários* podem ser assegurados pelo preço que os compradores estão dispostos e são capazes de pagar. Se os benefícios *obrigatórios* não são parte da oferta de vendas, é provável que o comprador não se disponha a pagar, e, portanto, que não esteja no mercado. Isso é ilustrado na Figura 7.1.

A Figura 7.1 mostra que diferentes grupos de compradores querem diferentes níveis de benefícios *obrigatórios* e *discricionários*. Esses grupos se dispõem e são capazes de pagar diferentes preços por esses benefícios. Também é provável que, à medida que o preço aumenta, os benefícios *obrigatórios* aumentem e possam ser maiores que os requisitos totais de um grupo de compradores com requisitos mais modestos que estejam menos dispostos e sejam menos capazes de pagar preços mais altos. Isso é ilustrado na Figura 7.1, na comparação entre grupos de compradores D e A.

Outro exemplo poderia ser o mercado para carros de luxo. Se um carro não tem navegação por satélite incorporada, ou controle de estacionamento e de distância, piloto automático etc., não será visto como um concorrente em certos segmentos de mercado. No entanto, o simples fato de contar com esses níveis de funcionalidade não será suficiente, pois os compradores também querem uma marca que represente o status desejado. A marca muitas vezes é um benefício com alta ponderação junto aos compradores. Foi por isso que a Toyota desenvolveu a marca Lexus.

FIGURA 7.1 Segmentação de mercado por benefícios de produto e serviço para o comprador *versus* preço

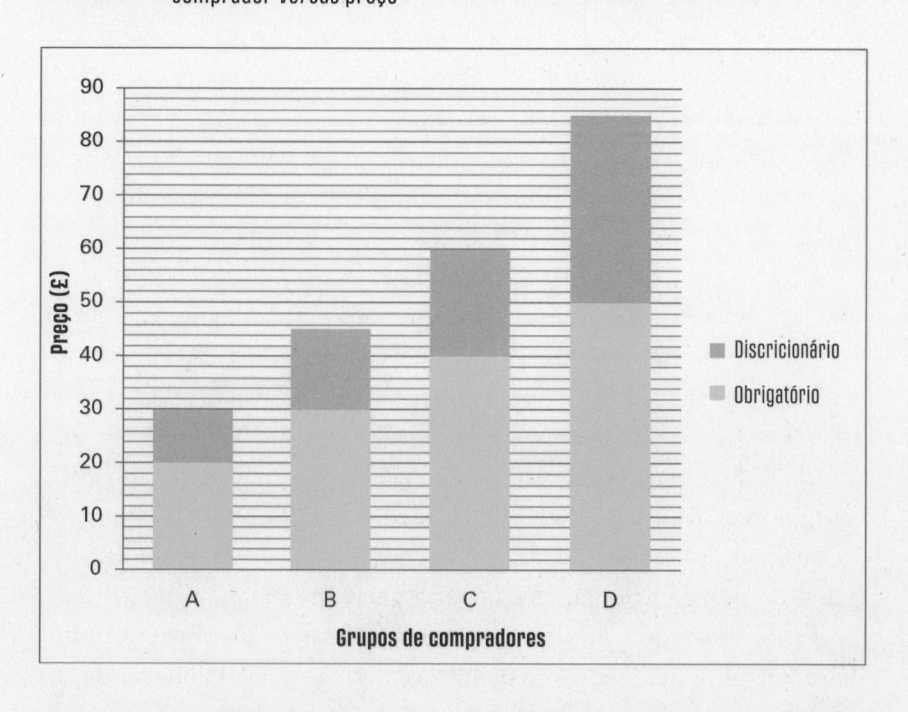

[Gráfico de barras: eixo Y "Preço (£)" de 0 a 90; eixo X "Grupos de compradores" com grupos A, B, C, D. Barras empilhadas com Obrigatório e Discricionário:
- A: Obrigatório ~20, Discricionário ~10 (total 30)
- B: Obrigatório ~30, Discricionário ~15 (total 45)
- C: Obrigatório ~40, Discricionário ~20 (total 60)
- D: Obrigatório ~50, Discricionário ~35 (total 85)
Legenda: ■ Discricionário ■ Obrigatório]

ESTUDO DE CASO

Toyota

O carro Toyota tinha todas as funcionalidades, mas não contava com a percepção de marca de status exigida para competir com sucesso e conquistar compradores dispostos e capazes que quisessem os benefícios totais associados a um carro de luxo. Consequentemente, a Lexus foi desenvolvida como marca orientada a um cliente *premium*, a fim de superar os fatores limitantes e as percepções sobre a marca Toyota.

A marca Lexus foi apoiada e contemplada várias vezes com os Prêmios de Satisfação do Cliente J D Power and Associates. Esses prêmios avaliam um produto utilizando quatro critérios principais:

> qualidade e confiabilidade do veículo; apelo do veículo; custo de propriedade; e satisfação com o serviço por parte do revendedor. Essa orientação focada no cliente levou a inovações que passaram a caracterizar a marca Lexus.
>
> O foco do Lexus abrange do design até a qualidade do serviço, o prazer de dirigir, o desempenho ambiental e a segurança. O Lexus identificou os benefícios essenciais e diferenciados que os compradores exigem e tenta ir além dos benefícios essenciais e desenvolver continuamente seus benefícios diferenciados. Isso é apoiado por seu marketing, a fim de criar uma marca *premium* forte e bem conhecida, distinta da Toyota.

Quando a marca tem uma ponderação particularmente alta entre compradores dispostos e capazes, é possível alcançar um preço *premium*. Nesses casos, os requisitos *obrigatórios* dos compradores são reduzidos, e eles são transferidos para a categoria *discricionários*.

Isso é ilustrado por algumas marcas de carros de "luxo". Alguns desses carros podem ter como padrão as mesmas funcionalidades das de seus rivais, ou até menos funcionalidades, mas são capazes de alcançar preços *premium* porque sua marca tem uma ponderação mais alta entre compradores dispostos e capazes.

> A marca pode distorcer as ponderações dos requisitos de benefícios do comprador e permitir que as empresas consigam preços premium pelas mesmas ou até menos funcionalidades que seus concorrentes. O importante é compreender que benefícios apoiam a marca na percepção dos compradores.

OBRIGATÓRIOS, DISCRICIONÁRIOS E A ECONOMIA

Quando a economia está em alta, os requisitos de benefícios do comprador costumam aumentar, assim como o preço que os compradores estão dispostos e são capazes de pagar. Os compradores com frequência querem mais, mas também estão preparados para pagar mais. Há mais requisitos de benefícios do comprador que se movem da categoria *discricionários* para a categoria *obrigatórios,* criando um novo padrão para o produto base.

Quando a economia caminha para uma recessão, os compradores com frequência querem os mesmos benefícios, mas por um preço menor. À medida que a economia piora, os compradores se dispõem mais a aceitar menos benefícios por um preço menor, e mais benefícios se movem da categoria *obrigatórios* para a *discricionária*; por exemplo, um comprador de Mercedes pode descer dentro da gama de modelos de carros, passando de um modelo Avantgarde para um modelo SE.

Vendedores que tenham investido pesado em desenvolvimento de produtos e serviços querem reter compradores, adquirir novos, aumentar o fluxo de caixa e incrementar sua fatia de mercado (*market share*). Para fazer isso de forma criativa, alguns vendedores introduzem novas especificações de padrão de nível mais baixo para seus produtos e serviços. Isso é ilustrado pelas faixas de valor de supermercados e pela introdução de carros em edição especial.

ESTUDO DE CASO

A crescente popularidade das lojas de descontos

O crescimento de varejistas de descontos na Europa tem sido fenomenal, com lojas como Aldi e Lidl – alemãs – liderando a tendência. Os modelos de negócios que essas duas lojas têm usado se baseiam em oferecer marcas que não sejam líderes de mercado, mas tenham boa qualidade com preço baixo e linhas de produto limitadas. Isso lhes permite fazer aos fornecedores pedidos de grandes volumes por baixo preço unitário.

Operando por meio de lojas de porte reduzido e baixo custo, em locais que atendem a pequenas comunidades, conseguem assegurar uma boa rotatividade de produtos sempre renovados. Isso é apoiado por sistemas de distribuição e logística eficientes e de baixo custo. Na realidade, a localização de suas lojas busca refletir e atender ao perfil socioeconômico das comunidades nas quais estão situadas.

Elas têm sido particularmente bem-sucedidas em linhas de produtos em que os compradores têm um limiar baixo para aspectos *obrigatórios* de produtos em vez de *discricionários*.

A lógica seria que as vendas de lojas como Aldi e Lidl crescessem ao longo de toda a gama de produtos, mas não é o que acontece nesse caso. Pegue, por exemplo, produtos de toalete como desodorantes. Restringir a gama de produtos principalmente a marcas menos conhecidas não levou os compradores a experimentarem essas marcas em grande número, a ponto de desafiar o domínio das marcas mais conhecidas. As marcas menos conhecidas não foram capazes de ultrapassar os limiares de *obrigatórias* dos compradores.

A Aldi e a Lidl têm procurado lidar com essa questão de duas maneiras. A primeira é estocando mais produtos de marca quando conseguem acesso a fornecedores confiáveis que lhes deem descontos para o volume de suprimento que necessitam a fim de apoiar suas ofertas de baixo custo. A segunda é usar o reconhecimento externo para seus produtos menos conhecidos a fim de superar o limiar de produtos *obrigatórios* dos compradores.

Para que as marcas menos conhecidas consigam aumentar suas vendas, elas têm que superar desafios centrais e convencer compradores de que elas se qualificam para serem consideradas como atendendo aos aspectos de produtos *obrigatórios*. O primeiro é o conhecimento da marca e o segundo é gerar suficiente confiança no comprador para convencê-lo a experimentar os produtos.

Ganhar prêmios é uma maneira de superar esses dois desafios. Tanto a Aldi quanto a Lidl têm sido bem-sucedidas em estocar marcas menos conhecidas ganhadoras de prêmios em áreas de produtos como vinhos e cereais matinais, que têm superado os requisitos *obrigatórios* de compradores.

Por meio de uma combinação de, por um lado, estocar mais produtos de marcas líderes quando são incapazes de superar os requisitos *obrigatórios* de produtos dos compradores associados às

> marcas líderes e, de outro lado, estocar marcas menos conhecidas ganhadoras de prêmios, a Aldi e a Lidl continuaram sua bem-sucedida captura lucrativa de fatias de mercado. Na realidade, elas agora estão atraindo compradores de uma faixa econômica mais alta, e com isso sendo capazes de superar requisitos *obrigatórios* de compradores e até de estender sua oferta a requisitos de produto *discricionários* de compradores.

Pesquisa de segmento de mercado

O estágio seguinte no processo de segmentação de mercado é identificar quem são os compradores e descobrir o máximo possível a respeito deles. Pesquisas de mercado consistem em saber mais a respeito de compradores e de sua disposição e capacidade de comprar, tanto agora quanto no futuro. A pesquisa de mercado, como um instantâneo, olha para trás. As empresas precisam compreender os mercados agora e como é provável que mudem no futuro.

> A pesquisa de mercado fornece um instantâneo, mas precisa também prover um teste das suposições feitas a respeito do futuro.

As decisões de investimento das empresas, seja para o desenvolvimento de produtos e serviços, seja para a criação de instalações de capital intensivo, requerem uma compreensão de como o mercado provavelmente se desenvolverá. Isso é ilustrado com maior clareza por varejistas de roupas, quando planejam a moda da próxima estação, e por empresas de petróleo, planejando a localização e a natureza das instalações de refinarias.

Projeções de mercado que utilizam pesquisa de mercado costumam ser retratadas como ciência. Não é assim. A pesquisa de mercado usa técnicas estatísticas para fornecer dados baseados em pesquisa qualitativa e quantitativa, que são então avaliados subjetivamente e usados para fazer escolhas subjetivas para desenvolver projeções de mercado. Ninguém tem como profetizar o futuro. Gestores podem apenas fazer suposições sobre o futuro e torcer para que estejam certas. É por isso que a pesquisa de mercado tem de ser contínua, e as empresas precisam ter a capacidade de compreender mudanças no mercado à medida que o futuro se desdobra.

A pesquisa de mercado pode ser usada de modo útil para criar um perfil dos compradores. Esses perfis podem então ser usados para criar grupos de foco e uma população estatística estruturada, para usar e coletar dados a partir dos quais basear suposições.

É importante, ao realizar uma pesquisa de mercado, identificar os perfis daqueles compradores com disposição e capacidade de comprar, mas que escolhem não comprar. Embora o lucro resida na retenção de compradores pela vida inteira, também é obtido ao converter aqueles com disposição e capacidade de comprar, mas que escolhem não comprar da sua empresa.

É provável que perfis diferentes sejam revelados para diferentes segmentos de mercado, e as suposições internas sobre os benefícios *obrigatórios* e *discricionários* de compradores precisam ser testadas no presente e no futuro para cada segmento de mercado, junto com a elasticidade de preço desses compradores. Com frequência há diferenciadores "dourados" (que são os requisitos centrais dos benefícios) para cada segmento de mercado. Gestores precisam compreender quais são eles para os segmentos nos quais pretendem competir ou entrar.

É de vital importância buscar identificar de que maneira o perfil do comprador pode mudar com o tempo e qual a probabilidade de afetar as escolhas que ele faz. O Capítulo 8 examina como analisar mercados. Essa análise, que precisa ser feita para cada segmento de mercado, deve ser usada para identificar como isso afeta os requisitos de benefícios dos compradores e as escolhas que eles provavelmente farão no futuro.

Ao final do processo de definir um segmento de mercado, você deve ser capaz de:

1. Identificar os requisitos de benefícios similares de compradores dispostos e capazes usados para definir o segmento;

❷ Definir as diferenças entre os compradores dispostos e capazes nos segmentos escolhidos em relação a outros grupos de compradores dispostos e capazes;

❸ Ter confiança na similaridade de reação a variáveis externas daqueles compradores dispostos e capazes nesse segmento.

Ter clareza quanto à segmentação do mercado permite à empresa empreender uma análise e uma avaliação do mercado e de seus segmentos para determinar se são atraentes para ela e o que precisa ser feito para criar uma abordagem de marketing competitiva e persuasiva.

DICAS DE PROFISSIONAL

❶ Certifique-se de que há uma compreensão compartilhada de por que sua empresa precisa segmentar o mercado.

❷ Certifique-se de que os objetivos para segmentar o mercado foram identificados e compreendidos.

❸ Certifique-se de que o ponto de partida para identificar a segmentação do mercado está determinado a partir de um ponto de vista externo, não de um ponto de vista interno.

❹ Defina os produtos e serviços com os quais o mercado se relaciona e compreenda quais benefícios os compradores com disposição e capacidade de comprar querem numa área geográfica definida.

❺ Compreenda como compradores com disposição e capacidade de comprar ponderam os benefícios que querem e como eles são categorizados em termos de *obrigatórios* e *discricionários*.

❻ Compreenda como as ponderações no item (5) acima são negociadas em relação ao preço.

❼ Compreenda as diferenças entre diferentes segmentos de mercado.

8. Compreenda o relacionamento entre os benefícios *obrigatórios* em cada segmento e como eles mudam de acordo com o segmento.

9. Não encare a pesquisa de mercado como um instantâneo científico, mas como parte do desenvolvimento de suposições e projeções de mercado subjetivas baseadas em dados para a futura evolução dos requisitos de benefícios do comprador e do volume da demanda.

10. Empresas precisam fazer escolhas positivas a respeito dos segmentos nos quais querem competir, identificar de que maneiras os compradores podem mudar de segmento ao longo do tempo e ter portfólios de produtos e serviços que evoluam para atender às necessidades dos compradores.

PERGUNTAS DE PROFISSIONAL

1. Quais são os objetivos da empresa para segmentar o mercado?

2. Quais produtos e serviços estão relacionados ao mercado a ser segmentado?

3. Qual área geográfica é coberta pelo mercado a ser segmentado?

4. Como são categorizados os benefícios ao comprador em termos de *obrigatórios* e *discricionários* para cada segmento?

5. De que modo os requisitos de benefícios do comprador para produto e serviço são negociados em relação ao preço em cada segmento?

6. De que maneira a empresa testará suas suposições sobre as visões do comprador dos requisitos de benefícios em relação às percepções externas dos compradores?

> **7** Em que período de tempo serão feitas as suposições a respeito dos segmentos de mercado para o futuro?
>
> **8** O que a empresa fará com os resultados da segmentação do mercado?
>
> **9** De que modo a empresa manterá contato com as mudanças nos requisitos de compradores em cada segmento de mercado no qual a empresa compete ou deseja entrar?
>
> **10** Como a empresa planejará seus investimentos e continuará a evoluir o benefício de suas ofertas de produto e serviço para atender às necessidades em evolução dos segmentos de mercado?

CAPÍTULO 8

COMO ANALISAR MERCADOS

INTRODUÇÃO

Este capítulo mostra como analisar mercados e desafia algumas das suposições geralmente aceitas a respeito de análises estratégicas. Embora pareça uma obviedade, nunca é demais ressaltar que definir um mercado é crucial para se fazer uma análise dele. Definir um mercado permite identificar tanto os compradores quanto as variáveis estratégicas que provavelmente afetarão a demanda que eles criam no mercado.

Apresentamos a seguir um guia passo a passo não só para identificar as variáveis principais, mas para avaliá-las, a fim de que os gestores tenham uma compreensão da dinâmica de mercado e das questões estratégicas de mercado cruciais que fornecem o contexto para a empresa desenvolver sua estratégia competitiva para o mercado.

COMEÇANDO PELO MERCADO

Muitas empresas não definem adequadamente seus mercados e, na realidade, tampouco definem o negócio em que estão (ou não têm uma compreensão compartilhada disso). A Rolex, por exemplo, está no negócio de relógios? A Rolex compete no mercado de relógios?

Assim como ocorre com a definição de mercado, a definição do negócio em que a empresa está precisa ter um foco externo. Uma empresa pode manufaturar e vender relógios e não estar no negócio de relógios nem competir no mercado de relógios. Quais são os produtos e serviços com os quais um relógio Rolex compete?

Vejo com frequência empresas com foco interno se referirem ao setor em que estão e às empresas com as quais competem. E empresas com foco externo falarem sobre os mercados nos quais estão competindo e os produtos e serviços contra os quais seus produtos e serviços competem.

É vital que as empresas foquem primeiro externamente, e só depois internamente. É necessário colocar seus produtos e serviços num contexto externo. A análise de um mercado requer uma definição clara de mercado e uma clara compreensão de qual é o negócio em que a empresa está inserida.

> A análise de mercado começa a partir da definição do mercado de um ponto de vista externo.

VARIÁVEIS NOS MERCADOS

Partir de uma definição de mercado é crucial para compreender os segmentos que estão dentro dele. Diferentes segmentos podem ser afetados de modos diferentes pelas mesmas variáveis. É importante compreender quais as variáveis comuns que se aplicam a todos os segmentos e quais as variáveis individuais que precisam ser identificadas e analisadas para os diferentes segmentos de mercado.

Vejamos por exemplo o mercado habitacional em Londres. O acesso a capital é uma variável crucial que afeta a demanda no mercado habitacional. Mas o acesso a capital pode ser uma variável que afeta a demanda para casas até 300 mil libras; e pode ter efeito significativamente menor para casas entre 300 mil e 1 milhão de libras; e um peso menor ainda para casas entre 1 milhão e 3 milhões de libras e não afetar em nada casas acima de 3 milhões de libras.

Ao procurar analisar o mercado, é importante identificar as variáveis que estão afetando a demanda agora, antes de buscar identificar as variáveis que provavelmente afetarão a demanda no futuro. Uma análise de mercado deve não só propiciar um instantâneo em determinado ponto de tempo, mas também uma avaliação do futuro.

Nesse contexto, as definições de "agora" e de "futuro" precisam ser claras. Cabe àqueles que empreendem a análise fazer escolhas com base em sua compreensão do contexto de mercado. Em muitos mercados, para propósitos de análise, esse "agora" costuma ser definido como "os próximos três a seis meses", e "o futuro" como "de um a três anos". Claramente, quanto mais extenso o período de tempo, mais especulativas serão as suposições e mais importante é revisar se essas suposições estão ou não se tornando realidade à medida que o futuro vai se desdobrando.

O modelo a seguir foi desenvolvido tendo em vista um período de vários anos, para permitir avaliar o mercado atual e abranger uma ampla gama de empresas operando em diferentes negócios e mercados.

O ponto de partida para a análise é responder à seguinte questão:

1 Em que negócio a empresa está; e como o mercado é definido?

As respostas às duas partes desta pergunta devem estar estreitamente ligadas. De que maneira, por exemplo, os gestores da Rolex responderiam às duas partes desta pergunta? Será que afirmariam que estão no negócio de relógios e que o mercado é definido pelos compradores que querem comprar um relógio de alta qualidade e alto custo? Improvável!

Imagine que você está prestando consultoria a uma empresa multinacional na qual os gestores de diferentes setores da empresa responderam às duas partes da pergunta de maneiras diferentes. Uma das respostas é que a empresa está no negócio de manufatura de medidores e que o mercado é definido em termos de qualquer pessoa que deseje comprar um medidor. A segunda resposta é que a empresa está no negócio de soluções mensuradas e que o mercado é definido como compradores precisando de uma solução de métrica. Embora o fator comum de medidores esteja presente em ambas as respostas, o papel que ele desempenha no negócio e nos mercados em que a empresa está é muito diferente. São imensas as implicações desses dois conjuntos de respostas.

Uma das definições fornece um foco estreito, baseado numa competência essencial de manufatura, e, a outra, uma definição bem mais ampla, que abrange um portfólio de serviços e fornece um contexto mais amplo para o papel do produto físico na criação de valor para o comprador. A primeira resulta de um paradigma histórico de manufatura baseada em competência, e a segunda de um paradigma de serviços focado no comprador, que requer o desenvolvimento de um conjunto de competências bem mais amplo. Quando há visões tão divergentes como essas, as decisões sobre estratégia e prioridades para investir recursos provavelmente não terão coerência e consistência.

> Ter uma compreensão compartilhada da definição do negócio em que a empresa está inserida e da definição do mercado é vital para que a análise do mercado seja possível e leve ao desenvolvimento de uma estratégia capaz de ser implementada.

Não é incomum gestores da mesma empresa darem respostas diferentes aos dois elementos da questão. Quando isso ocorre, é preciso trabalhar no sentido de chegar a um acordo nas respostas que serão usadas na análise de mercado e a uma clara compreensão delas. É difícil escalar até o cume da mesma montanha se os alpinistas partem de diferentes acampamentos-base e procuram cumes diferentes para escalar!

É preciso haver uma compreensão compartilhada a respeito de quem são os compradores dispostos e capazes dentro do mercado; sobre o mix de produto e serviço exigido pelos compradores; o papel e/ou negócio da empresa no atendimento das necessidades dos compradores; quem são os concorrentes no mercado; e onde esse mercado a ser analisado existe.

❷ De que maneira o mercado está segmentado e que impacto ele tem? Como vimos no Capítulo 7, os mercados podem ser segmentados com base nos requisitos de benefícios dos compradores. A demanda nos diferentes segmentos de mercado terá um impacto significativo tanto na atratividade desses segmentos de mercado para os vendedores como na concorrência dentro deles.

Uma demanda em queda num segmento de mercado que já foi atraente no passado provavelmente aumentará a competição, pois os concorrentes existentes vão disputar as vendas com maior intensidade. Uma demanda crescente num segmento de mercado pode levar a uma redução na competição, pois os concorrentes estão satisfeitos com os retornos que vêm obtendo.

Em ambos os casos, a dinâmica competitiva dependerá das estratégias competitivas dos concorrentes. Por exemplo, um concorrente que não consegue bancar o custo de sair do segmento de mercado pode lutar mais intensamente e iniciar uma guerra de preços, enquanto um concorrente que sai do segmento reduz a concorrência, mesmo num segmento com demanda em queda, pois os concorrentes restantes talvez aumentem suas vendas e tenham retornos aceitáveis.

Também é importante compreender os vínculos entre os diferentes segmentos de mercado. Os vendedores podem achar mais importante competir em todos os segmentos de mercado ou apenas em alguns. Vejamos, por exemplo, o mercado para ciclismo.

Podemos segmentar o mercado de ciclismo, para os propósitos de uma exemplificação, fazendo referência aos usos para os quais as bicicletas são compradas – por exemplo, lazer na rua, participar de corridas, *mountain-bike* a lazer, para ir e voltar do trabalho; e de acordo com o grupo etário – adultos, adolescentes e crianças. Os requisitos de benefícios para cada um desses segmentos estão vinculados por requisitos essenciais, mas têm importantes diferenças. Todos os compradores vão querer confiabilidade, segurança, durabilidade e outros aspectos como um requerimento básico de benefícios (embora talvez com diferentes especificações técnicas), mas exigirão diferentes benefícios centrais dependendo do segmento de mercado.

Andar de bicicleta como atividade social está muitas vezes sujeito a um conceito conhecido como *progress*ão. A progressão é quando um comprador se move por diferentes segmentos de mercado. Eu compro uma bicicleta de lazer para uma criança; depois compro uma maior para lazer quando a criança cresce e mais tarde uma bicicleta *mountain bike* e depois uma de corrida. Faço a progressão pelos segmentos de mercado à medida que os requisitos de benefícios vão mudando para o meu filho.

Também pode ser o caso de eu não querer comprar bicicleta apenas para um filho. Como atividade social, posso querer que minha família inteira passeie de bicicleta e faça isso também junto com outras pessoas, e então compro não só uma bicicleta para o meu filho mais novo, mas compro bicicletas para o resto da família. Minha família sou eu, minha esposa e dois filhos, e cada um tem diferentes requisitos de benefícios. Essa compra cobre vários segmentos de mercado. Será então que tenho que ir a uma loja de bicicletas especializada para cada tipo de bicicleta ou a uma loja de bicicletas que atenda às necessidades de toda a minha família?

Há vínculos claros entre os diferentes segmentos de mercado. Para atender ao meu negócio e mantê-lo durante todo o processo de progressão, os vendedores precisam oferecer bicicletas para cada segmento de mercado no qual eu possa querer comprar, agora e no futuro.

Nesse caso, vendedores precisam decidir se querem e se são capazes de oferecer aos compradores produtos e serviços que atendam aos seus requisitos para diferentes segmentos de mercado ou se vão se especializar em bicicletas que atendam aos requisitos de compradores específicos, por exemplo, bicicletas de corrida. A decisão costuma se basear na avaliação da atratividade do segmento de mercado e em avaliar se os vínculos entre os segmentos de mercado e os requisitos de benefícios de compradores são fortes o suficiente para que a oferta de produto e serviços para esses segmentos de mercado seja vista pelo vendedor como absolutamente necessária.

Isso levanta a questão da *especialização*. Compradores em alguns segmentos de mercado de produtos e serviços específicos exigem uma abordagem especializada à venda e o suporte aos produtos e serviços. Dificilmente vou comprar uma bicicleta de corrida com altas especificações técnicas, como quadro de carbono etc., de uma loja de bicicletas geral. Vou querer acesso à expertise e poder confiar que o vendedor de fato conhece os produtos e serviços requeridos.

Neste caso, como comprador, não me importam tanto os vínculos entre os segmentos de mercado, e sim uma separação bem nítida. Quero desfrutar da tranquilidade e do status da especialização.

Compreender como o mercado está segmentado é um elemento importante na análise dos mercados. O que afeta um segmento de mercado pode ou não afetar aquilo que afeta outro. Gestores precisam compreender e reagir a essas exigências do comprador.

> Tenha clareza sobre como o mercado está segmentado e se há ou não vínculos entre os diversos segmentos.

É importante e útil usar essas duas primeiras perguntas como ferramenta para desenvolver o time e chegar a uma compreensão compartilhada dessas questões fundamentais. Não se surpreenda com a variedade de respostas a essas perguntas. Faça dessa variedade uma oportunidade de realizar um exercício bem-embasado, voltado à construção do time, que trará benefícios tanto para os indivíduos quanto para o time como um todo.

3 Quais os impulsionadores cruciais de marketing, econômicos, sociológicos, tecnológicos e de suprimento que afetam a atual demanda no mercado?

É importante usar esses itens para identificar as variáveis principais que afetam a demanda no momento. Também é importante lembrar que a demanda está relacionada a compradores dispostos e capazes. Se os compradores não têm nem disposição nem capacidade de comprar, não fazem parte do mercado e, portanto, não são parte da demanda.

Examinando um por vez:

> **Marketing** - Compradores são bombardeados por marketing. Vendedores estão ansiosos para obter perfil para seus produtos e serviços e criar um desejo e uma necessidade a fim de que os compradores comprem deles. Quer se trate de posicionar um produto num filme de James Bond, de patrocinar programas

de televisão populares ou pela propaganda, o marketing pode criar um aumento da demanda. Pode também manter certo nível de demanda num mercado.

Embora o marketing seja em grande parte específico do portfólio de um produto e serviço de marca em particular, também age para criar consciência e demanda de uma maneira mais geral dentro do mercado. O marketing para uma marca particular de sabão em pó biológico aumentará a consciência a respeito do produto e das propriedades de todos os sabões em pó biológicos. Portanto, a demanda no segmento de mercado como um todo pode aumentar em razão do marketing específico de um produto e serviço. Que impacto o marketing está tendo atualmente na demanda do segmento de mercado como um todo, e não apenas em uma marca específica?

> **Econômico** - A demanda em diferentes segmentos de mercado é afetada de modo diferente quando a renda dos compradores e/ou o acesso ao dinheiro mudam. A incerteza em relação ao emprego, a redução da renda e a redução do acesso ao crédito ou a empréstimos afetam a capacidade de aquisição dos compradores e tiram muitos deles do mercado. Isso significa inevitavelmente uma redução na demanda em muitos mercados.

Esse tem sido o caso particularmente em relação à demanda de uma ampla variedade de segmentos de mercado para compra de certos produtos e serviços. No entanto, é responsável também pelo aumento na demanda de compra discricionária para produtos e serviços de baixo custo e baixa qualidade – por exemplo, a demanda de produtos e serviços que ostentam a marca do próprio supermercado aumenta enquanto há redução na demanda de produtos alimentícios e não alimentícios de alto custo. Quando a economia está em boa fase, posso adquirir uma motocicleta Harley-Davidson, como compra discricionária, mas numa recessão talvez nem chegue comprar uma motocicleta ou então vou comprar uma de marca com status menor, de especificação mais baixa. Da mesma forma, quando as pessoas não têm condições de mudar de casa, a demanda de cortinas e acessórios de decoração se reduz.

> **Sociológico** - Mudanças no estilo de vida e por pressão de pares podem afetar a demanda: "Preciso ser visto como 'membro do clube', portanto tenho que comprar um par de calçados de determinada marca ou um smartphone ou uma jaqueta da moda". "Minha família não estará completa enquanto eu não tiver três filhos." Mudanças na estrutura doméstica em razão de um casamento que termina em divórcio vêm aumentando a demanda por tipos particulares de habitação. Ou seja, a demanda pode flutuar em função de mudanças no contexto sociológico.

> **Tecnológico** - A tecnologia afeta a demanda – por exemplo, quando as pessoas não precisam mais possuir um computador desktop ou quando não têm mais necessidade de uma câmera como dispositivo autônomo. A demanda por entrega física de correspondência foi dizimada pelo advento do e-mail. Inversamente, novos desenvolvimentos tecnológicos criam uma demanda – por exemplo, os aspiradores de pó da marca Dyson.

> **Oferta** - O relacionamento entre oferta e demanda é um conceito fundamental da economia. Dizemos que um mercado está em equilíbrio quando a oferta e a demanda são iguais. Flutuações na oferta e na demanda criam, portanto, desequilíbrios, pois a oferta e a demanda deixam de ser equivalentes. Tais desequilíbrios podem ser criados por excesso de oferta ou pelo preço ser alto demais e fazer a demanda cair, ou quando a demanda é excessiva porque o preço é muito baixo. Às vezes, também, as empresas têm estoque em excesso ou querem entrar num mercado e então promovem uma redução artificial do preço, para aumentar a demanda por seus produtos e serviços. Embora isso possa aumentar a demanda para uma empresa específica, é provável que os concorrentes também reduzam seus preços, e então é criada uma guerra de preços, o que aumenta a demanda no mercado como um todo.

A demanda também está relacionada com o acesso à oferta. Aumentar a acessibilidade de produtos e serviços por meio de canais para o mercado novos ou melhores pode fazer crescer a demanda. A internet tem desempenhado um papel crucial nesse sentido, já que compradores dispostos e capazes podem agora comprar sentados em seus sofás, não precisam ir até uma loja física. A oferta agora pode ser entregue fisicamente ao comprador, e esse aumento da acessibilidade à oferta aumenta a demanda. Ou seja, uma barreira existente para a conversão de interesse em demanda foi removida.

◢ Opte pelo simples

Vi que muitos gestores produzem longas listas de questões para cada um desses itens, e então ficam perdidos no meio da complexidade e do volume excessivo. A chave é identificar quais dessas questões estão de fato tendo efeito (tanto positivo quanto negativo) na demanda neste momento. A competência gerencial para agregar valor está em avaliar a lista para identificar quais são os pontos que precisam ser compreendidos e quais estão tendo maior impacto na demanda.

> Mantenha a simplicidade e certifique-se de que você e seus colegas compreendem o impacto de cada variável sobre a demanda.

Quem quer que produza essas listas deve ser capaz de afirmar qual é o impacto sobre a demanda no mercado nesse momento. De novo, discutir essas questões e como elas ser relacionam com a demanda é um exercício útil na construção de um time e produz maior compreensão compartilhada dos mercados. Evite produzir listas longas demais sobre cada um desses itens; em vez disso, pegue cada item, identifique de três a cinco questões e seu impacto correspondente sobre a demanda, e então introduza o impacto líquido na *Matriz do impacto das questões cruciais na demanda* abaixo:

FIGURA 8.1 Matriz do impacto das questões cruciais na demanda

A demanda de granito para a manufatura de superfícies de tampos de cozinha.

Questão crucial	Impacto líquido na demanda
Marketing	+
Econômica	−
Sociológica	+
Tecnológica	+
Oferta dos reparos	+

Acima temos quatro impactos positivos e um negativo. Esse exercício não é ciência, é uma análise subjetiva das questões. A tarefa importante agora é determinar que ponderação dar a esses impactos. No exemplo acima, o impacto econômico poderia estar no fato de ele ter um peso desproporcional na demanda. Portanto, o impacto líquido geral sobre a demanda poderia ser negativo. A demanda está em queda.

O exposto acima fornece uma compreensão do que está acontecendo no mercado. Compreender essas questões e o impacto que elas têm sobre a demanda permite que a empresa identifique o que ela precisa mudar para que o mercado aumente sua atratividade e a demanda seja maior.

4 Qual a natureza da concorrência no mercado?

É preciso que as análises e avaliações sejam feitas num contexto de mercado a respeito do qual haja acordo e definição, pois mercados e segmentos de mercado diferentes podem ter contextos muito diversos, nos quais as mesmas variáveis tenham impactos bem específicos. Como foi visto, a demanda nos diferentes segmentos de mercado pode ter um impacto significativo nos concorrentes e nos relacionamentos entre compradores e entre os compradores e os vendedores. É importante compreender esses impactos e usá-los como parte da análise e da avaliação da dinâmica competitiva que existe dentro do mercado ou segmento.

Se os compradores são em pequeno número e respondem por uma proporção significativa da demanda total no segmento de mercado, podem ter um poder importante sobre os vendedores – como ocorre, por exemplo, com grandes cadeias de supermercados em relação a seus fornecedores. Esses compradores podem também "excluir" outros compradores – por exemplo, pequenos varejistas –, pois estão em condições de comprar a maior parte ou mesmo todo o estoque ou capacidade atual planejados dos vendedores, e então sobra pouco para que outros comprem ou usem. Podem ainda aproveitar seu poder de compra para negociar um preço que lhes dê uma significativa vantagem competitiva no segmento de mercado, uma que outros não tenham como alcançar.

Quando os vendedores são em pequeno número e os compradores, ao contrário, são numerosos, sem que nenhum comprador tenha uma posição dominante, o poder fica nas mãos dos vendedores, como no caso de diamantes e petróleo. É importante compreender a dinâmica de poder entre vendedores e compradores nos mercados. Um vendedor dominante, num mercado que tenha poucos vendedores e muitos compradores, pode controlar o mercado.

Quando vendedores acreditam correr risco de precisar abandonar o mercado e os custos de fazê-lo são proibitivos (econômicos ou de reputação/marca), podem adotar estratégias competitivas agressivas – para forçar outros a saírem do mercado ou para ganhar fatia de mercado (*market share*) e tentar adquirir benefícios em economias de escala ou torná-los mais atraentes como alvo de uma aquisição ou parceiros.

Quando o número de concorrentes e a base para competir são estáveis num segmento de mercado, um novo participante pode mudar a dinâmica competitiva significativamente. Um novo participante pode julgar-se capaz de ganhar lucrativamente uma porção da demanda ou das vendas que existam de momento numa escala de tempo aceitável ou achar que a demanda crescerá ao longo do tempo e sua lucratividade será maior no futuro (por exemplo, a Samsung e os smartphones). Um novo participante pode achar necessário, por razões de portfólio, atender aos requisitos de compradores importantes em outros mercados ou segmentos, a fim de entrar no mercado ou segmento e manter seus vendedores nesses outros mercados ou segmentos. Um exemplo poderia ser o das instituições financeiras que criam subsidiárias ao redor do mundo para que clientes globais possam operar internacional e localmente, ou das empresas de telecomunicações que fornecem tecnologia de comunicações ao redor do mundo para clientes internacionais. Da mesma forma, quando os competidores existentes acreditam que um concorrente atual sairá de um mercado ou segmento (ou que talvez seja obrigado a sair), a dinâmica competitiva pode mudar. A ameaça de um concorrente abandonar o mercado ou segmento pode gerar uma guerra de preços que torne mais necessária ou atraente para o concorrente a sua saída.

É importante reconhecer as barreiras à entrada e saída de um mercado ou segmento. Quando há barreiras à entrada e saída, elas afetam a dinâmica competitiva dentro dos mercados. Algumas das barreiras à entrada no mercado são:

- A capacidade de desenvolver, assegurar e oferecer produtos e serviços que atraiam e atendam às necessidades de compradores dispostos e capazes;

- O acesso à capacidade flexível de reagir aos requisitos de volume do comprador sob pressão de tempo;

- O acesso à capacidade de pesquisa e desenvolvimento e às competências necessárias para o desenvolvimento de produtos;

- O acesso a matérias-primas;

- O controle sobre propriedade intelectual;

- O acesso aos necessários canais para o mercado;

- O acesso a capital para investir em manufatura, logística etc. e receita para construir a marca, ter fluxo de caixa para o negócio e poder oferecer confiança na entrega de produto e serviço para atender às necessidades do comprador;

- A capacidade para competir quando a demanda e a dinâmica competitiva mudam;

- A capacidade de ser não lucrativo no mercado ou segmento até que a marca se estabeleça;

- A capacidade de resistir a uma guerra de preços criada como barreira pelos concorrentes existentes.

Estabelecer a presença da marca em alguns mercados ou segmentos é de importância competitiva crucial para os compradores e costuma levar certo tempo. Empresas que querem entrar em mercados ou segmentos precisam ter não só recursos para investir até alcançar sucesso, mas apoio de seus *stakeholders* principais. Os requisitos desses *stakeholders* quanto ao perfil de risco cumulativo da empresa e à sua possibilidade de ter sucesso em determinado período de tempo, assim como a extensão dos retornos, podem ser barreiras internas à sua entrada.

Quanto às barreiras à saída, que criam pressão para que ela fique no mercado ou segmento e com isso afete a dinâmica competitiva, temos:

- A capacidade de realizar o valor de ativos de capital;

- A extensão de investimento prévio de capital em ativos de capital especializados e a capacidade de usá-los para outros propósitos;

- O efeito de portfólio, quando não ter presença em alguns mercados ou segmentos pode afetar a capacidade de competir em outros mercados ou segmentos;

- Compromissos contratuais que envolvam altas penalidades caso sejam encerrados;

- O custo de reduzir o número de funcionários;

- O impacto na capacidade de distribuir despesas gerais corporativas;

- A crença de que a aquisição de um concorrente será possível;

- A incapacidade de mudar as competências essenciais da empresa para que ela possa competir em outro mercado;

- A esperança e o compromisso de que a demanda no mercado ou segmento aumentará e a empresa será capaz de transformar seu desempenho ou retorno sobre o investimento;

- Falta de confiança gerencial de que a empresa possa competir com sucesso em um mercado ou segmento alternativo ao mercado ou segmento atual.

> Reconheça que a avaliação de opções está sujeita a uma triagem subconsciente. Você não é capaz de escolher opções sem tê-las avaliado.

É interessante notar que, quando avalio as opções estratégicas junto à alta gestão, observo que a opção que costuma ser menos considerada é a de sair do mercado ou segmento. Isso não se deve à incapacidade desses gestores de analisar o mercado, mas ao eventual impacto que isso pode ter na história da empresa, na sua liderança e nos investimentos feitos. É como se considerar a saída de um mercado ou segmento fosse algo pessoal, tanto em termos da empresa como dos gestores envolvidos. Às vezes, é visto como uma perda corporativa e gerencial de imagem ou como admitir que o desempenho não foi adequado, ou que existem fraquezas corporativas, ou gerenciais, e incapacidade de competir.

Também tenho notado que alguns gestores não querem ser vistos desafiando a vontade ou os requisitos e a lealdade pessoal ao líder da empresa. Embora a análise de mercado ou segmento precise ser empreendida junto com o líder da empresa, seu estilo de liderança às vezes inibe o processo. Essa inibição às vezes impede os gestores de dizer o que de fato pensam, de reconhecer verdades autoevidentes sobre a atratividade do mercado e de expor sua visão sobre como a empresa pode competir.

Infelizmente, alguns líderes encaram uma diferença de visão como um desafio à *sua* estratégia existente e à *sua* avaliação do mercado, e como um desafio pessoal a *eles*. É preciso ser um gestor corajoso para estar preparado a aceitar ou criar um desafio como esse. A habilidade de um facilitador desse processo está em identificar e lidar com esse desafio antes que o processo se inicie e ao longo dele, caso se instale. A análise e avaliação do mercado ou segmento se referem ao mercado ou segmento, e não às personalidades – isso vem depois!

Considerar a possível saída de um mercado ou segmento não deve ser visto, como ocorre com alguns líderes e gestores de empresas, como admissão de fracasso, e sim como uma avaliação estratégica do mercado ou segmento e da capacidade de competir dentro da atual dinâmica competitiva do mercado. Se não, dificilmente será possível apontar e reagir aos prováveis desafios competitivos que forem identificados para o futuro.

Muitos dos gestores em postos mais elevados trilharam caminhos de carreira específicos até alcançar essa posição, baseados em disciplina profissional ou em associação com um negócio ou mercado em particular. Embora seu papel possa ser considerado estratégico, eles com frequência têm dificuldade em assumir uma visão estratégica isenta de paixões em relação a essas disciplinas e negócios, como parte de uma revisão da estratégia. Infelizmente, isso pode levar essas empresas a permanecerem em mercados ou segmentos por muito mais tempo do que deveriam. A atitude gerencial e a cultura organizacional podem ser barreiras à saída.

> É vital que os gestores se desvencilhem de seus próprios interesses ao realizarem uma análise do mercado.

É comum haver suposições cristalizadas a respeito de competição, produtos e serviços e empresas concorrentes. Tais suposições, às vezes referidas como a *atual natureza da competição nos mercados*, restringem a análise que está sendo empreendida. É importante aproveitar a oportunidade e identificar e desafiar essas suposições assentadas, para assegurar que a análise seja feita em bases saudáveis.

Em alguns setores, os concorrentes existentes são todos restringidos pela atual natureza da competição e por suas suposições. Por exemplo, a Tesco sempre será o maior concorrente em termos de fatia de mercado (*market share*), os carros japoneses sempre terão os maiores níveis de especificações e confiabilidade, a Apple sempre terá um *pipeline* de produtos inovadores e comercialmente bem-sucedidos, a Hoover sempre será a líder de mercado e sinônimo de aspiradores de pó, a Kodak sempre será a empresa líder em fotografia. A competição e as suposições podem mudar!

Com frequência, é preciso que um novo participante entre no mercado para desafiar e acabar com essa natureza atual da competição. Novos participantes não são restringidos pelo passado e podem desenvolver novas regras do jogo competitivo – por exemplo, as empresas aéreas econômicas que possibilitaram as viagens aéreas em massa; o e-mail; as frutas pré-preparadas, prontas para comer; e os iogurtes em garrafa, práticos para consumo imediato.

Um novo líder ou concorrente num mercado de fora do setor pode também mudar a atual natureza da concorrência. Como não são limitados pela atual natureza da competição, conseguem ver o mercado de outra maneira, desafiar e mudar como a empresa se relaciona com ele. Richard Branson tem feito carreira e fortuna entrando em mercados e propondo um novo olhar (e mudanças) na atual natureza da competição, seja para atravessar o Atlântico voando, seja em música ou em viagens de trem.

> Não fique limitado pela atual natureza da competição no mercado. Pense como se fosse um novo participante.

É interessante notar, porém, que a atual natureza da competição em mercados, quando não há novos participantes ou nova liderança, costuma se autorreforçar. As suposições que sustentam a atual natureza da competição acabam virando regras não escritas da competição, e são seguidas de modo subconsciente. Os concorrentes praticamente se autorregulam. Já vi de perto gestores em empresas concorrentes declarando que uma empresa fará algo e que as demais a seguirão. Há um líder no mercado, e os demais são seguidores.

COMPREENSÃO COMPARTILHADA

Combinando os resultados da *Matriz do impacto das questões cruciais na demanda* com a atual natureza da competição no mercado e o poder dos compradores, mais o poder dos vendedores no mercado e os riscos de novos participantes e/ou de saída de alguns do mercado, é possível ter uma compreensão compartilhada da atual dinâmica do mercado a ser identificada. Essa compreensão compartilhada é vital para a empresa ser capaz de se colocar e de introduzir seus produtos e serviços no contexto do mercado.

De novo, não se trata de ciência, e as tentativas de atribuir pontuações a cada um desses elementos em duas casas decimais não são dignas de crédito. O intuito da avaliação é obter uma visão subjetiva compartilhada, apoiada, se possível, por dados quantitativos, das atuais questões estratégicas cruciais para o mercado.

Uma análise do mercado deve significar que você e seus colegas têm uma compreensão compartilhada da atual dinâmica do mercado em termos de:

❶ Qual é a atual natureza da competição no mercado e por quê;

❷ Qual é o poder dos compradores de produtos e serviços no mercado e por quê;

❸ Qual é o poder dos vendedores de produtos e serviços no mercado e por quê;

❹ Qual é o potencial de entrada de novos participantes e da saída de outros e por quê;

❺ A atual natureza da demanda no mercado e das futuras questões estratégicas cruciais de mercado.

O exposto acima está ilustrado na Figura 8.2. [Ver também Porter (1980).]

Gestores devem ser capazes de declarar e compreender qual é a atual dinâmica do mercado e quais são as atuais questões estratégicas que sustentam essa dinâmica nele. Isso indica que a discussão dentro da empresa deixa de ser episódica e desvinculada, marcada por diferentes níveis e tipos de compreensão nas diversas partes da empresa, e passa a ser uma compreensão compartilhada das atuais questões estratégicas cruciais no mercado. Esse costuma ser um grande passo para muitos gestores e empresas.

Ao alcançarem compreensão da atual dinâmica do mercado, os gestores são capazes de testar as suposições sobre o futuro e compreender seu impacto. Isso se consegue desenvolvendo cenários de mercado – o assunto do Capítulo 9.

FIGURA 8.2 Matriz da atual dinâmica do mercado e das atuais questões estratégicas centrais de mercado

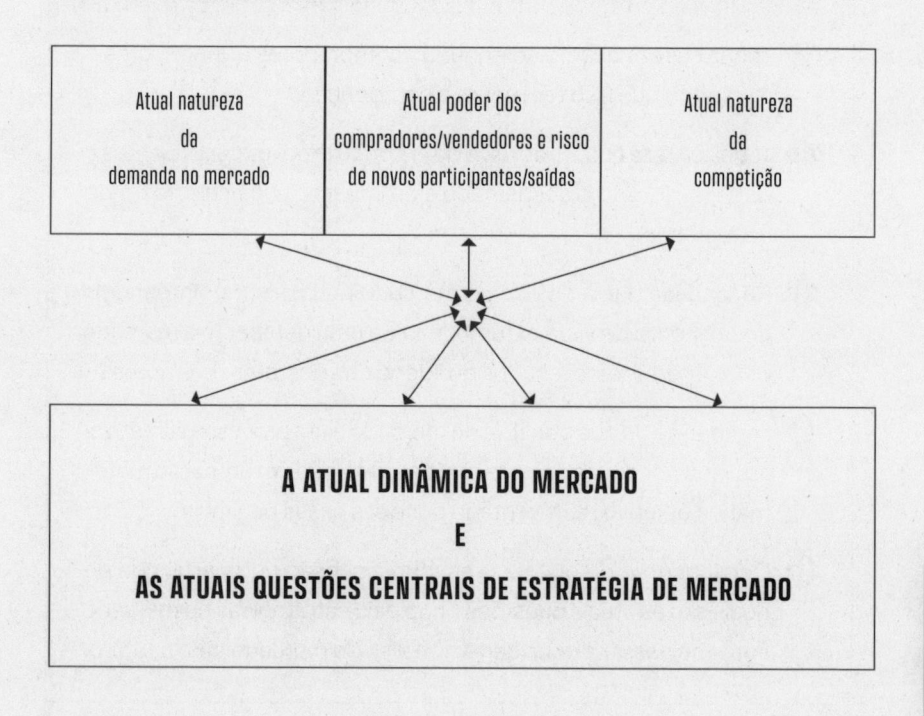

| Atual natureza da demanda no mercado | Atual poder dos compradores/vendedores e risco de novos participantes/saídas | Atual natureza da competição |

A ATUAL DINÂMICA DO MERCADO

E

AS ATUAIS QUESTÕES CENTRAIS DE ESTRATÉGIA DE MERCADO

DICAS DE PROFISSIONAL

1. Certifique-se de que há uma compreensão compartilhada do negócio no qual a empresa está e uma compreensão compartilhada de como o mercado é definido.

2. Certifique-se de que há uma compreensão compartilhada de como o mercado está segmentado e dos vínculos entre os diferentes segmentos de mercado.

3. Certifique-se de que há uma compreensão compartilhada do que significa "agora" como período de tempo para a análise do atual mercado.

4. Tenha clareza a respeito dos impulsionadores da demanda no mercado ou segmento e sobre o impacto que eles têm na demanda.

5. Reconheça qual é o atual paradigma da competição no mercado e o impacto que ele está tendo na natureza da competição.

6. Tenha clareza quanto ao poder de compradores e vendedores e o impacto que isso tem sobre a competição.

7. Tenha clareza quanto ao risco da entrada de novos participantes e da saída de outros do mercado e do impacto que isso está tendo no mercado.

8. Reconheça que a análise de mercado precisa ser empreendida de um ponto de vista externo, não de uma perspectiva marcada pelos interesses investidos do líder e dos gestores da empresa.

9. Lembre-se de que a análise de mercado é um processo subjetivo, apoiado por dados sempre que possível, não um processo matemático objetivo representado por duas casas decimais.

10. Certifique-se de que há uma compreensão compartilhada de quais são as atuais questões principais estratégicas no mercado antes de passar a considerar a análise do mercado para o futuro.

PERGUNTAS DE PROFISSIONAL

1. Em qual negócio a empresa está, de que modo esse mercado é definido e como está segmentado?

2. Existe uma compreensão compartilhada na empresa quanto às respostas do item anterior (1)?

3. Quais são os vínculos entre segmentos de mercado e que impacto eles têm na competição?

4. De que maneira é definido o "agora" para os propósitos da análise de mercado?

5. Quais são os atuais impulsionadores centrais da demanda nos segmentos de mercado?

6. Qual é o atual paradigma de competição nos segmentos de mercado?

7. Qual é o atual poder dos compradores e vendedores no mercado e qual é o impacto que isso está tendo na concorrência?

8. Qual é o atual risco da entrada de novos participantes no mercado e da saída de outros, e que impacto isso está tendo na concorrência?

9. De que maneira o processo de análise está sendo usado para assegurar que a análise não seja influenciada por interesses investidos?

10. Quais as atuais questões centrais estratégicas a serem extraídas da análise do mercado?

CAPÍTULO 9

COMO DESENVOLVER CENÁRIOS DE MERCADO – DEMANDA

INTRODUÇÃO

Este capítulo trata da identificação das atuais questões estratégicas de mercado e da atual dinâmica do mercado e de testar com elas os diferentes cenários para o mercado, a fim de avaliar seu impacto. Vamos fornecer um guia passo a passo para que os gestores testem uma compreensão compartilhada de quais serão as principais variáveis no futuro e quais serão seus prováveis impactos. Este capítulo também permite testar diferentes cenários com diferentes probabilidades de ocorrência e níveis de impacto. Assim, os gestores obtêm um alicerce para desenvolver a estratégia competitiva da empresa e se preparar para o futuro.

CENÁRIOS

Desenvolver cenários de mercado permite aos gestores identificar e avaliar qual impacto as diferentes suposições sobre o futuro terão nas atuais questões estratégicas de mercado e na atual dinâmica do mercado. Com isso, os gestores colocam suas empresas no contexto e identificam e avaliam o que precisam fazer para preparar suas empresas para o futuro.

Deve-se enfatizar, é claro, que cenários são baseados em suposições. O futuro é incerto, assim como os impactos e as reações das diferentes empresas a eles. Há eventos que mudam a história e podem alterar tanto a dinâmica competitiva dentro dos mercados quanto as empresas que buscam competir neles. Um gestor precisa ser muito ousado (ou muito imprudente, diriam alguns) para simplesmente deixar que o futuro se apresente sem se preocupar com ele e como a empresa pode se preparar para enfrentá-lo.

Embora a construção de um cenário não seja capaz de prever o futuro, pode ter papel importante em ajudar os gestores coletivamente a buscar identificar e avaliar opções para o futuro. A chave é não tratar a construção de cenários como se fosse uma ciência, mas como recurso para desenvolver a competência estratégica da empresa e de seus gestores.

A aprendizagem coletiva, sua disseminação e seu uso são aspectos importantes para o desenvolvimento da competência estratégica de gestores e empresas. Essa questão importante será vista no Capítulo 16.

Não faz sentido desenvolver cenários apenas como exercício teórico. Embora possa ajudar na construção de um time, é provável que mine sua credibilidade. Com muita frequência, os chamados exercícios ou atividades estratégicos apenas levam a produzir documentos aos quais ninguém se refere mais depois. A construção de cenários pode apoiar as empresas em suas decisões estratégicas para o futuro. Mas só conseguirá isso se tiver credibilidade e se esses cenários forem sendo revistos à medida que o futuro se desdobra.

Para gerar credibilidade, devem ser considerados três aspectos. O primeiro é a confiança compartilhada dentro da empresa de que é possível identificar as suposições a serem usadas na análise a respeito do futuro. O segundo aspecto é a confiança compartilhada na identificação do impacto dessas suposições no mercado, e o terceiro é a confiança compartilhada na avaliação de como o cenário afetará o mercado como um todo.

Confiança compartilhada é vital. Construir um cenário que tenha credibilidade e melhore a capacidade da empresa de se preparar para o futuro requer uma confiança compartilhada nos cenários, gerada ao longo de toda a empresa. Sem isso, continuará sendo apenas teoria. A construção de cenários não deve ser um exercício de uma só pessoa, mas parte do desenvolvimento de uma competência estratégica da empresa e de seus gestores.

É igualmente importante reconhecer a diferença entre análise e avaliação. A análise trata de identificar e categorizar dados. A avaliação busca identificar o que essa análise de fato significa dentro de um contexto definido.

Uma análise responde a questões como: "Quantos? De que tipo?". Já a avaliação busca respostas a perguntas como: "E então? O que isso quer dizer?". Os gestores precisam desafiar consistentemente a si mesmos e a seus colegas para obter respostas a essas perguntas de avaliação. A avaliação leva a identificar as questões a serem enfrentadas, as opções a considerar e as escolhas que precisam ser feitas para empreender ações.

ESTUDO DE CASO

O efeito do download na indústria da música

Análise

Em 2009, a Federação Internacional da Indústria Fonográfica [International Federation of the Phonographic Industry, IFPI] identificou que cerca de 95% de todo o download de música da internet era feito ilegalmente.

Avaliação

O mercado da música mudou em razão da capacidade de indivíduos e outros agentes baixarem música da internet, o que criou as seguintes questões estratégicas de mercado:

- A propriedade intelectual e a receita dos artistas estavam sendo seriamente corroídas e precisavam ser protegidas de modo mais eficaz.

- A capacidade das empresas de publicar música de maneira lucrativa e de investir em novos artistas estava sendo destruída.

- O mercado da música estava mudando fundamentalmente, e os canais para o mercado autorizados e legítimos eram vistos cada vez mais como parte do mix de marketing, não como fluxos de receita lucrativa por direito próprio.

- A importância das turnês precisaria aumentar como fonte de receita principal.

- O número de novos artistas "surgindo" e recebendo apoio de empresas de música diminuiria, e eles dependeriam cada vez mais da capacidade de realizar turnês.

- O paradigma de competição dominante estava mudando, e havia maior risco de empresas musicais (vendedores) saírem do mercado sem que isso resultasse em maior poder para os competidores restantes, pois o risco de novos participantes (vendedores) entrarem no mercado seria maior, com base num modelo de negócios radicalmente diferente daquele dos concorrentes existentes no mercado.

Ação necessária

A ação necessária para lidar com as questões estratégicas de mercado exigia:

- Melhorar as abordagens coordenadas do governo à legislação internacional, a fim de criar uma estrutura legal mais eficaz para proteger a propriedade intelectual e reduzir o risco de novos participantes do mercado usarem canais ilegais para o mercado.

- Melhorar a aplicação efetiva da lei internacionalmente.
    - Melhorar a segurança da propriedade intelectual.
    - Conseguir a cooperação dos motores de busca da internet e de outros canais para o mercado baseados na internet para proteger a propriedade intelectual.
    - Melhorar o custo e o acesso de compradores a downloads legais de música.
    - Reconhecer e reagir positivamente aos requisitos de benefícios de compradores, que estavam mudando.

Note que não há, na análise, na avaliação e na ação descritas acima, nada relacionado à empresa individual. As questões dizem respeito ao contexto de mercado. A consideração das empresas individualmente só deve acontecer depois que o contexto de mercado foi analisado e avaliado, e tiver sido definida a ação exigida para lidar com as questões estratégicas de mercado identificadas.

> Gestores precisam ser capazes de empreender análises e avaliações e identificar quais ações são necessárias para lidar com as questões de mercado estratégicas extraídas das análises e avaliações.

CONTEXTO É TUDO

A análise requer um contexto dentro do qual seja possível empreender a avaliação. Sem esse contexto, a avaliação não é possível e a análise continuará sendo um exercício teórico de pouca utilidade. A avaliação:

1. Requer uma análise precedente baseada no contexto, para que o gestor possa compreender o que está sendo avaliado. Usar apenas uma análise implícita corre o risco de meramente reforçar as suposições preexistentes e já saltar para as conclusões. Essas conclusões com frequência serão consistentes com a natureza da competição existente e com as suposições cristalizadas que têm influenciado as tomadas de decisões gerenciais até o momento.

2. A avaliação deve ser vista como uma oportunidade de testar explicitamente a análise, de modo individual e coletivo com os colegas. Desse modo, além de tornar mais provável que as suposições tidas como certas sejam desafiadas, permitirá trazer à tona e lidar com as diferentes suposições que houver dentro do time.

3. Os desafios fazem parte. Se todos os gestores imediatamente chegam às mesmas conclusões a partir da análise, será importante buscar identificar por que isso é assim. Pela minha experiência, alguns times de gestão compreendem o mercado a partir de uma competência estratégica focada externamente. Infelizmente, um número maior de times gerenciais precisa entender isso, pois sua maneira

de tirar rápidas conclusões da avaliação está mais relacionada com um desejo de ser visto como consistente com o líder e com o desejo de resistir a desafios externos às estratégias e papéis existentes.

4 Sem ação, tudo permanece no plano teórico. Os gestores devem constantemente se perguntar: o que posso fazer? O que pode de fato fazer diferença? O que é o melhor para a empresa? Como podemos influenciar o mercado? De que maneira a empresa pode lidar com as questões estratégicas de mercado e competir de maneira mais bem-sucedida?

As opções para a ação e a gestão de mudanças estratégicas são pontos tratados no Capítulo 15. Compreender mercados e explorá-los precisa estar assentado numa ação prática, baseada numa avaliação da análise do mercado.

> O desenvolvimento de cenários para mercados deve estar assentado na prática e mover-se da análise para a avaliação e para a ação.

SEJA REALISTA

Ao procurar fundamentar cenários na prática, os gestores precisam identificar as questões relevantes a serem consideradas em cada cenário, montá-las nos cenários relevantes e ter clareza a respeito da escala de tempo em cada cenário. As escalas de tempo são parte importante do contexto e variam de um mercado a outro.

Em mercados financeiros, a escala de tempo dos cenários pode ser muito curta, enquanto, em setores de capital intensivo, como o de petróleo, pode ser de anos. No entanto, o atual ritmo de mudanças é de tal ordem que uma escala de tempo de 20 anos, ou mesmo de 10, como base para desenvolver o cenário, é vista cada vez mais com credibilidade menor.

A identificação das questões a serem usadas nos cenários pode ser feita usando a *Matriz de probabilidade e impacto* a seguir:

FIGURA 9.1 Matriz de probabilidade e impacto

	Impacto Baixo	Impacto Alto
Probabilidade Alta	Manter sob revisão	Incluir no cenário
Probabilidade Baixa	Notar	Manter sob revisão

Gestores costumam produzir longas listas de questões. Esta matriz é um meio de reduzi-las àquelas que têm maior probabilidade de serem relevantes para a análise e a avaliação nesse momento. Lembre-se, porém, de que o contexto muda ao longo do tempo e as questões identificadas hoje podem não estar no quadrante que as identifica como mais aptas a receber atenção agora, mas podem se tornar relevantes no futuro. É útil registrar todas as questões levantadas e revisitá-las periodicamente, para determinar se devem ou não ser incluídas no refinamento dos cenários que foram desenvolvidos para o futuro.

A *Matriz de probabilidade e impacto* deve ser usada pelos gestores individualmente e depois como parte de um exercício em grupo. É comum que haja algumas diferenças evidentes em como os gestores avaliam o que é provável que aconteça e qual será o impacto. Essas diferenças são uma oportunidade para revelar percepções diferentes sobre o mercado e garantir que não se desenvolva um único cenário baseado em uma só pessoa. Credibilidade e confiança compartilhadas são fruto de uma compreensão compartilhada.

Embora costume existir a tentação, em razão tanto de pressões externas quanto do treinamento dos gestores, de adotar uma escala de tempo particular para os cenários, essa escala de tempo precisa ser determinada pelo contexto do mercado e não pelo da empresa. É sempre possível dividir o impacto do cenário em diferentes horizontes de tempo, mas restringir seu desenvolvimento artificialmente à escala de tempo de uma empresa gera o risco de não considerar questões centrais. Lembre-se de que o contexto é o mercado, não a empresa. A maneira pela qual a empresa buscará influenciar e/ou reagir ao cenário de mercado no futuro é outra história. Primeiro o mercado, depois a empresa. Compreenda bem o macro para contextualizar o micro.

Em períodos de estabilidade do mercado e da economia, talvez seja possível adotar uma escala de tempo mais longa do que em épocas de menor estabilidade do mercado e maior turbulência da economia. Do mesmo modo que você precisa ter clareza a respeito da definição do mercado para o qual serão empreendidos o desenvolvimento, a análise e avaliação dos cenários, também é preciso ter clareza quanto à escala de tempo em que está procurando identificar e avaliar as questões estratégicas de mercado futuras.

Tendo escolhido a escala de tempo para o desenvolvimento dos cenários, será necessário desenvolver para o futuro as matrizes de probabilidade e impacto para os diferentes elementos dos cenários. O processo de desenvolver cenários para o mercado ou segmento pode agora realmente começar com o preenchimento das matrizes de probabilidade e impacto depois de examinar a demanda futura do mercado.

Identificar quais as questões que afetam a demanda futura que devem ser usadas nos cenários pode ser feito usando as categorias citadas de marketing, sociológica, econômica, de acesso à mudança científica e tecnológica e de oferta, tratadas no Capítulo 8, para a atual dinâmica do mercado e para as atuais questões estratégicas cruciais. Isso agora precisa ser colocado no contexto do cenário futuro, e, embora outras categorias possam também ser usadas adicionalmente, essas categorias fornecem um foco e guiam os processos de pensamento dos gestores. Vejamos uma por vez:

◢ Marketing

Mercados consistem em compradores dispostos e capazes e vendedores igualmente dispostos e capazes. O marketing busca influenciar a demanda, isto é, aumentar a disposição de comprar dos compradores capazes.

Os gestores, ao examinarem a demanda futura, precisam formar uma visão a respeito da probabilidade e do impacto geral do marketing sobre a demanda. Isso pode ser feito assumindo uma visão agregada sobre se o marketing em geral terá um impacto alto, médio ou baixo na demanda atual e se isso é positivo ou negativo. Embora seja possível avaliar o impacto como neutro, isso deve ser encarado com muita cautela, pois às vezes é usado para não se assumir nenhuma visão específica.

PERGUNTA DO PROFISSIONAL

Qual a natureza e o nível de marketing que provavelmente serão adotados no mercado ou segmento e qual impacto geral terão na demanda do mercado ou segmento?

Econômica

Em termos gerais, há uma correlação direta entre a renda do comprador e a demanda. Esse relacionamento, no entanto, difere para produtos e serviços que são percebidos pelos compradores como oferecendo benefícios que se situem na média, abaixo da média ou acima da média do mercado.

No caso de produtos e serviços na média do mercado, um aumento na renda do comprador leva a uma demanda maior para aqueles produtos e serviços. No caso de produtos e serviços abaixo da média do mercado, uma redução na renda do comprador leva a uma demanda maior para esses produtos e serviços. No caso de produtos e serviços acima da média do mercado, um aumento na renda do comprador cria uma demanda maior para esses produtos e serviços.

No mundo internacional cada vez mais conectado, em que as empresas competem, o que acontece em uma economia com frequência tem impactos na economia do mercado que está sendo considerado. Vimos isso especialmente em relação à crise bancária internacional e seus efeitos na confiança de compradores e vendedores em mercados e no acesso a capital. É algo que tem impacto direto na demanda, portanto, é importante, reconhecer esses impactos no desenvolvimento do cenário.

Ao desenvolverem cenários, os gestores precisam ter uma visão de como a economia relevante para o mercado ou segmento que está em consideração se desenvolverá dentro da escala de tempo adotada e que impacto terá na demanda do mercado ou segmento. Isso pode ser feito assumindo uma visão agregada a respeito de se as questões econômicas gerais tendem a ter um impacto alto, médio ou baixo na atual demanda e se esse impacto é positivo ou negativo. Embora seja possível avaliar o impacto como neutro, isso deve ser encarado com muita cautela, pois às vezes é usado para não se assumir nenhuma visão específica.

PERGUNTA DO PROFISSIONAL

Quais questões econômicas têm probabilidade de ocorrer e qual será seu impacto geral na demanda futura do mercado ou segmento?

▲ Sociológica

A sociedade continua mudando, e isso traz mudanças na natureza e no nível da demanda de produtos e serviços. Variações nos tipos de modelos familiares, como o aumento dos relacionamentos rompidos, criam maior demanda habitacional e, portanto, aumentam também a demanda por móveis. O aumento na expectativa de vida eleva a demanda por serviços de enfermagem e/ou assistência a idosos. Alguns anos de intervalo até que os jovens entrem na universidade são agora a norma, e o resultado é maior demanda de voos para a América do Sul e para a Ásia.

Todo mundo agora precisa de um celular e costuma obter um modelo mais aprimorado a cada 18–24 meses. A comunicação se dá cada vez mais pelas mídias sociais. E as pessoas querem produtos e serviços imediatamente, não querem deixar para o dia seguinte.

Ao desenvolverem cenários, os gestores precisam identificar quais são as mudanças no estilo de vida ou na sociedade que têm maior probabilidade de acontecer e que impacto geral terão sobre a demanda atual no mercado ou segmento. Isso pode ser feito assumindo uma visão agregada a respeito de se as questões sociológicas em geral terão impacto alto, médio ou baixo na atual demanda e se isso é positivo ou negativo. Embora seja possível avaliar o impacto como neutro, isso deve ser encarado com muita cautela, pois às vezes é usado para não se assumir nenhuma visão específica.

PERGUNTA DO PROFISSIONAL

Quais mudanças sociológicas têm probabilidade de ocorrer e qual impacto poderão ter na atual demanda no mercado ou segmento?

◢ Acesso à mudança científica e tecnológica

O ritmo e a extensão da mudança científica e tecnológica têm sido extraordinários. Coisas nunca antes concebidas, nunca vistas como possíveis, mesmo no passado recente, viraram realidade. Quer se trate de cereais resistentes a pragas, cultivos que vingam nos climas mais áridos, geração de eletricidade com painéis solares, criação de materiais à prova de bala, quer de materiais inteligentes que conseguem "lembrar" e retornar a formatos "memorizados", tecnologia de informação que permite a você ligar para casa do meio de um deserto, capacidade de analisar num piscar de olhos conjuntos de dados de porte inimaginável, ou o desenvolvimento de drogas que prolongam a vida dos portadores de HIV, a mudança científica e tecnológica tem sido imensa.

No entanto, a demanda não é afetada por esses avanços científicos e tecnológicos a não ser que compradores com disposição e capacidade de comprar queiram e tenham acesso a eles. Os cenários precisam levar em conta a probabilidade e o impacto na demanda de compradores que sejam capazes de ter acesso a mudanças científicas e tecnológicas.

Pegue por exemplo o genoma humano. Há uma década, custava 3 bilhões de dólares sequenciar o genoma humano. Hoje custa 3 mil dólares e vai ficando cada vez mais barato. Significa que bem mais pessoas têm acesso a essa tecnologia e que é mais provável que venham a ser desenvolvidas drogas para tratar e curar doenças humanas específicas.

Muitas empresas de tecnologia têm pessoas tecnicamente brilhantes trabalhando nelas. As descobertas e os desenvolvimentos tecnológicos que elas produzem são impressionantes. Também criaram grandes lotes de propriedade intelectual, mas com bastante frequência falharam em realizar o potencial comercial de suas descobertas e desenvolvimentos.

Ao desenvolver cenários e avaliar o impacto da mudança científica e tecnológica sobre a demanda, a consideração central é o acesso que os compradores terão a esses avanços. Os gestores precisam considerar quais compradores eles serão capazes de alcançar, por terem acesso à mudança científica e/ou tecnológica que de momento não têm, e como isso no conjunto afetará a atual demanda no mercado ou segmento. Isso pode ser feito assumindo uma visão agregada a respeito de se o acesso a mudanças científicas e tecnológicas tende a ter um impacto geral alto, médio ou baixo na atual demanda e se isso é positivo ou negativo. Embora seja possível avaliar o impacto como neutro, isso deve ser encarado com muita cautela, pois às vezes é usado para não se assumir nenhuma visão específica.

PERGUNTA DO PROFISSIONAL

Quais mudanças científicas e tecnológicas têm probabilidade de se tornarem acessíveis a compradores e qual impacto terão na demanda no mercado ou segmento?

◢ Oferta

Um aumento na oferta geralmente ocasiona uma redução no preço e um aumento na demanda, e vice-versa. Empresas aumentam a oferta quando têm excesso de capacidade e de estoque e quando desejam entrar num mercado, ganhar uma fatia dele ou colocar pressão nos concorrentes com o intuito de forçá-los a sair do mercado. Também aumentam a oferta quando há um crescimento da demanda e quando isso é benéfico para elas.

O excesso de oferta de um mercado pode distorcer o preço e a competição. É por isso, por exemplo, que a Organização Mundial do Comércio e muitos países ao redor do mundo têm leis antidumping. Essas leis permitem aos órgãos de regulamentação realizar investigações a respeito de alegações de importações vendidas por valor inferior ao justo (elas são "*dumped*", isto é, vendidas abaixo do preço de custo) ou beneficiadas por subsídios de programas de governos estrangeiros que criam uma vantagem competitiva injusta, causando – ou ameaçando causar – danos aos concorrentes nos mercados em que são oferecidas.

Um exemplo desse uso de leis para lidar com distorção e com competição injusta dentro do mercado é oferecido pelo estudo de caso a seguir, relacionado a painéis solares.

ESTUDO DE CASO

Painéis solares

Em setembro de 2012, a União Europeia (UE) fez uma investigação antidumping após uma queixa da EU ProSun, associação que representa mais de 20 empresas europeias de painéis solares. A produção dessas empresas representa mais de 25% do produzido pela UE: um critério central para uma queixa. A reclamação demonstrou uma possível concessão de subsídios pelo governo da China, o prejuízo sofrido pela indústria da UE e um possível vínculo causal entre as importações subsidiadas e o prejuízo sofrido pelo setor na UE.

A China é o maior produtor mundial de painéis solares, fabricando cerca de 65% dos painéis do mundo. A UE é o principal mercado de exportação para painéis solares e responde por cerca de 80% de todas as vendas de exportação de produtos chineses.

Em junho de 2013, a UE impôs taxações provisórias antidumping aos painéis solares e componentes centrais (como células e *wafers*) da China. A investigação da UE revelou que os painéis solares chineses eram vendidos na Europa bem abaixo do valor normal de mercado e que deveriam ter um preço elevado em 88%. Em alguns casos, os painéis deveriam ter sido vendidos por um preço 112,6% mais alto. Essa ação resultou em prejuízo material causado ao setor da UE na forma de perda de lucratividade e de insolvência de várias empresas.

Com base nessas descobertas, a UE impôs tarifas provisórias antidumping por estágios – inicialmente, uma taxa de 11,8%, com uma subsequente taxa sobre os painéis que ia de 37,3% a 67,9% – média de 47,6%.

Em 2012, a capacidade de produção chinesa de painéis solares era de mais de 55 gigawatts, representando cerca de 150% do consumo global de painéis. O excesso da capacidade de produção chinesa

> representava quase o dobro de toda a demanda da UE em 2012. Esse excesso de capacidade foi fruto de um boom massivo de investimento apoiado pelo governo. Fato interessante é que a capacidade de produção chinesa em 2009 era de apenas 6,5 gigawatts!
>
> Os EUA também tomaram medidas contra o dumping de painéis solares no mercado americano. Os governos estão preparados para agir quando vantagens competitivas injustas são obtidas e distorcem o mercado.
>
> A oferta dentro dos mercados é uma questão-chave que pode ter impacto significativo na dinâmica deles e é uma questão estratégica crucial. Os gestores precisam ser capazes de compreender onde, por que e como a oferta está se tornando um problema, e os legisladores precisam contar não só com inteligência do mercado, mas com a disposição de agir para impedir distorções e não deixar que a dinâmica competitiva seja alterada de modo injusto por um suprimento não competitivo.

Empresas tomam decisões comerciais a partir dos níveis de oferta com os quais estão comprometidas. Se decidem investir capital com base numa visão muito otimista da demanda do mercado e de sua capacidade de competir com sucesso para atender a essa demanda, é provável que fiquem com excesso de estoque e de capacidade. Isso pode levar a reduções de preço que permitem alcançar uma fatia de mercado (*market share*) maior do nível de demanda existente ou que estimulem um aumento da demanda. As empresas são pressionadas então a vender seu excesso de capacidade até reduzi-la e reequilibrá-la com a demanda do mercado (e com sua capacidade de atendê-la) ou então pode haver um aumento sustentável na demanda que justifique a capacidade que têm. Isso é diferente do "dumping".

A demanda fica mais sujeita a mudar quando os vendedores precisam reagir ao que está vendendo e ao que não está. Isso significa que a capacidade de suprir o mercado não tem a ver apenas com o volume de oferta, mas também com a sua flexibilidade. Os vendedores precisam colocar rapidamente no mercado ou segmento aquilo que está em demanda, no volume requerido, para poder aproveitar a demanda.

Enquanto os vendedores fazem pressão para "empurrar" aquilo que fornecem ao mercado ou segmento, os compradores só "puxam" o que querem. Essa tensão entre "empurrar" e "puxar", entre a oferta e a demanda, é uma questão de crescente importância na dinâmica competitiva dos mercados.

As questões relacionadas à oferta também são afetadas pelo acesso a matérias-primas. A mudança da abordagem econômica da China ao comércio produziu imenso aumento da demanda por metais. Isso, por sua vez, levou a um aumento nos preços e a uma integração vertical para controlar o acesso a matérias-primas. A oferta de produtos manufaturados aos mercados/segmentos depende do acesso aos materiais necessários para a sua fabricação. Os mercados ao longo da cadeia de oferta estão conectados e os gestores precisam estar cientes dessas questões relativas à oferta, não só no mercado para produtos e serviços acabados, mas nos mercados que permitem que esses produtos e serviços sejam fornecidos ao consumidor final da cadeia de suprimento.

Ao desenvolver cenários, os gestores precisam ver como as questões de oferta relevantes ao mercado ou segmento que estão sendo considerados se desenvolverão dentro da escala de tempo adotada e que impacto geral terão na atual demanda do mercado ou segmento. Isso pode ser feito assumindo uma visão agregada para ver se as questões gerais de oferta tendem a ter um impacto alto, médio ou baixo na atual demanda e se este impacto é positivo ou negativo. Embora seja possível avaliar o impacto como neutro, isso deve ser encarado com muita cautela, pois às vezes é usado para não se assumir nenhuma visão específica.

PERGUNTA DO PROFISSIONAL

Quais questões referentes à oferta têm probabilidade de surgir no mercado ou segmento e qual impacto terão na demanda?

▲ Avaliando o impacto na demanda futura

Ao discutir as questões das categorias acima e chegar a um acordo em relação a quais serão usadas para desenvolver cenários, os gestores são capazes de ajustar diferenças de visão e de desenvolver uma compreensão compartilhada dessas questões. É possível, obviamente, que ao longo do tempo ou em razão de eventos a posição dessas questões na matriz de probabilidades e impactos mude, e os gestores precisam estar atentos a esse potencial.

Esse potencial de movimentação na matriz é importante e não deve ser subestimado pelos gestores. O futuro é incerto e os gestores só têm condições de saber, e de fazer suposições, a respeito daquilo que sabem hoje de fato ou que acreditam que acontecerá. Como vimos em muitas ocasiões, eventos como guerras, desastres naturais e crises bancárias podem ter um impacto significativo na demanda dos mercados.

Depois de focar as questões de alto impacto/alta probabilidade ao examinar cada categoria de aspectos que afetam a demanda, é preciso alcançar consenso sobre o que isso realmente significa para a demanda no seu conjunto – o processo de avaliação. Os gestores precisam estar de acordo a respeito de como supõem que serão as mudanças na natureza e no nível da demanda ao longo do período do cenário.

É possível desenvolver diferentes cenários de demanda colocando as questões em diferentes posições na matriz e mudando a avaliação delas para produzir diferentes características da futura demanda. É vital que a consideração desse potencial para diferentes desfechos das avaliações seja realizada em conjunto, para assegurar uma compreensão compartilhada dos resultados da avaliação e, mais importante, um comprometimento compartilhado de agir naquilo que ficar acertado, a fim de desenvolver a estratégia competitiva da empresa e sua tomada de decisões, alocação de recursos e busca de desempenho no futuro.

JUNTANDO OS ELEMENTOS

Depois de examinar cada um dos elementos que provavelmente terão algum impacto na atual demanda na escala de tempo adotada para o cenário, é importante juntá-los para avaliar o possível impacto agregado na atual demanda e ter uma visão da demanda futura. A *Matriz do futuro impacto principal na atual demanda* (ilustrada na Figura 9.2 a seguir) pode ser usada para esse propósito.

O impacto na atual demanda pode ser identificado em termos do impacto alto/médio/baixo positivo ou negativo ou neutro. O último é o menos provável, já que o cenário escolhido se relaciona às questões que provavelmente terão algum impacto, embora em tese o impacto possa ser neutro, quando os diferentes elementos da questão se anulam mutuamente.

FIGURA 9.2 Matriz do futuro impacto principal na atual demanda

Futura questão central	Impacto líquido na atual demanda alto/médio/baixo positivo/negativo
Marketing	
Econômica	
Sociológica	
Acesso à mudança científica/tecnológica	
Oferta	

Depois de preenchida, a matriz acima ilustra a projeção de como a demanda futura geral será impactada por mudanças em questões de marketing, sociológicas, econômicas, de acesso à ciência e tecnologia e de oferta. Com base nas razões para extrair essas conclusões, os gestores devem ser capazes de ilustrar qual será o aspecto da demanda futura e porque é provável que seja assim. Devem também, se tiverem realizado essa análise e avaliação conjuntamente, ter uma compreensão compartilhada dentro da empresa do que provavelmente terá impacto na atual demanda e qual será o impacto projetado. Quando perguntados a respeito de quais serão as questões principais com a demanda futura, devem ser capazes de dar uma resposta que tenha credibilidade, apoiada por razões confiáveis.

DICAS DE PROFISSIONAL

1. Certifique-se de que os conceitos de análise e avaliação estão sendo bem compreendidos antes de tentar analisar e avaliar a demanda futura do mercado.

2. Faça um trabalho preparatório para assegurar que você e seus colegas compreendem por que estão examinando as principais questões que afetam a demanda, antes de iniciar o trabalho de análise e avaliação.

3. Certifique-se de que o foco da análise e da avaliação a serem empreendidas é o mercado, e não a empresa.

4. Tenha clareza a respeito da escala de tempo dentro da qual a análise e avaliação serão empreendidas e se será necessário ou não considerar alguns marcos em determinados pontos do tempo.

5. Certifique-se de que você compreende a demanda atual para que possa compreender bem onde as questões que estão sendo identificadas terão impacto.

6. Certifique-se de que as questões de marketing, econômica, sociológicas, de acesso a mudanças científicas e tecnológicas e de oferta são compreendidas, antes de empreender a análise e a avaliação.

7. Não restrinja as reflexões sobre demanda; em vez disso, use a matriz de probabilidade/impacto para identificar onde a análise e a avaliação devem colocar foco.

8. Lembre-se de que você precisa compreender não apenas o que imagina que seja o impacto sobre a atual demanda, mas também por que esse impacto tem probabilidade de ocorrer.

9. Lembre-se sempre de que as reflexões sobre o futuro não são ciência, elas precisam ser amparadas em dados, quando estes são disponíveis.

10. Lembre-se de que, se você não tem confiança nas conclusões extraídas da análise e avaliação, dificilmente conseguirá inspirar confiança nos outros a respeito dessas conclusões.

PERGUNTAS DE PROFISSIONAL

1. Como você explicaria as diferenças entre análise e avaliação?

2. Qual escala de tempo deve ser usada para avaliar como a demanda pode mudar? Há marcos que precisam ser considerados ao longo desse período?

3. Quais as principais questões a considerar nas categorias de marketing, economia, sociologia, acesso a mudanças científicas e tecnológicas e oferta que são relevantes para a demanda futura?

4. Qual a natureza e o nível do marketing que têm maior probabilidade no mercado ou segmento e qual impacto terão em geral na demanda do mercado ou segmento?

5. Quais questões econômicas têm probabilidade de ocorrer e qual impacto terão em geral na demanda futura do mercado ou segmento?

6. Quais mudanças sociológicas têm probabilidade de ocorrer e qual impacto terão na atual demanda do mercado ou segmento?

7. Quais mudanças científicas e tecnológicas têm probabilidade de se tornarem acessíveis a compradores e qual impacto terão na demanda do mercado ou segmento?

8. Quais questões de oferta têm probabilidade de surgir no mercado ou segmento e qual impacto terão na demanda do mercado ou segmento?

9. Qual o impacto agregado das questões centrais que têm probabilidade de afetar a atual demanda e quais são as características prováveis projetadas da demanda futura no mercado ou segmento?

10. De que maneira a empresa pretende manter suas suposições a respeito da demanda futura em constante revisão, a fim de assegurar que as variações nas suas suposições sejam reconhecidas e utilizadas por ela?

CAPÍTULO 10

COMO DESENVOLVER CENÁRIOS DE MERCADO — CONCORRÊNCIA

INTRODUÇÃO

Este capítulo trata de como o desenvolvimento de cenários afeta a competição e de compreender a maneira pela qual esse efeito pode ser identificado e avaliado. Põe foco nas questões de mudanças em geopolítica, propriedade intelectual, inovação, fusões e aquisições e ambiente regulatório.

CENÁRIOS DE MERCADO E O QUE AFETA A CONCORRÊNCIA

O próximo estágio no desenvolvimento de cenários de mercado é identificar quais questões afetarão a competição no mercado ou segmento e qual impacto terão neles. Isso é feito seguindo um processo similar àquele que utilizamos no capítulo anterior para a demanda, e, além disso, examinando categorias como geopolítica, propriedade intelectual, inovação, fusões e aquisições e ambiente regulatório.

É importante, porém, ter clareza de que a competição é definida com referência à atual natureza da competição, ao poder de compradores, ao poder de vendedores e ao risco da entrada de novos participantes e da saída de outros do mercado. No desenvolvimento de cenários, os gestores precisam ter clareza sobre o impacto que essas questões exercerão nos diferentes elementos da competição.

O primeiro passo é identificar as questões a serem incluídas no cenário para cada uma das categorias (geopolítica, propriedade intelectual, inovação, fusões e aquisições e ambiente regulatório). O cenário inicial geralmente inclui as questões que julgamos de ocorrência provável com alto impacto, como na Figura 9.1.

Esse é um passo importante e pode, de novo, ser usado para trazer à tona diferentes compreensões e visões dentro do time gerencial. É comum que, apesar de haver acordo quanto a algumas questões, surjam significativas divergências em outros. Assim, um primeiro passo importante é chegar a um conjunto de questões com algum consenso.

Vamos examinar cada uma das categorias por vez.

Geopolítica

Os gestores com frequência definem os mercados fazendo referência à geografia, por exemplo, "o mercado americano" ou "o mercado do Reino Unido". Quando se faz isso, há a tentação de considerar apenas os aspectos políticos gerados dentro dos limites geográficos. Isso é inadequado.

Mercados definidos geograficamente, mesmo que sejam virtuais, raramente são imunes ao que acontece fora dos seus limites geográficos. Por exemplo, as mudanças da política da China ao permitir a introdução de elementos do capitalismo levaram o país a produzir imensos déficits comerciais e a criar uma próspera "classe média", com demanda de produtos e serviços ocidentais. Isso mudou a competição tanto dentro do mercado chinês quanto nos mercados de países fornecedores. A demanda por carne, matérias-primas e produtos de luxo na China acarretou, em alguns casos, uma escassez de oferta nos países produtores, afetando a concorrência em seus mercados. A dinâmica competitiva em outros países foi afetada também pela demanda de transportes para levar matérias-primas à China, reduzindo a disponibilidade de meios para transportar matérias-primas e produtos a esses outros países.

Decisões políticas na União Europeia (EU) podem afetar mercados por toda a Europa. O desejo da Alemanha de garantir a sobrevivência da UE e do Sistema Monetário Europeu a levou a impor condições à operação de ambos, e ela tem afetado a competição dentro dos mercados domésticos da UE e também a capacidade de empresas nos Estados membros da UE de competir fora dela.

Uma mudança de presidente nos Estados Unidos, com a consequente mudança na política em relação às negociações de acordos de comércio internacional, pode afetar mercados no mundo inteiro. Uma decisão política para mudar o foco do NAFTA (North American Free Trade Agreement, envolvendo Estados Unidos, Canadá e México) poderia ter implicações significativas para a competição nos mercados internacionais.

Os gestores devem estar cientes das questões geopolíticas e de como elas podem afetar a competição dentro dos mercados nos quais suas empresas competem e naqueles onde podem querer competir no futuro.

ESTUDO DE CASO

Mercado de petróleo

O acesso aos suprimentos de petróleo é visto politicamente como uma questão estratégica crucial, pois a economia e a segurança de vários países ainda dependem significativamente do acesso ao petróleo, do seu refino em vários produtos e de sua distribuição. Se o petróleo não está disponível nas formas e no volume necessários, a consequência é agitação social, sem falar da impotência militar. Em razão desse valor estratégico, o acesso aos suprimentos de petróleo há muito é assunto das considerações geopolíticas. O controle do acesso ao petróleo pode ter significativo impacto na competição dentro do mercado. Se os membros da Organização dos Países Exportadores de Petróleo (OPEP) aumentam ou diminuem sua produção, a dinâmica do mercado também muda.

Uma das consequências do conflito na Líbia tem sido o colapso na produção de petróleo. A estabilidade na Líbia, ao levar a um significativo aumento na produção de petróleo, teria um impacto no acesso aos suprimentos de petróleo e consequentemente no seu preço no mercado.

As sanções internacionais aplicadas a um país produtor de petróleo, como o Irã, proibindo a venda de petróleo, podem reduzir o acesso a suprimentos e consequentemente afetar o mercado, do mesmo modo que o alívio dessas sanções.

Em novembro de 2013, foi fechado acordo por meio do qual o Irã concordava em suspender temporariamente seu programa de enriquecimento de urânio em troca do alívio dessas sanções, parte delas associada à venda de petróleo. O Irã detém cerca de 9% das reservas mundiais de petróleo comprovadas, mas sua produção de óleo cru tem se mantido no nível mais baixo nos últimos 20 anos em razão da imposição dessas sanções.

O anúncio do alívio dessas sanções levou imediatamente a uma redução no preço do óleo cru, diante da previsão de um aumento na produção de petróleo pelo Irã. O preço depois se recuperou, como Reed reportou no *New York Times* (2013). O principal benefício do alívio dessas sanções pode ter sido o impacto psicológico no mercado, apoiado por temores de uma disrupção no fornecimento. Qualquer propagação desses temores leva os mercados de energia a refletirem mais plenamente as questões de oferta e demanda e a busca global por fontes de energia alternativas.

Nos Estados Unidos, houve uma abordagem agressiva para desenvolver suprimentos de petróleo e gás a partir de rocha de xisto. Esse aumento na oferta praticamente compensou a redução na venda de petróleo iraniano ao mercado. Está sendo proposta a utilização de petróleo de rocha de xisto em outras partes do mundo, mas isso é desafiado por razões políticas e técnicas que podem afetar a produção do petróleo.

Novos suprimentos de petróleo estão sendo explorados no litoral do Brasil, com as dificuldades técnicas sendo resolvidas em outras partes do mundo, como o Cazaquistão. Se esses novos suprimentos forem bem-sucedidos e não ficarem sujeitos a disrupções, sejam elas políticas ou técnicas, terão um impacto na dinâmica do mercado.

Não devemos subestimar, é claro, a política dentro da área geograficamente definida. Uma mudança de governo com uma guinada política, quer em relação à economia, quer no investimento de dinheiro público na infraestrutura física ou na contratação de serviços, ou em fazer cortes significativos no emprego do setor público, pode ter implicações significativas para a competição nos mercados. Os gestores que desenvolvem cenários precisam entrar em acordo sobre quais são as questões políticas relevantes para a competição, onde podem se iniciar, qual a sua probabilidade de ocorrência e qual impacto poderão ter na competição no mercado ou segmento para os quais os cenários estejam sendo desenvolvidos.

PERGUNTA DE PROFISSIONAL

Quais questões geopolíticas têm probabilidade de ocorrer e são relevantes para o mercado ou segmento, podendo impactar de modo significativo a competição dentro deles?

◢ Propriedade intelectual

A importância da propriedade intelectual continua crescendo e dá às empresas que a controlam a capacidade de competir com sucesso e, em alguns casos, dominar os mercados. No passado, o valor de uma empresa era em grande parte determinado pelos ativos tangíveis e físicos que possuía. Agora, as empresas cada vez mais são valorizadas pela propriedade intelectual que controlam. A propriedade intelectual é um ativo estratégico essencial que precisa ser protegido, melhorado e explorado para se alcançar sucesso competitivo nos mercados.

A propriedade intelectual é fruto do intelecto humano e pode estar relacionada a ideias, produtos e serviços ou processos. Embora exista alguma propriedade intelectual sem proteção, no mundo comercial as empresas geralmente buscam protegê-la como componente central de sua vantagem competitiva, por meio de patentes, marcas registradas, direitos autorais e segredos comerciais. Foi criada uma extensa e complexa estrutura de legislação, e indivíduos e empresas investem muito dinheiro para registrar e proteger seus direitos de propriedade intelectual internacionalmente.

Infelizmente, a estrutura legal para proteger a propriedade intelectual não é global em sua consistência ou em sua aplicação. Isso significa que a propriedade intelectual pode ter impacto variável na competição nos diferentes mercados. Cópias de lançamento rápido no mercado de produtos e serviços podem distorcer a competição em mercados nos quais os direitos de propriedade intelectual não estejam adequadamente protegidos.

No futuro, em muitos mercados e/ou segmentos, o acesso, o controle e a exploração da propriedade intelectual se tornarão questões cada vez mais importantes para a competição. O imediatismo da comunicação e as demandas cada vez maiores dos compradores por produtos e serviços novos, de qualidade mais alta, menores, mais flexíveis, personalizados, mais baratos e oportunos significam que a evolução, a criação e o controle da propriedade intelectual continuarão crescendo como questão competitiva crucial para as empresas. Cada vez mais os mercados serão criados – e a competição dentro deles será moldada – pela propriedade intelectual.

A criação de propriedade intelectual é uma competência específica que requer o apoio de uma cultura organizacional particular. Muitas grandes empresas têm reconhecido isso e mudado seus modelos de negócios, e agora têm departamentos de pesquisa e desenvolvimento dedicados à criação de propriedade intelectual, separados de sua exploração comercial.

Isso é conseguido às vezes por meio da criação de empresas separadas dentro do grupo, apoiando empresas independentes que empreendem pesquisa e mantendo um acordo de transferir a propriedade intelectual criada ou, em alguns casos, simplesmente comprando empresas que tenham desenvolvido a propriedade intelectual. Um exemplo desse último caso é a Merck, maior fabricante mundial de cristais líquidos para telas de televisores, tablets e smartphones, que adquiriu a britânica AZ Electronic Materials por 1,6 bilhão de libras a fim de expandir sua gama de produtos químicos especializados para equipamentos de alta tecnologia.

Essa mudança no modelo voltada à criação de propriedade intelectual significa que os gestores precisam estar cientes tanto das demandas dos compradores no mercado quanto da maneira pela qual os concorrentes estão desenvolvendo suas estratégias de aquisição de propriedade intelectual, a fim de estarem preparados para ganhar vantagem competitiva. Não se trata mais apenas de procurar saber o que um concorrente está desenvolvendo, mas de saber o que outros, que podem não ser concorrentes no mercado, estão desenvolvendo e que tenha probabilidade de mudar a dinâmica competitiva no mercado.

O acesso e o controle da propriedade intelectual significam que os gestores podem decidir quando ela é explorada. A exploração pode assumir a forma de ser o primeiro a comercializá-la, ou de criar tumulto competitivo, ou protelar sua introdução para proteger uma vantagem competitiva existente. Os gestores podem não querer minar uma vantagem competitiva existente quando ainda há espaço para um significativo retorno comercial. O timing da exploração da propriedade intelectual no mercado pode ter significativo impacto na competição dentro dele.

Impedir que a propriedade intelectual seja explorada pelos concorrentes permite às vezes obter uma vantagem competitiva. Alguns concorrentes buscam impedir outro concorrente ou atrasá-lo em relação à aquisição de um avanço técnico, e fazem isso comprando os direitos de uma parte crucial de um processo ou recrutando as pessoas envolvidas nele.

A competição num mercado pode também ser afetada pelo término da proteção legal da propriedade intelectual – por exemplo, quando o prazo de proteção da patente de um produto farmacêutico expira e ele se torna disponível como genérico. Muitas empresas farmacêuticas enfrentam essa "dificuldade" quando seu pipeline para desenvolvimento de propriedade intelectual não entrega novos produtos em grau suficiente para substituir aqueles cujo prazo de patente expirou. Isso leva em alguns casos a aquisições e fusões para assegurar que haja acesso constante a propriedade intelectual e às recompensas que decorrem de ser capaz de explorá-la.

Acesso, controle e exploração da propriedade intelectual podem ter papel importante na dinâmica competitiva nos mercados, desde que sejam vistos como anticompetitivos pelas leis aplicáveis ao mercado. Algumas empresas são líderes e outras são seguidoras. Independentemente do negócio em que a empresa estiver, os gestores precisam compreender o contexto da propriedade intelectual no mercado e como é provável que ele afete a competição nele no futuro.

PERGUNTA DE PROFISSIONAL

Quais avanços ou mudanças na propriedade intelectual têm probabilidade de ocorrer e de se mostrar relevantes ao mercado ou segmento, tendo impacto significativo na competição dentro deles?

Inovação

A propriedade intelectual é fruto de inovação, mas nem toda inovação leva à criação de propriedade intelectual. A propriedade intelectual pode ser patenteada e protegida por lei, enquanto a inovação às vezes apenas gera mudanças no que é feito e em como é feito, sem que seja possível protegê-la desse modo.

A inovação é um processo que leva à descoberta de algo que antes não era conhecido e/ou a um desenvolvimento adicional do conhecimento existente, dos produtos e serviços e/ou ao desenvolvimento de novas maneiras de fazer as coisas. Podemos tomar como exemplo os varejistas com altos investimentos em pontos de varejo físicos, cujas inovações permitem que os compradores façam seus pedidos pela internet e coletem a compra nas lojas dos vendedores. É uma solução ganha-ganha, pois alguns compradores não querem ficar esperando até que o produto seja entregue, e o varejista, por sua vez, consegue ter compradores dentro de sua loja, o que cria a oportunidade de vender-lhes mais coisas.

No contexto dos mercados, a inovação visa encontrar novas maneiras de criar valor para os compradores. É também um modo de descobrir novas maneiras de criar e sustentar vantagem competitiva para os vendedores – por exemplo, ao transformar a eficiência, permitindo que o vendedor seja o provedor de produtos e serviços de menor custo.

É importante reconhecer que a competição nos mercados é dinâmica e que manter vantagem competitiva ou uma posição competitiva relativa requer inovação. À medida que os concorrentes da empresa vão mudando sua oferta aos compradores, a empresa precisa mudar para simplesmente "continuar como está". Melhorar a vantagem competitiva ou a posição competitiva com frequência requer uma inovação transformacional mais do que uma inovação que consiga apenas operar uma mudança incremental.

Um objetivo corporativo crucial de uma empresa deve ser "alcançar mais dos processos de inovação da empresa do que seus concorrentes". O vínculo entre a inovação dentro das empresas e o sucesso competitivo costuma ser ignorado com excessiva frequência na avaliação da competição dentro dos mercados.

A disposição e a capacidade de inovar dentro da empresa, ou de adotar e adaptar a inovação de outros, costuma refletir a cultura organizacional da empresa. Ser um seguidor rápido pode ser menos arriscado do que ser um pioneiro na inovação, desde que a inovação não seja protegida como propriedade intelectual e possa ser adotada e/ou adaptada para se obter uma fatia aceitável da vantagem gerada pelo pioneiro. Os gestores precisam compreender a inovação no mercado e como ela afeta a competição.

Uma vantagem competitiva nos mercados criada por meio de inovação pode ser anulada se a inovação for imitada rapidamente. A chave é ter uma cultura organizacional que sustente inovação constante e sua exploração. Inovação sem a capacidade de explorá-la só serve para criar frustração dentro da empresa, em vez de apoiar uma vantagem competitiva.

Já vi muitas declarações de políticas corporativas a respeito de inovação, como: nossa missão é inovar para o benefício de nossos clientes; nosso sucesso depende de nossa capacidade de inovar.

Infelizmente, quando busco obter evidências sobre como essas declarações são convertidas em ação, descubro que elas têm mais a ver com slogans de marketing do que com a prática. Para detectar se isso é o que está acontecendo com a sua empresa, tente fazer o seguinte teste rápido:

TESTE DE INOVAÇÃO

1. Quantas pessoas na empresa precisam autorizar qualquer inovação proposta antes que ela possa ser adotada?
2. Qual foi a inovação mais recente que fez uma diferença significativa para o sucesso competitivo da empresa?
3. Existe algum sistema de recompensa na empresa quanto à inovação?
4. Existe algum perfil na empresa dado a inovações produzidas pelas pessoas que trabalham na empresa?
5. Com que rapidez a inovação em uma parte da empresa é comunicada, aceita e utilizada por outra parte dela?

> **6** A empresa faz verificações constantes de seus concorrentes para descobrir se estão introduzindo alguma inovação?
>
> **7** Os compradores têm algum papel na inovação da empresa?
>
> **8** Os compradores veem sua empresa como inovadora?
>
> **9** Os concorrentes de sua empresa a veem como inovadora e capaz de implementar inovação para alcançar vantagem competitiva?
>
> **10** Você sabe qual é a próxima inovação transformacional que sua empresa quer ou precisa alcançar?

As pessoas que estão numa empresa que seja de fato inovadora responderão a essas perguntas com facilidade e de modo diferente das pessoas de uma empresa que fala em inovação em seus slogans, mas não tem uma cultura organizacional para apoiá-la.

A inovação, especialmente quando envolve invenção e empreendedorismo, requer uma cultura organizacional que a sustente. Grandes empresas às vezes têm dificuldade em oferecer a cultura necessária para apoiar inovação e empreendedorismo. Isso resulta em inovadores e empreendedores que não se sentem "encaixados" na empresa e veem inibida sua capacidade de inovar e empreender.

Com frequência vemos que empresas maiores adquirem menores em razão de sua inovação e empreendedorismo, mas que logo perdem os líderes de inovação das empresas adquiridas em razão de um choque de culturas organizacionais. Com que frequência as empresas que fazem a aquisição são incapazes de obter a vantagem competitiva sustentada que esperavam obter da aquisição?

A inovação pode ter impacto significativo na competição dentro dos mercados. Novos participantes que entram no mercado costumam estar associados a alguma inovação que permitiu a mudança do atual paradigma da competição. Quantos concorrentes no mercado, por exemplo, identificaram que a tecnologia inovadora associada aos aspiradores de pó Dyson provocaria impacto tão imenso no mercado e nos concorrentes?

PERGUNTA DE PROFISSIONAL

Quais inovações têm probabilidade de chegar ao mercado ou segmento e produzir um impacto significativo na competição dentro deles?

◢ Fusões ou aquisições

Fusões e aquisições podem ter significativo impacto na competição, e por isso há leis que impedem que sejam feitas quando se acredita que esse impacto será prejudicial aos compradores e à capacidade de competir no mercado.

Os competidores perseguem fusões e aquisições por uma série de razões. Entre elas, para:

1. Conseguir entrar no mercado;

2. Conseguir maior fatia de mercado (*market share*);

3. Obter maiores economias de escala e reduções de custos;

4. Ter acesso a ativos físicos, produtos e serviços, inovação e propriedade intelectual – por exemplo, uma marca;

5. Ganhar acesso a canais de distribuição;

6. Poupar tempo, já que uma aquisição é mais rápida do que o crescimento orgânico;

7. Conseguir sinergia a partir de uma combinação de ativos;

8. Conseguir diversificar os riscos;

9. Ter melhores retornos do capital empregado;

10. Aumentar o poder competitivo no mercado;

11. Alcançar massa crítica e/ou cobertura geográfica que lhes permita competir por compradores com requisitos maiores e geograficamente dispersos.

Fusões e aquisições podem mudar o paradigma dominante atual da competição no mercado e a dinâmica do mercado. Se competidores que estão em segundo e terceiro lugar no mercado se fundem e ficam significativamente maiores em termos de fatia de mercado (*market share*) que o competidor número um, podem obter importantes benefícios em economia de escala e competir mais efetivamente no preço ou investir em desenvolvimento de produto e serviço para oferecer uma vantagem competitiva em relação ao antigo concorrente número um. Isso pode mudar toda a dinâmica competitiva no mercado.

Da mesma forma, se uma empresa que não compete atualmente no mercado adquire um concorrente existente, e a empresa que faz a aquisição tem significativos recursos disponíveis para investir em desenvolvimento de produto e serviço, em marketing e em uma agressiva estratégia competitiva, o atual paradigma dominante da competição e a dinâmica do mercado podem mudar.

Também ocorre que, quando a fusão ou aquisição está relacionada a compradores no mercado, o poder destes pode mudar em relação ao dos vendedores. O aumento de poder de compra no mercado muda a dinâmica do mercado.

PERGUNTA DE PROFISSIONAL

Quais fusões ou aquisições relevantes têm probabilidade de ocorrer no mercado ou segmento e ter impacto significativo na competição dentro deles?

▲ Regulatório

Como mencionado acima, a legislação existe para impedir comportamento anticompetitivo das empresas. A intenção é impedir que as empresas ganhem uma posição que lhes permita, caso façam essa escolha, perseguir uma estratégia que atue em detrimento dos compradores.

Seja por meio do acúmulo de poder no mercado em razão da remoção de concorrentes, seja por se tornar um controlador dominante dos suprimentos que permitem aos concorrentes atenderem o mercado, o comportamento anticompetitivo sofre restrições da legislação.

O comportamento anticompetitivo é exemplificado por:

1 Criar cartéis e conluios em que os concorrentes concordam em agir em uníssono para exercer poder sobre fornecedores ou outros concorrentes ou fixar preços no mercado. Cartéis e conluios podem também buscar erguer barreiras à entrada ou proteger os concorrentes existentes no mercado.

2 Práticas restritivas por meio das quais empresas dominantes usam seu poder para impedir que concorrentes tenham acesso a recursos, ou a tecnologia que poderia minar a atual oferta do cartel de membros e controlar os canais ao mercado e as melhores oportunidades promocionais.

3 Manter compradores cativos ao criar barreiras à mobilidade reduzir escolhas e diminuir a capacidade de os compradores obterem melhor valor pelo seu dinheiro.

A legislação sobre comportamento anticompetitivo impõe sanções a quem adota esse comportamento, que vão de multas à exigência de dispor de partes das empresas para reduzir a posição dominante – por exemplo, a venda dos aeroportos de Gatwick e Stansted no RU decorreu da decisão da Comissão de Competição sobre a aquisição da British Airports Authority (BAA) pela Ferrovial, grupo espanhol de infraestrutura.

Além da legislação existente em países onde os mercados foram liberados ao monopólio de fornecedores de produtos e serviços como os públicos (água, gás e eletricidade), foram também criados órgãos reguladores de setores ou mercados. Esses reguladores têm poderes abrangentes.

Um regulador pode exigir que pessoas ou empresas forneçam informações que permitam monitorar se estão agindo de acordo com seus requisitos legais ou de outros órgãos, e empreender investigações quando há suspeita de não observância das leis e de seus requisitos.

Tais órgãos reguladores podem impor ampla gama de sanções e às vezes definem também qual é o máximo de aumento permitido nos preços. O regulador pode estabelecer condições que estimulem a competição e permitam a novos participantes entrar no mercado, ao exigir dos concorrentes existentes que proporcionem acesso à infraestrutura.

Além dessas exigências e de poderes regulatórios relevantes à competição, as legislações relativas a mercados podem também atuar para proteger a saúde e a segurança. Esses requisitos de ampla abrangência podem criar barreiras à entrada e saída nos mercados.

As barreiras à entrada dizem respeito à necessidade de ter acesso à expertise e a provar que produtos e serviços são seguros e não causarão danos à saúde, como é o caso das exigências da Food and Drug Administration (FDA) nos Estados Unidos. O acesso a testes clínicos e o tempo que transcorre entre iniciar pesquisa e ser capaz de fornecer uma medicação ao mercado pode se estender por anos e exigir acesso a elevadas quantias de dinheiro.

A existência de investimento em pesquisa e investimento de capital às vezes cria barreiras à saída. O investimento já realizado e a perspectiva de perder muito dinheiro se a empresa abandonar o mercado podem levá-la a preferir permanecer.

Esses requisitos legislativos e regulatórios podem ter significativo impacto nos mercados.

PERGUNTA DE PROFISSIONAL

Quais mudanças no ambiente regulatório relevantes ao mercado ou segmento têm probabilidade de ocorrer e ter significativo impacto na competição no mercado ou segmento?

◢ Avaliando o impacto na competição futura

Depois de identificar as questões a serem consideradas para o cenário em cada uma das categorias de geopolítica, propriedade intelectual, inovação, fusões e aquisições, e ambiente regulatório dentro da escala de tempo adotada para o cenário, é preciso avaliar tudo isso em termos de seu impacto na competição futura. Um recurso útil é a *Matriz da competição futura,* a seguir:

FIGURA 10.1 Matriz do futuro impacto principal na atual demanda

	Natureza atual da competição	Poder atual dos compradores	Poder atual dos vendedores	Risco atual de novos participantes	Risco atual de saída do mercado
Geopolítica					
Propriedade intelectual					
Inovação					
Fusões/ Aquisições					
Reguladores					
Competição futura					

Lembre-se de que isso não é ciência e que a "pontuação" para cada caixa da matriz pode ser dada em termos de mudança ou impacto alto/médio/baixo positivo, negativo ou neutro. Este último é menos provável, pois o desenvolvimento do cenário costuma escolher aspectos que terão um efeito no mercado. A questão é que isso gere uma discussão sobre as diferenças de visão e permita chegar a uma visão de consenso sobre quais devem ser as questões do cenário e qual impacto terão na competição. Então será possível identificar de que modo a competição em geral mudará no futuro.

Em alguns casos, os gestores têm usado um mecanismo de pontuação preciso, com base em uma casa decimal. Isso gerou muitas discussões longas sobre a formulação de uma pontuação total, com as diferenças entre uma pontuação de oito ou nove, por exemplo, gerando muita discussão e argumentação.

Embora discutir essas diferenças possa ser útil e importante, tais discussões, segundo minha experiência, às vezes não são tanto a respeito do futuro impacto das questões nos elementos da competição, e sim sobre jogos de poder e de status dentro do quadro gerencial.

É importante que o processo de gestão estratégico e o desenvolvimento de cenários não sejam usados como parte do "jogo gerencial", mas como parte do desenvolvimento estratégico tanto dos gestores quanto da empresa. Quanto mais o processo for usado pelos gestores individuais para fortalecer as próprias agendas, menor a probabilidade de que a construção de cenários seja eficaz e que os frutos dela levem a desenvolver estratégias capazes de promover uma mudança estratégica.

Geralmente é desenvolvido mais de um cenário para um mercado. Ao desenvolver vários cenários, destacam-se não só as diferenças de visão dentro da empresa, mas a falta de conhecimento dentro dela sobre os concorrentes e o mercado. Com frequência se exige pesquisa como parte da preparação para o desenvolvimento de cenários. Essa pesquisa deve ser ativamente desafiada por aqueles que empreendem o desenvolvimento do cenário, para garantir que estão compreendendo suas implicações e para que tenham confiança na sua avaliação; sem ela, a relevância e a robustez dos cenários talvez não fossem suficientes como base para a empresa construir sua estratégia futura.

É possível usar diferentes aspectos e impactos para a mesma questão ao desenvolver diferentes cenários. O desenvolvimento de diferentes cenários pode destacar desafios de competição significativamente diferentes que poderão estar presentes no mercado no futuro. Isso sublinha a importância da robustez da pesquisa necessária para apoiar o desenvolvimento dos cenários.

Identificar os futuros desafios da competição no mercado não é como apostar em uma corrida de um cavalo só! É preciso desenvolver diferentes cenários e, como ocorre na competição, a forma precisa ser estudada antes da corrida. Também cabe lembrar aos gestores que as corridas nem sempre acontecem conforme o planejado e que os concorrentes existentes podem fazer coisas inesperadas.

Desenvolver diferentes cenários pode ser desafiador para o atual paradigma dominante na empresa. Alguns gestores têm muita dificuldade para examinar aquilo que investiram, em torno do qual construíram suas carreiras e que usaram como alicerce para o seu status e seu papel atual, quando isso é desafiado pelas implicações que decorrem dos diferentes cenários. É importante reconhecer isso e não permitir que influencie o desenvolvimento dos cenários.

Desenvolver cenários e identificar o impacto na competição não são exercícios acadêmicos. Como ocorre com a propriedade intelectual, os gestores precisam compreender de que modo usarão os cenários desenvolvidos.

DICAS DE PROFISSIONAL

1. Antes de iniciar o desenvolvimento de um cenário a respeito da competição futura nos mercados, lembre-se de que isso não é ciência, e sim um processo subjetivo apoiado por dados quando possível.

2. Use a oportunidade para obter uma compreensão compartilhada das questões que têm maior probabilidade de afetar a competição no mercado.

3. Pense externamente em termos do mercado e não apenas internamente em termos do "setor" ou da empresa.

4. Admita que o conhecimento dentro da empresa talvez seja inadequado e que é necessário fazer uma pesquisa para subsidiar o desenvolvimento dos cenários.

5. Antes que os gestores possam compreender os desafios no mercado no futuro, precisam ter uma compreensão compartilhada da competição no mercado no momento atual.

6. Tente não complicar demais o processo com excessivo volume de questões identificadas; certifique-se de que os gestores estão focados nas questões mais importantes e em seu impacto líquido nos diferentes elementos da atual competição.

7. Ao desenvolver cenários, certifique-se de que os vínculos entre as diferentes questões estão sendo identificados e introduzidos no processo de maneira consistente.

8 Ao refletir sobre a competição no mercado no futuro, lembre-se de que as ações de competição existentes podem ter impacto significativo no mercado.

9 Ao desenvolver vários cenários, aproveite a oportunidade para testar o pensamento gerencial e a disposição e capacidade de lidar com os desafios ao paradigma gerencial dominante na empresa.

10 Lembre-se de que, à medida que o futuro se revela, é importante rever as suposições na análise e identificar se isso vai modificar o pensamento a respeito do mercado de agora em diante.

PERGUNTAS DE PROFISSIONAL

1 Quais são a natureza e o nível de competição atuais no mercado?

2 Na avaliação das questões que podem ter impacto na competição no mercado no futuro, de que maneira é possível obter acordo na empresa sobre dois ou três aspectos centrais para cada categoria de questões a ser usada e quanto ao impacto líquido na competição no mercado?

3 Quais escalas de tempo devem ser usadas para desenvolver e testar os diferentes cenários para as variáveis que afetam o mercado?

4 Quais as questões geopolíticas que podem chegar a ser relevantes ao mercado ou segmento e que poderiam ter impacto significativo na competição no mercado ou segmento?

5 Quais avanços ou mudanças na propriedade intelectual podem ser relevantes para o mercado ou segmento e ter impacto significativo na competição?

6 Quais inovações têm probabilidade de chegar ao mercado ou segmento e ter impacto significativo na competição?

7 Quais fusões e aquisições têm probabilidade de ocorrer e ter relevância para o mercado ou segmento com impacto significativo na competição?

8 Quais mudanças no ambiente regulatório relevantes ao mercado ou segmento têm probabilidade de ocorrer e ter impacto significativo na competição?

9 De que maneira a empresa pretende se certificar de que desafiará seu pensamento e examinará diferentes visões que aflorem internamente e lidar com elas de modo construtivo?

10 De que maneira a empresa pretende manter uma revisão de suas suposições a respeito da competição no futuro e garantir que variantes de suas suposições sejam reconhecidas e utilizadas?

CAPÍTULO 11

CENÁRIOS DE MERCADO — FUTURAS QUESTÕES ESTRATÉGICAS DE MERCADO

INTRODUÇÃO

Nos dois últimos capítulos, foram desenvolvidos cenários usando questões centrais que afetam a demanda e a competição no mercado. Precisamos agora juntar isso para poder identificar as futuras questões estratégicas de mercado que formarão o contexto no qual a empresa desenvolverá suas estratégias para o mercado.

A MATRIZ DO FUTURO CENÁRIO DE MERCADO

A identificação das futuras questões estratégicas de mercado é feita usando a *Matriz do futuro cenário de mercado* ilustrada na Figura 11.1. Usando os cenários desenvolvidos para geopolítica, propriedade intelectual, inovação, fusões e aquisições, ambiente regulatório e demanda, é possível avaliar o impacto geral na atual natureza da competição, no atual poder dos compradores, no atual poder dos vendedores, no atual risco da entrada de novos participantes no mercado e no atual risco de saídas do mercado. Isso permite identificar as futuras questões estratégicas de mercado.

Preencher a matriz permite identificar para os cenários escolhidos o impacto na atual natureza da competição, o poder dos compradores, o poder dos vendedores, o risco de entrada de novos participantes e o risco de saídas do mercado. O resultado desse impacto representa a projeção da futura dinâmica do mercado e, em cada caso, identifica as questões centrais decorrentes dessas diferenças entre a atual dinâmica do mercado e a futura dinâmica.

FIGURA 11.1 Matriz do futuro cenário de mercado

Futuros cenários ↓	Atual natureza da competição	Atual poder dos compradores	Atual poder dos vendedores	Atual risco de entrada de novos participantes	Atual risco de saídas do mercado
Geopolítica					
Propriedade intelectual					
Inovação					
Fusões/ aquisições					
Ambiente regulatório					
Demanda futura					
Futura dinâmica do mercado →					

Como antes, a "pontuação" será em termos do impacto positivo ou negativo alto/médio/baixo. De novo, não se trata de ciência, do tipo em que as pontuações podem ser expressas em casas decimais. A chave é chegar, por meio de discussão, a um consenso no time sobre quais seriam os possíveis impactos. O primeiro cenário a ser testado costuma ser o cenário da "melhor aposta", isto é, o cenário que os gestores coletivamente acreditam ser o mais provável.

O exame das "pontuações" em cada coluna precisa avaliar o impacto geral das questões dos diferentes cenários sobre a atual natureza da competição, o poder dos compradores, o poder dos vendedores, o risco de entrada de novos participantes no mercado e o risco de saídas. Por exemplo, avalia-se que no geral a mudança no poder dos compradores será alta/média/baixa, positiva ou negativa? Quais são as questões-chave nessas mudanças?

Para cada cenário desenvolvido, os gestores devem fazer a si mesmos as seguintes perguntas (as respostas dadas são exemplificações):

Futura natureza da competição

Quais são as questões principais que os concorrentes no mercado precisam resolver? Exemplo de resposta: A atual natureza da competição mudará. Essa mudança será alta e negativa, já que a estabilidade competitiva no mercado sofrerá disrupção pelo fato de os compradores se tornarem mais "promíscuos" e pela sua crescente disposição de mudar de vendedores a fim de obter melhores negócios. A competição aumentará conforme os concorrentes busquem proteger a fatia de mercado (*market share*) em que a demanda geral não cresce significativamente. Com o desgaste da fidelidade à marca, haverá redução dos custos variáveis e os benefícios da economia de escala ficarão mais difíceis de alcançar.

Futuro poder dos compradores

Quais são as questões centrais que os concorrentes no mercado precisam resolver? Exemplo de resposta: O atual poder dos compradores mudará. Essa mudança será alta e negativa, pois as fusões e aquisições de compradores resultarão em um número menor de grandes compradores controlando mais a demanda no mercado, o que lhes dará maior poder de compra. A competição aumentará, para deixar seguros os maiores compradores com pressão sobre os preços e margens.

◢ Futuro poder dos vendedores

Quais as questões centrais que os concorrentes no mercado precisam resolver? Exemplo de resposta: O aumento da competição baseada no preço criará pressão nas margens e aumentará a importância de vincular grandes compradores a vendedores. Conseguir economias de escala e reduzir o custo unitário ao mesmo tempo em que se aumenta o valor agregado para os compradores torna-se mais importante, mas será cada vez mais difícil de alcançar. Aumenta a probabilidade de fusões e aquisições de vendedores para dar acesso a benefícios de volume e aumentar o poder competitivo no mercado.

◢ Futuro risco de novos participantes no mercado

Quais são as questões centrais que os concorrentes no mercado precisam resolver? Exemplo de resposta: A redução na lealdade à marca e a concentração do poder dos compradores aumentará a atratividade do mercado para novos participantes em condições de atender ao mercado, usando a capacidade produtiva existente fora dele para obter economias de escala e custos unitários menores, e, portanto, redução no preço. Os concorrentes existentes precisarão rever as barreiras à entrada e examinar de que maneira os novos participantes podem ser inibidos ou como será possível reagir a eles. É provável que um aumento no número de concorrentes no mercado leve a um significativo aumento na competição, a uma pressão nos preços e dê maior poder aos compradores. Concorrentes menores, mais fracos, podem se tornar atraentes aos novos participantes como alvos de aquisições, como um meio de entrar no mercado.

◢ Futuro risco de saídas do mercado

Quais são as questões centrais que os concorrentes no mercado precisam resolver? Exemplo de resposta: A competição e a pressão nas margens aumentarão a pressão sobre os concorrentes menores e mais fracos para que saiam do mercado. No entanto, em razão das barreiras à saída, como a dificuldade de realizar o valor dos investimentos prévios de capital em ativos, os concorrentes lutarão muito para permanecer no mercado, o que trará pressão adicional nos preços e nas margens.

É provável que a competição aumente e fique focada em assegurar compradores que tenham volume e em buscar aumentar os custos de mudança entre os vendedores. Haverá oportunidades para que concorrentes mais fortes adquiram concorrentes mais fracos.

◢ Visão geral

Depois de identificadas as questões centrais para cada um dos aspectos mencionados, é possível ter uma visão geral do mercado em termos do cenário desenvolvido. Essa avaliação geral cria outra oportunidade para os gestores desenvolverem e testarem sua compreensão compartilhada de como é provável que o cenário afete o mercado. Tal avaliação deve encapsular as questões centrais que a empresa precisará resolver para se colocar no contexto da futura dinâmica do mercado. Isso constitui uma base firme para colocar a empresa no contexto do mercado, a fim de desenvolver suas estratégias futuras.

É o que está ilustrado na Figura 11.2:

FIGURA 11.2 Matriz da futura dinâmica e das futuras questões estratégicas cruciais de mercado

```
┌─────────────────┐  ┌──────────────────────┐  ┌─────────────────┐
│ Atual natureza  │  │ Atual poder dos      │  │ Atual natureza  │
│       da        │  │ compradores/         │  │       da        │
│ demanda no      │  │ vendedores e risco   │  │ competição      │
│ mercado         │  │ de novos             │  │                 │
│                 │  │ participantes/saídas │  │                 │
└─────────────────┘  └──────────────────────┘  └─────────────────┘
            ↘              ↓                ↙
         ┌──────────────────────────────────────┐
         │              Cenários                │
         └──────────────────────────────────────┘
            ↙              ↓                ↘
    ┌──────────────────────────────────────────────┐
    │                                              │
    │    A FUTURA DINÂMICA DO MERCADO              │
    │                   E                          │
    │  AS FUTURAS QUESTÕES ESTRATÉGICAS CRUCIAIS   │
    │              DE MERCADO                      │
    │                                              │
    └──────────────────────────────────────────────┘
```

No Capítulo 2, exploramos a atratividade dos mercados. A avaliação geral do impacto de um cenário na atual dinâmica do mercado deve permitir que os gestores desenvolvam uma visão e compreensão racional da probabilidade de um mercado ser atraente no futuro ou não. No entanto, a determinação final da atratividade dependerá de a empresa ser capaz ou não de reagir a e/ou de influenciar as futuras questões estratégicas de mercado melhor do que as empresas com as quais competirá de modo lucrativo.

Se eu perguntar aos gestores a respeito da atual dinâmica e da futura dinâmica do mercado com base no cenário desenvolvido, eles devem ser capazes de declarar sucintamente quais são as questões centrais e quais têm probabilidade de surgir, e por que acreditam que é assim. Sem esse nível de compreensão, é difícil ver como a empresa poderá desenvolver e implementar uma estratégia coerente e relevante para o futuro.

NÃO APOSTE A EMPRESA

Às vezes, a preguiça ou a arrogância gerencial das empresas as leva a desenvolver um único cenário. Isso significa que estão efetivamente declarando que se sentem capazes de prever o futuro. Nesse caso, correm o risco de estar "apostando a empresa", por assumirem que suas projeções e suposições estão certas. Esse cenário é chamado de cenário da "melhor aposta". Representa o que os gestores realmente acham que é provável que aconteça e quais serão as implicações desses eventos na atual dinâmica do mercado.

O mundo, porém, é imprevisível, e as empresas precisam desenvolver de três a cinco cenários. O número de cenários desenvolvidos precisa ser consistente com o contexto do mercado. Também precisa ser consistente com a capacidade da empresa não só de desenvolvê-los, mas de rastreá-los e fazê-los evoluir ao longo do tempo. O desenvolvimento de um cenário não é um processo único, realizado uma vez ao ano, e que depois de definido fica estático.

Os critérios a serem escolhidos para o desenvolvimento de diferentes cenários estão relacionados a otimismo e pessimismo – otimismo em referência às variantes para as questões que sejam mais otimistas que o cenário desenvolvido como a "melhor aposta", e pessimismo em relação às variáveis para as questões que sejam piores que a "melhor aposta".

Usando o ponto de partida da atual dinâmica do mercado, é possível testar as suposições sobre o impacto dos diferentes cenários sobre a dinâmica do mercado. É provável que isso leve a identificar questões centrais estratégicas de mercado similares para o futuro, mas também algumas diferentes e importantes.

Num cenário de eleição nacional cujo resultado mude a nomeação dos Comissários para a União Europeia, ou de uma eleição num estado americano que possa afetar os requisitos regulatórios de um mercado para o qual o cenário foi desenvolvido, será necessário identificar a partir de suposições geopolíticas as mudanças na política após a eleição e seu impacto na futura matriz competitiva. Também será necessário identificar o impacto das mudanças na matriz do futuro cenário de mercado e as questões de mercado estratégicas decorrentes.

Deve-se observar ainda que a mudança de suposições para uma questão pode ter impacto em outra. Uma suposição sobre a mudança de governo provavelmente terá impacto na política econômica, e esta pode, por sua vez, impactar a demanda ou o ambiente regulatório e, portanto, afetará a competição ou a ameaça de entrada de novos participantes no mercado.

Ao desenvolver vários cenários, evite complicar demais o processo mudando elementos demais das questões. Desenvolva cenários focados que tenham relevância e credibilidade. Isso aumenta a probabilidade de os gestores se engajarem no processo e trabalharem juntos para identificar e testar o que acreditam provavelmente acontecerá no mercado.

Mas é possível também testar cenários menos previsíveis. Isso costuma dar melhores resultados quando o time tem experiência na construção de cenários e os seus membros desenvolveram respeito e confiança mútuos.

Ao se fazer a pergunta "E se?", a empresa pode desenvolver cenários e planos para o futuro – por exemplo, e se a Apple adquirisse o Google ou vice-versa?

Prever o futuro não é nem fácil nem direto. É importante que, à medida que o futuro se torna presente, as suposições feitas na análise sejam revisitadas para determinar se as conclusões extraídas ainda são precisas e relevantes. As análises de mercado devem ser parte do processo atual de gestão. Também é importante que isso não seja um exercício acadêmico e que a empresa utilize a análise e a avaliação para desenvolver sua estratégia competitiva, e compreender como evoluem os requisitos de benefícios dos compradores e seu desenvolvimento de produto e serviço.

Quando as questões que afetam os mercados mudam, muda também a necessidade de os gestores compartilharem uma compreensão dessa mudança e das suas implicações para o mercado. Se não, a tomada de decisões desses gestores se torna inconsistente. Os cenários – e a análise e avaliação do momento presente que devem acompanhá-los – podem ser usados para aprimorar a compreensão dos mercados, a competência do processo de gestão, a consistência da tomada de decisões e a comunicação com a empresa.

GATILHOS DA MUDANÇA

Tão importante quanto identificar mudanças nas questões que afetam mercados é compreender os gatilhos dessas mudanças. Compreender por que as coisas mudam permite que os gestores busquem ver quais são os gatilhos de mudança que podem dar uma vantagem e fazê-los sair na frente no jogo competitivo. Aqueles que tinham uma compreensão maior do mercado de tecnologia reconheceram que a bolha de preço era insustentável e se retiraram dele ou no mínimo não foram tentados a pagar preços imensamente inflacionados por empresas que não haviam gerado lucro e que não tinham a menor probabilidade disso. Aqueles que não saíram do negócio ou pagaram preço excessivo pelas aquisições destruíram o valor para o acionista, além de contraírem imensas dívidas, ou tiveram que batalhar para sobreviver com ativos muito depreciados em suas folhas de balanço. Ao desenvolver cenários, também é importante reconhecer não apenas o que poderia acontecer, mas o que precisa acontecer para que o cenário se manifeste. Que eventos ou marcos precisam estar presentes para que o cenário se torne realidade? Poderá a empresa ter influência ou não para que certas coisas aconteçam, conforme seja apropriado?

Identificar esses gatilhos e marcos é uma boa maneira de acompanhar como o futuro está se desenrolando em relação ao cenário desenvolvido. Também identifica o que a empresa precisa fazer para influenciar, se for possível. A discussão entre os gestores sobre o que precisa acontecer para que um cenário se torne realidade é também uma útil verificação da realidade a respeito do desenvolvimento do cenário.

Mudar a visão gerencial do mundo pode ser extremamente desafiador. Como exploraremos mais adiante no Capítulo 16, sobre escolhas estratégicas, entram em jogo questões de poder, status, segurança e paradigmas. O desenvolvimento de cenários pode ser uma parte útil do processo de levar os gestores a pensarem diferentemente e a desafiarem de maneira construtiva suposições cristalizadas a respeito do mercado.

Quando as empresas não desenvolvem cenários, são apenas espectadoras, aguardando que as coisas aconteçam ou que mudem, para então reagir. Quando muito, tomam decisões de investimento com base em informações e avaliações de pouca robustez. Já ouvi com frequência o argumento de que um gestor tem conhecimento implícito do mercado e sabe o que é preciso fazer. Mas será que a visão do futuro de uma única pessoa é realmente adequada?

Embora, em mercados estáveis, uma abordagem reativa aos mercados possa ser suficiente, quanto mais instável um mercado, mais se exige uma avaliação compartilhada dele para apoiar a tomada de decisões. Quanto mais intensa a pressão competitiva, maior a necessidade de buscar compreender como o mercado tem probabilidade de se desenvolver e ter alternativas avaliadas para diferentes cenários.

Portanto, quais são as questões estratégicas que afetam seu mercado no momento e como é provável que elas mudem no futuro?

DICAS DE PROFISSIONAL

1 A não ser que você tenha uma compreensão compartilhada da atual dinâmica do mercado, não conseguirá desenvolver um cenário a respeito do futuro.

2 Comece desenvolvendo um cenário da "melhor aposta", já que ele incentivará o engajamento daqueles menos comprometidos com o desenvolvimento de cenários.

3 Desenvolver cenários mais radicais costuma exigir um nível mais alto de experiência e de confiança no time que faz isso.

4 Lembre-se de que a avaliação é subjetiva.

5 Ao desenvolver cenários, lembre-se de que embora muitos eventos e questões possam afetar o mercado, você está escolhendo aqueles que são mais consistentes com o cenário que está sendo desenvolvido.

6 Lembre-se de que você quer avaliar o efeito líquido dos eventos e das questões que selecionou.

7 Tente identificar os vínculos entre os efeitos dos eventos e situações nas diferentes questões estratégicas de mercado.

8 Eventos e questões diferentes podem ver níveis muito diferentes de impacto e às vezes um evento ou problema específico supera todos os demais em determinado cenário.

9 Depois de identificar as futuras questões estratégicas de mercado, é importante tentar identificar os gatilhos e marcos relativos a eles para que os cenários – e os eventos e questões que os apoiam – possam ser rastreados.

10 Não desenvolver cenários significa que a empresa é uma espectadora e tem menos probabilidade de ser capaz de planejar de modo eficaz o futuro.

PERGUNTAS DO PROFISSIONAL

1. O time tem uma compreensão compartilhada da atual dinâmica do mercado e das atuais questões estratégicas no mercado?

2. Existe uma visão compartilhada dentro do time que desenvolve os cenários a respeito dos eventos e questões relativos à "melhor aposta" que formarão a base do primeiro cenário a ser desenvolvido?

3. De que maneira serão resolvidas as diferenças de visão dentro do time a respeito de eventos e questões para a "melhor aposta" de cenário?

4. Qual é o efeito dos eventos e das questões identificados que serão usados no cenário sobre cada um dos elementos que criarão a futura dinâmica do mercado?

5. Quantos cenários serão desenvolvidos e quais serão os critérios para a sua seleção?

6. A empresa tem suficientes dados disponíveis para informar o processo de desenvolvimento de cenários?

7. Existe dentro do time suficiente confiança para desenvolver cenários mais radicais?

8. Quais as futuras questões estratégicas no mercado que a empresa precisa entender?

9. De que maneira os cenários desenvolvidos serão rastreados e os marcos e pontos de disparo para eles serão identificados e usados?

10. Se não forem desenvolvidos cenários, em que base a empresa busca identificar e se preparar para competir no mercado no futuro?

CAPÍTULO 12

COLOCANDO A EMPRESA E SEUS CONCORRENTES NO CONTEXTO DO MERCADO

INTRODUÇÃO

Colocar a empresa e seus concorrentes no contexto do mercado é algo que precisa ser empreendido tanto para o presente quanto para o futuro. Os capítulos anteriores fornecem um meio de desenvolver uma compreensão da dinâmica do mercado atual e futura e das atuais e futuras questões estratégicas do mercado. Este capítulo permite que os gestores coloquem a empresa no contexto das atuais e futuras questões estratégicas de mercado e de sua dinâmica como um terreno firme sobre o qual construirão as estratégias competitiva e corporativa.

OLHANDO DE FORA PARA DENTRO

Um ponto crucial para ser capaz de colocar a empresa e seus concorrentes nesses contextos é a capacidade de assumir um ponto de vista objetivo não apenas do mercado, mas também da empresa e de seus concorrentes. É uma afirmação óbvia, mas é um aspecto que causa reais dificuldades para alguns gestores.

As empresas precisam ser capazes de assumir um ponto de vista externo sobre seus concorrentes, assim como sobre a maneira pela qual a própria empresa e seus produtos e serviços são percebidos no mercado – por compradores, por outros vendedores, por aqueles de quem eles querem obter financiamento. É muito frequente as empresas não resistirem à tentação de formular uma visão interna não realista de sua posição competitiva no mercado e de sua atratividade para investimento. Essa desconexão entre a realidade interna e externa pode levar a uma visão distorcida do mercado, com consequências perigosas para o sucesso futuro da empresa (e mesmo para a sua sobrevivência). Essa desconexão criada internamente é muito bem ilustrada pelo uso da mais básica das ferramentas de análise ensinadas em todo curso de administração: a SWOT.

Todos os gestores que frequentaram um curso de administração já devem ter visto essa matriz de dois por dois, na qual os gestores têm que identificar as forças e fraquezas da empresa e as oportunidades e ameaças às quais precisam estar atentos. É um exercício que os gestores abordam com satisfação e acham fácil de preencher.

Infelizmente, na pressa de definir a matriz (assim como na pressa de implementar, quando se trata do processo de estratégia que discutiremos no Capítulo 14), formam-se listas sem antes pensar no contexto. Você só pode identificar forças e fraquezas depois de ter compreendido o contexto no qual busca identificá-las. Oportunidades e ameaças estão, da mesma forma, relacionadas a um contexto e à empresa dentro dele.

Nos Capítulos 8 a 11, foi oferecida uma metodologia para identificar a dinâmica atual e futura de mercado e as questões estratégicas de mercado atuais e futuras. Essa metodologia ilustra os desafios de criar um contexto externo e reconhecer que diferentes cenários criarão diferentes contextos. Isso significa que as forças e fraquezas de uma empresa e as oportunidades e ameaças nos mercados diferirão segundo os cenários que estão sendo desenvolvidos.

Quando não se faz essa identificação e compreensão da dinâmica do mercado atual e futuro e das questões estratégicas de mercado atuais e futuras, o que tende a acontecer é que prevalecem os pontos de vista de indivíduos, baseados nos próprios interesses investidos em seus cargos. Este contexto acaba sendo, então, por não ter sido desenvolvido um contexto confiável de mercado estratégico, o único contexto que essa abordagem deixa para que os gestores identifiquem forças e fraquezas, oportunidades e ameaças.

Com muita frequência, os processos de estratégia internos nas empresas e nos cursos de gestão (ou para aqueles que aspiram ser gestores) começam com um SWOT. Esses SWOTs com frequência não têm o benefício de uma clara definição do mercado ou mesmo das escalas de tempo com as quais se relacionam. Um SWOT, no contexto da atual dinâmica do mercado e das atuais questões estratégicas de mercado, terá um aspecto muito diferente de um SWOT no contexto da futura dinâmica e das futuras questões estratégicas de mercado.

Na ausência de um contexto estratégico, claramente definido e compreendido, focado no mercado, talvez não surpreenda que a lista de forças costume ser mais longa que a de fraquezas e que a lista de oportunidades seja mais longa que a de ameaças. A justificativa de tais diferenças com frequência não é tão resiliente quanto as empresas precisariam que fosse para que pudessem desenvolver estratégias competitivas e corporativas dignas de crédito.

DE QUEM É ESSA FORÇA OU FRAQUEZA?

Forças e fraquezas são termos relativos, e produtos e serviços precisam ser colocados no contexto em evolução das necessidades de compradores e da oferta de produtos e serviços da concorrência no mercado. Empresas e seus produtos e serviços só têm forças se os compradores acreditam que realmente se trata de forças na comparação com os produtos e serviços dos concorrentes.

> Produtos e serviços só têm força se potenciais compradores acreditam que a tenham, em comparação com outros produtos e serviços concorrentes. O perigo existe quando as percepções internas são diferentes daquelas dos compradores no mercado.

Uma empresa pode ser conhecida por sua capacidade de inovar e de oferecer produtos e serviços de alto nível técnico. Mas, se esses produtos e serviços não são vistos pelos compradores como relevantes para as suas necessidades e/ou estão distantes demais da sua disposição e capacidade de comprá-los, uma força percebida assim internamente pode, na realidade, ser percebida externamente como fraqueza.

Os gestores precisam ter real clareza a respeito do que está sendo avaliado em termos de forças e fraquezas e por quem. Esses elementos precisam ter relação direta com as questões de mercado identificadas. Ser bom em alguma coisa que não é relevante para o mercado não é uma força no mercado! Em relação a que os compradores avaliam as forças e fraquezas dos concorrentes? Em relação a:

- Produtos e/ou serviços;

- Conhecimento técnico;

- Processo de inovação;

- Capacidade de desenvolver produtos e serviços relevantes para as necessidades dos compradores, tanto agora quanto no futuro;

- Capacidade de convencer compradores a adquirir os produtos e serviços que a empresa cria;

- Capacidade de desenvolver, lançar e apoiar produtos e serviços para o mercado;

- Capacidade de sair de mercados e/ou produtos e serviços que eles não têm mais capacidade de atender ou de apoiar com a qualidade e o custo exigidos;

- Capacidade de desenvolver novos canais para o mercado;

- Capacidade de trabalhar colaborativamente e em parceria com outros produtos e serviços/marcas;

- Marca?

Compradores raramente estão interessados em processos internos de empresas. Estão interessados naquilo que produtos e serviços concorrentes oferecem. Uma empresa pode ter um grande processo de inovação, mas, se não estiver entregando os produtos e serviços que o comprador quer, não será uma força.

ESTUDO DE CASO

Criando força a partir de inovação

Uma empresa multinacional de telecomunicações produziu uma imensa quantidade de propriedade intelectual. Contava com muitas pessoas talentosas que eram tecnicamente brilhantes. O potencial de tal inovação era imenso, e a empresa acreditava que seu processo de inovação era não apenas uma força, mas que era de primeira linha. De fato, eram poucos os concorrentes da empresa que podiam produzir igual volume de inovação ou de brilhantismo técnico. O problema era que essas inovações brilhantes não estavam sendo exploradas comercialmente.

A empresa tinha acumulado um imenso repositório de propriedade intelectual que era admirado internamente, protegido com zelo, mas inexplorado. Era como se o processo de inovação tivesse se tornado um fim em si mesmo, em vez de um meio de gerar produtos e serviços capazes de conquistar o mundo e focados nas necessidades de compradores.

A força internamente percebida era fraqueza, pois o processo de inovação consumia grandes recursos que teriam servido para gerar valor para a empresa, frustrava sua capacidade de competir no mercado com todo o seu potencial e minava a marca, criando desconexão entre a sua mensagem de marketing como empresa inovadora e a conversão disso em produtos e serviços valorizados pelos compradores.

Para corrigir essa desconexão, alterou-se o equilíbrio entre inovação e comercialização. Os inovadores foram emparelhados a gestores comerciais e incentivados não só a inovar, mas a usar inovação para criar produtos e serviços comercialmente viáveis. Houve mudanças no processo de negócios e na alocação de recursos para garantir que a comercialização e a inovação fossem parceiras. A força internamente percebida e externamente vista como fraqueza foi convertida em força, e assim percebida tanto externa quanto internamente. Buscou-se alcançar uma significativa mudança na cultura organizacional, bem como uma importante mudança estratégica, exigindo altos níveis de visão de liderança, compromisso e talento.

Compradores em diferentes mercados olham para produtos e serviços de diferentes maneiras. A curva de distribuição para a adoção da inovação tem perfis diferentes nos diferentes mercados. Num determinado mercado, os compradores podem querer um fluxo constante de novos produtos e serviços, enquanto em outro desejam ser rápidos seguidores, e querem certificar-se de que os produtos e serviços funcionam e são confiáveis. Em um terceiro mercado, compradores podem querer não só comprovação do produto e serviço, mas preços mais baixos, e ficarão bem atrás dos rápidos seguidores. Não se trata aqui de segmentos de um mesmo mercado com diferentes taxas de adoção, mas de mercados diferentes, com abordagens variadas ao mercado.

Quando o investimento de uma empresa em marketing não está suficientemente conectado com sua capacidade de identificar o que o mercado comprará, quando comprará, por qual preço, e cria no comprador expectativas que seus produtos e serviços não têm capacidade de atender, então o marketing dessa empresa, apesar de ser visto internamente como força, será percebido externamente como fraqueza.

Profissionais de marketing, pela própria natureza de seus papéis, são pessoas confiantes, positivas e articuladas. Com frequência conseguem criar percepções internas positivas. Mas a prova de fogo do marketing são as percepções e os comportamentos do comprador. Infelizmente são muitos os exemplos em que a confiança interna na força do papel do marketing não encontra apoio na percepção e comportamento externo dos compradores. A melhor ilustração disso são algumas campanhas publicitárias desastrosas que evidenciaram a total ausência de uma melhor compreensão a respeito dos compradores.

Oportunidades e ameaças têm de ser consideradas do mesmo modo. O que é uma ameaça a um competidor pode ser uma oportunidade para outro. Se, por exemplo, existe a crença de que um novo participante do mercado tem probabilidade de mudar a dinâmica competitiva, desafiar o domínio do competidor que detém a maior fatia do mercado e enfraquecer o atual poder de fidelidade à marca, isso pode ser visto por alguns concorrentes como uma oportunidade, mais do que como ameaça. Da mesma forma, uma mudança do canal para o mercado que leva os compradores cada vez mais a usar a internet pode ser vista como ameaça pelos competidores com pesado investimento em instalações de varejo, mas como oportunidade por outros que não tenham a mesma infraestrutura física.

Como ocorre com os cenários, a chave está na avaliação das forças e fraquezas, oportunidades e ameaças, a fim de formular uma posição clara. Não se trata de criar listas, na expectativa de que contenham mais oportunidades que ameaças. Uma força pode compensar várias fraquezas, assim como uma ameaça pode neutralizar várias oportunidades. Mas uma posição atual em que as forças claramente compensem as fraquezas, ou as oportunidades superem as ameaças, não significa que seja possível ignorar fraquezas e ameaças. Elas ainda têm impacto nas percepções do comprador. Deve-se entender claramente que o contexto é tudo e que, se o contexto muda, também mudam as forças e fraquezas relativas das empresas e de seus produtos e serviços, bem como as oportunidades e ameaças com as quais se defrontam.

> Há perigo quando as percepções internas são diferentes das percepções dos compradores no mercado e quando se permite que elas dominem o processo de estratégia e o investimento de recursos em inovação, desenvolvimento de produtos e serviços e marketing.

CONVENCENDO OS OUTROS DA SUA ANÁLISE SWOT

Uma matriz SWOT só deve ser empreendida depois que as atuais questões estratégicas de mercado forem identificadas para criar um contexto para a SWOT. A empresa e os produtos e serviços de seus concorrentes precisam ser colocados no contexto do mercado.

Como sabemos, competir num mercado requer acesso a finanças, principalmente se a empresa pretende acelerar sua taxa de crescimento. A empresa pode decidir explorar o caminho do capital de risco.

Os capitalistas de risco buscam reduzir riscos e precisam ser convencidos de que a empresa que quer levantar dinheiro tem a liderança, os produtos e serviços necessários para competir no mercado, uma base de custos lucrativa e capacidade de criar valor a partir do investimento, para conseguir um retorno que multiplique seu investimento dentro de uma escala de tempo definida. Capitalistas de risco são muito cuidadosos quando se trata de compreender o mercado, os concorrentes e as perspectivas da empresa na qual estão pensando em investir.

A devida diligência e os processos de pesquisa dos capitalistas de risco produzem uma avaliação detalhada com uma visão clara e desapaixonada dos mercados, produtos e serviços, concorrência etc. Esses aspectos serão comparados com as avaliações feitas pelo proprietário ou gestor do negócio. Ao fazer isso, os capitalistas de risco estão não só checando o conhecimento e a compreensão do mercado do proprietário ou gestor, mas se estes são capazes ou não de assumir uma visão externa das forças e fraquezas organizacionais e das oportunidades e ameaças do mercado.

Se os capitalistas de risco deparam com um SWOT focado internamente, que não se baseia em uma visão objetiva e robusta do mercado atual e futuro e na posição da empresa em relação aos concorrentes, terão sérias dúvidas quanto à credibilidade da liderança e da gestão da empresa. Para os capitalistas de risco, confiar na liderança e na gestão e em sua capacidade de reconhecer a realidade dos mercados e o papel dos produtos e serviços da empresa dentro deles é parte muito importante das suas avaliações cruciais para determinar o potencial de investimento.

> Se a sua empresa está buscando levantar dinheiro junto a capitalistas de risco, é vital que consiga demonstrar uma visão com credibilidade do mercado, com foco externo, bem como das oportunidades e ameaças dentro dele e das forças e fraquezas da empresa e de seus produtos e serviços.

Para colocar os produtos e serviços da empresa e de seus concorrentes no contexto das atuais questões estratégicas cruciais de mercado, é útil recorrer à ferramenta da Figura 12.1 a seguir:

FIGURA 12.1 Matriz das forças e fraquezas relativas

	Atuais questões estratégicas					Pontuação média
	A	B	C	D	E	
Empresa 1						
Empresa 2						
Empresa 3						
Empresa 4						
Empresa 5						
Força/ fraqueza						

Para cada uma das atuais questões estratégicas de mercado cruciais identificadas a partir da análise e avaliação do mercado, os concorrentes são classificados do ponto de vista de um comprador. É sempre interessante comparar as diferentes pontuações dos gestores. Costuma haver diferenças nas pontuações entre os gestores, e essas diferenças com frequência estão relacionadas aos papéis que os gestores têm dentro da empresa. Isso levanta uma pergunta a respeito de se a empresa tem um time gerencial que enfrenta o mercado como um time ou apenas um grupo de indivíduos que exercem a função de gestores.

Pode ser particularmente interessante comparar pontuações geradas internamente com outras obtidas de uma pesquisa externa independente baseada no feedback de compradores. As empresas mais bem-sucedidas são aquelas que têm maior consciência de si, que compreendem os pontos de vista do comprador sobre suas próprias forças e fraquezas e as de seus concorrentes e têm times de gestão que compreendem coletivamente e atuam nessas realidades do comprador.

> Compreenda por que existem diferenças nas avaliações internas de forças e fraquezas e teste as avaliações internas de forças e fraquezas em relação a uma pesquisa externa independente junto aos compradores. Certifique-se de que as diferenças são compreendidas e que há ações internas e externas.

CONHECENDO SEUS CONCORRENTES

Avaliar as pontuações para cada uma das atuais questões estratégicas de mercado cruciais (verticalmente nas colunas da Figura 12.1) coloca a empresa no contexto para cada questão estratégica do mercado atual para verificar se ela, comparada com seus concorrentes, tem uma força ou uma fraqueza. Calculando as pontuações médias horizontalmente para cada concorrente ao longo das colunas na tabela e fazendo uma avaliação, sabemos se a empresa tem força ou fraqueza geral para as atuais questões estratégicas de mercado mais importantes e identificamos sua posição no mercado neste momento.

Essas avaliações, para cada atual questão central estratégica de mercado e para elas em seu conjunto, permitem aos gestores identificar as questões que a empresa precisa ajustar a fim de construir suas forças, corrigir suas fraquezas e mudar sua posição no mercado. É provável que essas questões sejam significativamente diferentes das identificadas por uma abordagem interna a um SWOT que não se baseie num contexto claramente compreendido e consensual, fruto da análise e avaliação do mercado.

Empreender a análise e avaliação acima ajuda os gestores, como um time, a compreender por que a empresa tem tido o atual desempenho no mercado. Também permite – às vezes pela primeira vez – que haja um debate real a respeito da abordagem da empresa ao mercado, de seu desempenho e de como investe seus recursos, com foco externo em vez de interno.

Essa abordagem requer conhecimento dos concorrentes, bem como de seus produtos e serviços – um conhecimento que é mais que apócrifo. Às vezes surpreende a pouca pesquisa feita sobre os concorrentes e como a pesquisa realizada foi pouco compartilhada dentro da empresa.

Avaliar as forças e fraquezas a partir do ponto de vista do comprador permite estabelecer pontuações para produtos e serviços, e com isso os gestores têm a maior compreensão possível sobre capacidade e intenção de agir dos concorrentes, podendo melhorar a própria posição competitiva. Isso é particularmente importante ao examinar o futuro e buscar identificar forças e fraquezas relativas dentro do contexto que se acredita que o mercado terá no futuro.

Compreender as atuais forças e fraquezas é importante, mas líderes e gestores precisam preparar a empresa para o futuro. Como vimos nos capítulos anteriores, o desenvolvimento de cenários, a partir de suposições diversas (inclusive sobre as ações dos concorrentes), leva à identificação de futuras questões estratégicas cruciais de mercado. As empresas precisam se colocar no contexto dessas questões futuras. Isso pode ser feito usando a Figura 12.2.

FIGURA 12.2 Pontuação e matriz das futuras questões centrais estratégicas de mercado

	Futuras questões centrais estratégicas de mercado*					Pontuação média
	A	B	C	D	E	
Empresa 1						
Empresa 2						
Empresa 3						
Empresa 4						
Empresa 5						
Força/ fraqueza						

* Essas são derivadas de cenários.

Os concorrentes são classificados, de um ponto de vista externo do comprador, para cada uma das futuras questões centrais estratégicas de mercado. A análise e avaliação das pontuações para cada futura questão central estratégica de mercado (verticalmente para cada coluna na matriz acima) mostra se a empresa está posicionada para ter uma força ou uma fraqueza para essa questão. Extrair a média das pontuações para as futuras questões centrais estratégicas de mercado (horizontalmente ao longo das colunas) e comparar as pontuações médias de cada concorrente permite à empresa se colocar no contexto de sua posição projetada no mercado como um todo.

Repetir o exposto acima para os diferentes cenários ilustrará as forças e fraquezas projetadas da empresa para cada uma das futuras questões centrais estratégicas de mercado e permitirá aos gestores projetar a posição da empresa no mercado para esses cenários. É crucial para essa análise e avaliação compreender ou pelo menos fazer suposições sensatas quanto às intenções e prováveis ações da concorrência.

A compreensão do mercado e a capacidade de colocar os concorrentes dentro dele contribuem para formar um contexto que possibilite à empresa esclarecer seus objetivos, identificar e avaliar suas alternativas, fazer escolhas para a sua estratégia e analisar e avaliar seu desempenho. Afinal, como ela conseguirá convencer o mercado se não se entender no que se refere à realidade externa do mercado?

Às vezes vemos declarações ingênuas na literatura interna da empresa, de que ela será "a melhor" ou de primeira linha em todas as suas atividades. Tais declarações perdem credibilidade quando são feitas sem qualquer comparação com seus atuais concorrentes no mercado e sem mencionar qual é a lacuna atual e a provável lacuna no futuro em relação a eles no contexto das questões centrais estratégicas e à dinâmica do mercado. Também é fato que muitas empresas têm grande dificuldade até em identificar em que consistem essas noções de ser "a melhor" ou de ser "de primeira linha" no contexto do mercado.

O mais provável é que essas declarações minem a credibilidade e a confiança em vez de inspirar pessoas, interna ou externamente. Compreender o mercado e as forças e fraquezas relativas dos concorrentes é algo que precede a consideração de quaisquer declarações estratégicas e/ou de posicionamento da empresa. Objetivos realistas (e que consigam gerar credibilidade) só podem ser definidos se forem baseados numa compreensão do mercado e da concorrência dentro dele. As aspirações devem ser apoiadas por uma compreensão do contexto do mercado, por uma intenção compartilhada de agir, por ações e confiança na capacidade de entregar na prática essas aspirações.

DICAS DE PROFISSIONAL

1. Colocar a empresa e seus concorrentes no contexto do mercado exige uma compreensão do mercado em que ela está.

2. A compreensão do mercado, que coloca a empresa e seus concorrentes no contexto, precisa ser compartilhada e ativamente usada pelos gestores da empresa.

3. Certifique-se sempre de que a identificação e a avaliação das forças e fraquezas da empresa e de seus concorrentes estão focadas nas percepções do comprador e não nas percepções internas.

4. Certifique-se sempre de que a identificação e avaliação das oportunidades e ameaças têm relevância para as questões centrais estratégicas de mercado e para a dinâmica competitiva dentro dele.

5. Reconheça que diferentes cenários podem resultar em diferentes futuras questões centrais estratégicas de mercado e prover diferentes contextos para um SWOT.

6. Verifique se há uma desconexão entre as visões internas de forças e fraquezas e as visões externas desses aspectos.

7. Tente basear as avaliações da empresa e de seus concorrentes – na medida do possível – em fatos e em pesquisa independente.

8. Reconheça que ações e intenções do concorrente podem fazer parte do desenvolvimento de cenários e mudar as forças e fraquezas relativas.

> **9** Use a compreensão da empresa e de seus concorrentes no contexto do mercado como base para desenvolver os objetivos da empresa e a avaliação de opções e de escolhas.
>
> **10** Use a compreensão da empresa e de seus concorrentes no contexto do mercado em suas declarações internas e externas sobre a empresa, pois isso acentua a confiança, credibilidade e compreensão do que a empresa busca alcançar.

PERGUNTAS DE PROFISSIONAL

1 Existe uma clara compreensão e um contexto de mercado consensual para a avaliação de forças, fraquezas, oportunidades e ameaças?

2 O contexto é consistente com as conclusões da análise e avaliação das atuais e futuras questões centrais estratégicas de mercado que resultaram do desenvolvimento do cenário?

3 Quais são as atuais forças e fraquezas tanto da empresa quanto dos seus concorrentes e quais serão provavelmente no futuro?

4 Quais são as oportunidades e ameaças atuais para a empresa e seus concorrentes e quais serão provavelmente no futuro?

5 De que maneira os cenários serão usados para informar a avaliação dos SWOTs?

6 Qual é a consistência da compreensão a respeito do contexto de mercado e das forças e fraquezas da empresa e de seus concorrentes que deve ser testada?

7 De que modo as forças e fraquezas serão avaliadas para criar uma avaliação adequada?

8 De que modo devem ser examinadas as oportunidades e ameaças a fim de criar uma avaliação adequada?

9 Como identificar forças, fraquezas, oportunidades e ameaças relativas para usá-las consistentemente dentro da empresa?

10 Como identificar forças, fraquezas, oportunidades e ameaças relativas para usá-las consistentemente fora da empresa?

CAPÍTULO 13

O QUE É O SUCESSO?

INTRODUÇÃO

Gestores querem sucesso para eles e para suas empresas. Este capítulo explora o que é o sucesso e quem precisa defini-lo no contexto do mercado em que a empresa quer ser bem-sucedida. Também trata do relacionamento entre a definição de sucesso e o poder e a disposição dentro das empresas para guiar o processo de estratégia.

USO CORRETO DOS TERMOS

Às vezes há confusão quanto aos termos "objetivo", "estratégia" e "estratégico". *Objetivos* são o que a empresa busca alcançar. *Estratégia* é como pretende alcançar seus objetivos, e *estratégico* relaciona-se às questões que são fundamentais para a sobrevivência e o sucesso da empresa.

Portanto, um objetivo estratégico é o que a empresa está procurando alcançar e que é fundamental para sua sobrevivência e seu sucesso. A maior parte das pessoas compreende o conceito de sobrevivência, que em alguns contextos pode ser de fato encarado como um sucesso. O sucesso, no entanto, é mais amplo e mais complexo do que a sobrevivência e precisa ser compreendido como outra parte importante da construção de um contexto para o desenvolvimento de objetivos e estratégias da empresa.

Para algumas empresas, o sucesso costuma ser definido de modo simplista em termos da maximização da lucratividade. É surpreendente, portanto, que em muitas empresas não haja uma compreensão amplamente compartilhada dos níveis de margem da empresa em diferentes pontos de preço e volume, nos segmentos de mercado em que ela procura competir; e tampouco é frequente haver uma compreensão do relacionamento entre custos fixos e variáveis ou uma evidência de que estejam sendo consideradas as escalas de tempo para a obtenção dos diferentes níveis de lucratividade no contexto de mercado em constante mudança.

Um nível baixo de lucro dentro de um grande faturamento em determinado contexto de mercado pode ser visto como um sucesso, mas também ser visto como fracasso em outro contexto. Um nível de lucro pode representar um retorno baixo de investimento e ser visto como menos bem-sucedido do que o mesmo nível de lucro que corresponda a um nível mais alto de retorno do investimento.

O mesmo nível de lucro de uma empresa pode ser visto como um sucesso nela e como fracasso em outra no contexto de retornos prévios de investimento que tenham sido maiores. Da mesma forma, o tempo decorrido para gerar o mesmo nível de lucro em duas empresas pode ser visto de maneiras bem diferentes quando uma delas levou quatro anos e a outra dez para alcançá-lo.

Do mesmo modo, se as questões centrais estratégicas de mercado projetadas indicam que os concorrentes enfrentarão uma longa guerra de preços, uma empresa com nível atual de lucratividade baixo pode ser vista como menos bem-sucedida que uma com lucratividade mais alta e maior resiliência e folga para suportar uma redução de preços.

SUCESSO É MAIS QUE FATIA DE MERCADO (*MARKET SHARE*)

As empresas frequentemente definem o sucesso em termos da fatia de mercado (*market share*) e são movidas por um desejo de ter uma determinada fatia de mercado. Parece que em algumas empresas a suposição é que isso equivale a sucesso. Embora a fatia de mercado de uma empresa indique que outros concorrentes não têm uma faixa maior às custas dela, não significa necessariamente que a empresa é lucrativa ou bem-sucedida de fato.

Alterar fatias de mercado requer um investimento em inovação, desenvolvimento de produto e serviço, marketing, canal para o mercado etc., além de superar barreiras a mudanças, como a da lealdade à marca. Os compradores precisam decidir comprar os produtos e serviços da empresa em vez dos de seus concorrentes. Esses investimentos demandam tempo para propiciar maior fatia de mercado, além de investimento constante para mantê-la. Também é provável que desencadeiem uma reação dos concorrentes.

As empresas precisam ter clareza sobre o que estão querendo alcançar em sua busca de ganhar fatia de mercado e do que precisam fazer para isso. A fatia de mercado é um meio para um fim, não um fim em si, e o sucesso deve ser definido em relação aos fins, e não aos meios usados para se chegar a esses fins.

Na realidade, suposições superotimistas e divulgadas sobre o futuro sucesso de empresas em termos das fatias de mercado que os gestores acreditam poder alcançar, e que depois ou não são alcançadas ou acabam na verdade diluindo os retornos que a empresa entrega, apenas minam a confiança na empresa, tanto interna quanto externamente. Em geral é melhor prever menos e entregar mais. Será que é mais bem-sucedida uma empresa com grande fatia de mercado que faz um pequeno lucro e pequenos retornos do investimento ou uma empresa com menor fatia de mercado que faz um lucro maior e tem maiores retornos sobre o investimento?

> O sucesso diz respeito ao resultado, não ao processo de se alcançar esse resultado.

Há muitos exemplos práticos de pessoas dentro de empresas que perdem de vista o que significa o sucesso ou confundem seu sucesso pessoal com o sucesso da empresa.

ESTUDO DE CASO

Mais que faturamento

"Minha empresa apresenta o maior faturamento que já tivemos" – foi a declaração feita com muito orgulho pelo proprietário de uma empresa fornecedora de peças de maquinário, em uma discussão sobre a estratégia futura da empresa. Era evidente que ele tinha uma fixação pela cifra de faturamento, que se tornara sinônimo da definição de sucesso. Na realidade, ele incentivava a força de vendas da empresa a buscar volume de vendas e valor, em vez de margem e contribuição para o lucro. O faturamento crescia, assim como a fatia de mercado (*market share*). A empresa vinha sendo um sucesso no seu entender, mas corria risco de falir!

Descobriu-se que a força de vendas vendia com foco em seu volume e na comissão relacionada ao valor, em vez colocar foco na contribuição financeira para o lucro da empresa. Eles compartilhavam a definição de sucesso do dono, que lhes pagava muito bem para que adotassem essa linha. A cada trimestre, o pessoal de vendas recebia boas comissões e estava satisfeito. Encontravam facilidade em vender porque estavam oferecendo um produto e serviço comparáveis aos de seus concorrentes, mas por preço mais baixo.

Infelizmente, a empresa não levava em conta o relacionamento entre os custos fixos e variáveis do produto e serviço e a contribuição para o lucro. O produto estava sendo vendido a um preço que cobria os custos variáveis e obtinha uma margem em razão de os custos fixos serem baixos. À medida que os custos variáveis aumentaram, a empresa passou a vender produtos com uma margem cada vez menor e continuou a recompensar a força de vendas generosamente! À medida que a necessidade de novo investimento em custos fixos aumentou, cresceu também a probabilidade de a lucratividade da empresa desaparecer de vez.

Desafiar suposições cristalizadas a respeito da definição de sucesso não costuma ser fácil. É preciso embarcar numa jornada, já que desafiar a definição é quase sempre percebido como um desafio ao indivíduo. A perda de prestígio pode ser uma poderosa barreira a reconhecer quando uma definição de sucesso precisa mudar.

Quando o dono do negócio de repente compreendeu que sua definição de sucesso precisava mudar e viu o que estava acontecendo

> por causa da definição atual, naturalmente ficou muito insatisfeito. Deparou com um dilema, já que os compradores no mercado agora associavam seus produtos e serviços a preços baixos e ele tinha uma força de vendas habituada a uma maneira de vender e a um nível de remuneração que eram insustentáveis. Se aumentasse os preços de modo significativo para gerar a lucratividade exigida para um futuro investimento na empresa, perderia compradores e mudaria as percepções a respeito da empresa. Ele sabia que, se os concorrentes reduzissem seus preços, não seria capaz de sustentar os dele e perderia dinheiro. Sabia também que sua força de vendas havia sido estimulada a desenvolver relacionamentos com compradores principais e que, se estes fossem embora e passassem a um concorrente, seus compradores fariam o mesmo. A definição de sucesso criara uma situação que colocava a empresa toda em risco.

Definir sucesso não é algo fácil, e equivocar-se nisso pode ter implicações significativas para a empresa. No entanto, com frequência a definição de sucesso é uma suposição não questionada dentro das empresas. Definir sucesso precisa fazer parte das atribuições da gestão.

No Capítulo 12, vimos que forças e fraquezas eram termos relativos que precisavam ser definidos no contexto da concorrência e das questões-chave estratégicas de mercado. Vimos também que forças e fraquezas eram definidas pelos compradores no mercado. Os gestores devem considerar que a empresa tem forças e fraquezas, mas que só avançará se os compradores comprarem.

SUCESSO E *STAKEHOLDERS*

O sucesso também é um termo relativo, e os gestores precisam ter clareza a respeito de como os diferentes *stakeholders* definem sucesso. Os gestores precisam estar cientes desses diferentes *stakeholders*, de suas definições de sucesso, que podem ser muito diferentes das deles, e do poder que elas têm de impor suas definições de sucesso e do quanto estão dispostas a usar esse poder.

A *Matriz do poder dos* stakeholders *e da sua disposição de usá-lo* é um meio pelo qual os gestores podem avaliar onde os *stakeholders* estão em termos de seu poder e da sua disposição de usá-lo. Também reconhece que são exigidas diferentes abordagens para diferentes *stakeholders*. Isso é ilustrado na Figura 13.1:

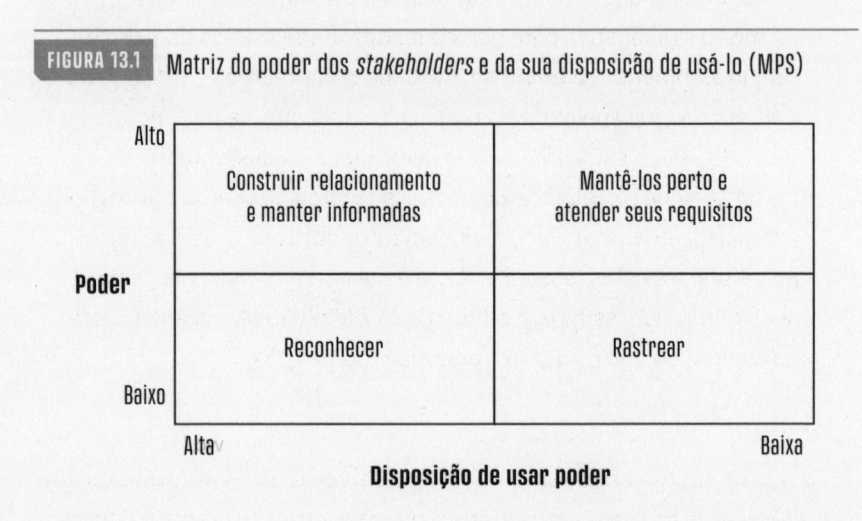

FIGURA 13.1 Matriz do poder dos *stakeholders* e da sua disposição de usá-lo (MPS)

Poder	Disposição de usar poder	
	Alta	Baixa
Alto	Construir relacionamento e manter informadas	Mantê-los perto e atender seus requisitos
Baixo	Reconhecer	Rastrear

O primeiro passo é identificar e entrar em acordo em relação a quais são os *stakeholders* e onde eles se encaixam na matriz. A posição na matriz determinará a abordagem a eles. Aqueles com baixo poder e baixa disposição de usá-lo terão apenas de ser reconhecidos (por exemplo, compradores individuais num mercado altamente fragmentado, estável ou em crescimento). Aqueles com baixo poder, mas alta disposição de usá-lo, precisam ser rastreados (por exemplo, grupos de pressão). Aqueles com alto poder, mas baixa disposição de usá-lo, devem ser mantidos informados, e é preciso investir tempo para construir um relacionamento com eles (por exemplo, grandes acionistas que recebam retornos considerados aceitáveis). Aqueles com alto poder e alta disposição de usá-lo precisam ser mantidos perto da empresa, informados das questões e do desempenho, e suas necessidades devem ser atendidas (por exemplo, compradores com grande poder de compra quando o mercado está concentrado nas mãos de um pequeno número de compradores).

A *Matriz MPS* fornece um instantâneo dos *stakeholders* em determinado ponto do tempo. Mas, conforme os mercados e as empresas vão mudando ao longo do tempo, muda também a posição dos *stakeholders* em termos tanto do poder que têm quanto da sua disposição de usá-lo. Pode ser, por exemplo, que uma instituição financeira com grandes empréstimos pendentes junto à empresa esteja no momento com alto poder e baixa disposição de utilizá-lo, pois o que ela quer é receber os retornos, que esteja satisfeita em ver a empresa com bom desempenho e confie que seus empréstimos estão seguros. Ela tem um relacionamento com a empresa e não pretende interferir na gestão dela.

Num período de meses, porém, o que acontece se o desempenho da empresa sofre deterioração, ou o mercado muda, ou a dinâmica competitiva se altera em razão da fusão ou aquisição de um concorrente? E se a confiança na gestão da empresa diminuir, os principais gestores saírem, as comunicações com a empresa se tornarem truncadas e crescer a preocupação a respeito da segurança dos empréstimos pendentes? É provável, então, que o *stakeholder* mude para uma posição de alto poder e alta disposição de usar esse poder.

É possível ver esse movimento quando empresas vivem dificuldades e instituições financeiras, ou investidores, grandes compradores ou reguladores que têm estado passivos, se mostram ativos e mudam de quadrante na *Matriz MPS*. Eles forçam uma mudança na liderança da empresa, pressionam para uma mudança na estratégia dela e podem até forçar uma venda da empresa.

A crise bancária internacional levou à substituição de um bom número de altos executivos. Embora se anuncie enfaticamente que os altos executivos saíram para perseguir outros interesses, é frequente haver uma coincidência com dificuldades enfrentadas com os *stakeholders* com alto poder e com a disposição de usá-lo, decorrentes do desempenho da empresa ou da falta de confiança nos relacionamentos interpessoais.

Também pode ocorrer que as empresas com "desempenho fraco" sejam vistas como alvo de investidores que, por meio de suas aquisições de ações, colocam-se diretamente no quadrante de alto poder com alta disposição de usá-lo na referida matriz. Tais investidores são ativos e têm significativo impacto nessas empresas. Eles impõem suas definições de sucesso e buscam realizar as mudanças que acreditam ser necessárias para alcançá-lo.

ESTUDO DE CASO

Cevian Capital

O Cevian Capital, fundo escandinavo com 12 bilhões de dólares sob sua gestão, é o maior investidor ativista europeu e tem sido bem-sucedido em pressionar por mudanças radicais nas estratégias de diversas empresas, incluindo a fábrica de cerâmica Cookson e a Wolseley, fornecedora de material de construção. O fundo assumiu uma parte significativa de ações da G4S, a maior empresa de segurança do mundo, com 630 mil funcionários em 125 países e 7,3 bilhões de libras em vendas anuais, e em empresas como a fabricante de caminhões Volvo e a alemã ThyssenKrupp.

Como Helstom e Shanley reportaram (2013), o fundo tem se destacado nos últimos anos por demitir diretorias ou forçar rupturas corporativas nos Estados Unidos e na Europa, em empresas como Yahoo!, Canadian Pacific Railway e F&C Asset Management. É um investidor ativo.

O mero fato de o Cevian assumir uma participação nas empresas cria uma reação no mercado e faz prever mudanças. O fundo procura empresas em mercados "negligenciados" ou "mal compreendidos" em países com forte governança corporativa. Então busca aumentar valor num período de três a cinco anos.

O Cevian adquire grandes participações em empresas a fim de tomar assento em suas diretorias. Usa então esses cargos para pressionar por mudanças, sacudir a gestão e conseguir desinvestir nos negócios que não sejam essenciais. Antes de adquirir uma participação, empreende uma pesquisa detalhada do mercado, dos concorrentes que operam nele e da empresa-alvo. Tem uma visão clara de como a lucratividade e o valor podem ser melhorados e vê a si mesmo, por meio de sua abordagem prática, como catalisador de mudanças corporativas e promotor de valor. Coloca-se no quadrante de alto poder e alta disposição de usá-lo na *Matriz MPS*.

Stakeholders também podem mudar de posição em razão de mudanças na legislação que deem aos *stakeholders* com baixo poder mais força, permitindo que disponham do uso desse poder. Mudanças na legislação também podem reduzir o poder dos *stakeholders* – por exemplo, leis referentes à competição.

Essas potenciais mudanças na posição dentro da matriz precisam ser identificadas de uma maneira que seja consistente com o desenvolvimento de cenários. Isso faz parte de colocar a empresa no contexto do mercado e de criar a base para o desenvolvimento de objetivos e avaliação de opções para a escolha de uma estratégia.

> Os gestores precisam rastrear os movimentos dos *stakeholders* na Matriz do poder dos *stakeholders* e da sua disposição de usá-lo, a fim de assegurar que compreendem o poder deles e sua disposição de usar esse poder.

COMPREENDENDO O "ACEITÁVEL"

É fundamental para o exposto acima identificar o sentido de "aceitável" para os diferentes *stakeholders*. Para um fundo de pensão, o que é aceitável pode ser definido com referência a uma taxa mínima de retorno do investimento em termos dos pagamentos anuais de dividendos e da valorização do capital. Um capitalista de risco definiria "aceitável" referindo-se não só ao retorno anual do investimento, mas à capacidade de sair do investimento obtendo um múltiplo do valor dentro de três a cinco anos. Um comprador pode definir "aceitável" com referência a preço, qualidade, confiabilidade e pontualidade do suprimento. Um conjunto de acionistas definirá "aceitável" tendo em vista padrões éticos, enquanto outros não. Gestores podem dar uma definição de "aceitável" muito diferente de outros funcionários da mesma empresa.

Alguns *stakeholders* adotam um padrão absoluto para definir o que é aceitável. Se houver algo presente, será inaceitável ou então só será aceitável se algo for alcançado. Em geral, os *stakeholders* têm poucas considerações absolutas e se dispõem a rever o que é aceitável no contexto em que estiverem fazendo seu julgamento. Pegue, por exemplo, um fundo de pensão que normalmente exige x por cento de nível de retorno do investimento em dividendos anuais. Talvez em determinadas condições do mercado, um nível mais baixo de retorno que o normal seja aceitável durante certo período de tempo.

A definição de aceitável muitas vezes está relacionada também a certos critérios. Como na avaliação de forças e fraquezas, o que conta é o efeito líquido dos diferentes critérios para que algo seja considerado aceitável, a não ser que haja uma questão preponderante que anule as demais; por exemplo, o desempenho em segurança pode ser encarado por um investidor numa empresa de construção como muito importante, e uma morte causada por uma falha nos processos de saúde e segurança cancelará todos os outros critérios que de outro modo levariam a uma avaliação de que o desempenho da empresa seria aceitável.

É importante que os gestores compreendam como os *stakeholders* definem o que é aceitável e como podem influenciar essa definição. As comunicações entre a empresa e seus *stakeholders* principais são vitais para que eles tenham uma visão bem-informada do desempenho e para que os gestores da empresa consigam identificar o que devem considerar ao tentar se ajustar à definição de "aceitável" dos *stakeholders* e como precisam comunicar desempenho.

Compreender a definição de "aceitável" do principal *stakeholder* é especialmente importante quando estão sendo estabelecidos os objetivos da empresa e sendo consideradas diferentes opções estratégicas. Por exemplo, se um *stakeholder* crucial define "aceitável" como um retorno mínimo anual sobre o investimento na forma de dividendos, pode não aceitar adquirir um concorrente ou diversificar quando isso, mesmo prometendo melhorar os ganhos no futuro, reduz o retorno para menos do nível mínimo que ele julga aceitável nos dois anos seguintes, aumentando o perfil de risco da empresa.

A maneira como os *stakeholders* definem "aceitável" é ilustrada na Figura 13.2:

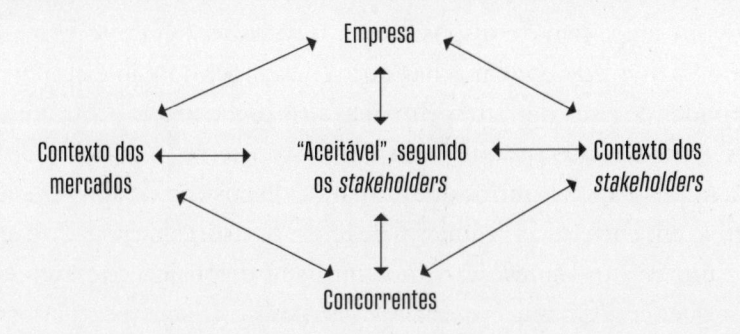

FIGURA 13.2 Diagrama da definição de "aceitável" por *stakeholders*

```
                        Empresa
                    ↗      ↕      ↖
                   ↙               ↘
    Contexto dos  ←→  "Aceitável", segundo  ←→  Contexto dos
     mercados          os stakeholders             stakeholders
                   ↖               ↗
                    ↘      ↕      ↙
                      Concorrentes
```

Os *stakeholders* colocam a oferta da empresa e as ofertas dos concorrentes em seus contextos e então examinam o que outros contextos de mercado oferecem. Eles determinam o que provavelmente obterão da empresa e de seus concorrentes e o que podem obter de outros mercados. Então decidem se o que está sendo oferecido é aceitável. No caso de investidores, quando decidem que aquilo que estão obtendo da empresa na qual investiram é inferior ao que um concorrente pode oferecer, talvez achem a atual oferta não aceitável e transfiram seu investimento a outro concorrente ou apliquem a disposição de usar seu poder para mudar o que a empresa oferece. Se o investidor acredita que nem a empresa nem o concorrente são capazes de oferecer o que um investimento em outro mercado oferece, pode concluir que nenhuma das opções para o mercado é aceitável e se retirar para investir num mercado alternativo.

Também é importante reconhecer que as escalas de tempo são relevantes para os contextos dos *stakeholders*. Alguns deles, no passado, investiram a um preço que, mesmo comparado com a média dos diferentes preços pagos ao longo do tempo, pode indicar que o custo da saída os levará a perder muito dinheiro. Então a definição de "aceitável" do retorno anual do *stakeholder* fica reduzida, até o momento em que ele possa sair com um valor de preço que julgue aceitável.

Alguns *stakeholders* estão dispostos e são capazes de reduzir sua definição de "aceitável" na expectativa de terem retornos maiores mais adiante. Isso equivale a um voto de confiança nos gestores da empresa. Quando os gestores não entregam o que os *stakeholders* acreditam que devia ser entregue, costumam agir de modo decisivo e rápido para mudar de quadrante na *Matriz MPS*, e aumentam sua disposição de usar esse poder.

O que é decisivo é a disposição do *stakeholder* em exercer esse seu poder. *Stakeholders* podem achar que o desempenho não é aceitável e ter o poder de fazer algo a respeito, mas suas preocupações continuarão sendo teorias, a não ser que se disponham a exercer o poder que têm possuem ou a apoiar outros que tenham a disposição de agir. Quando há falhas em entregar as promessas de retornos e surgem crises é quando normalmente os *stakeholders* mostram sua disposição de exercer o poder que têm. Quantas vezes altos gestores de uma empresa em crise ou que está tendo desempenho abaixo da definição julgada aceitável pelos *stakeholders* não foram destituídos por ações deles?

Os gestores dificilmente conseguem entender e reagir a todos os *stakeholders*. É importante empregar a *Matriz MPS* para focar a atenção dos gestores e desenvolver um processo eficaz de gestão dos *stakeholders*. Os gestores precisam considerar a maneira de posicionar a empresa em relação aos *stakeholders* em termos do poder que eles têm e compreender os pontos que disparam nelas a disposição de usar esse poder, agora e no futuro.

Não se trata de uma ciência, o que reforça a necessidade de os gestores compreenderem as motivações e as exigências das pessoas. Eles precisam compreender de que modo o "sucesso" e o que é "aceitável" são definidos do ponto de vista dos *stakeholders*, não apenas de sua própria perspectiva.

ALÉM DA FATIA DE MERCADO (*MARKET SHARE*)

Como vimos, o sucesso é às vezes definido com referência à fatia de mercado, e algumas empresas são vistas como bem-sucedidas por terem a maior fatia de mercado. É algo importante para os gestores, mas será que é importante também para compradores e outros *stakeholders*? Será que incentiva os compradores a comprar e outros *stakeholders* a investir na empresa?

A fatia de mercado só pode ser sinônimo de sucesso se entregar a definição de sucesso dos *stakeholders*. Ser líder de mercado em termos de volume de vendas é ótimo de um ponto de vista promocional, mas, se as margens e os lucros para alcançar essa liderança não permitem à empresa entregar os retornos do investimento que os acionistas consideram aceitável, será que eles verão isso como sucesso?

Se a fatia de mercado é usada como sinônimo de sucesso, os gestores precisam compará-la com as exigências dos *stakeholders* e ter clareza sobre o que a fatia de mercado pode entregar a eles. Se a empresa tem aspirações em relação à fatia de mercado, precisa fazer os compradores compreenderem os benefícios que isso pode trazer, para que eles façam escolhas favoráveis à empresa e não a seus concorrentes.

A fatia de mercado requer que os gestores coloquem os compradores no centro do seu foco e que compreendam os "3Cs do Comprador": companhia, concorrentes e contexto. Isso é ilustrado a seguir na Figura 13.3:

FIGURA 13.3 Os 3Cs dos compradores

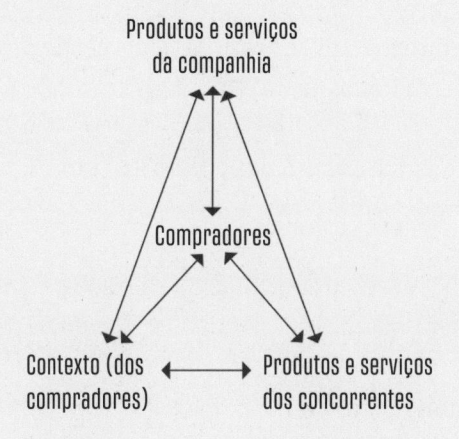

```
          Produtos e serviços
             da companhia
                  ↕
              Compradores
              ↙        ↘
   Contexto (dos  ←→  Produtos e serviços
    compradores)        dos concorrentes
```

Considerar a dinâmica dos "3Cs dos Compradores" é vital para compreender como as aspirações sobre fatia de mercado para produtos e serviços da empresa podem ser alcançadas. Também é vital que os gestores sejam capazes de mudar a fatia de mercado da empresa.

A fatia de mercado está relacionada à percepção agregada do comprador a respeito de como a empresa e seus produtos e serviços são vistos em comparação com os da concorrência para as questões que os compradores julgam importantes em seu contexto. Essas percepções têm influência em sua decisão de converter ou não sua *capacidade* de comprar em uma *disposição de comprar*. Uma empresa pode posicionar seus produtos e serviços como líderes de preços, a fim de aumentar sua fatia de mercado; no entanto, se os compradores querem preços baixos (não necessariamente o mais baixo de todos) e exigem alta qualidade, onde é que isso coloca uma empresa que se posiciona como a concorrente de menor preço, mas sem a qualidade requerida pelos compradores?

Talvez os retornos sobre o investimento exigidos pelos principais *stakeholders* da empresa com alto poder e alta disposição de usá-lo não possam ser atendidos por meio dessa busca de ter a maior fatia de mercado. Isso pode ser decorrente de a empresa:

- Não conseguir ajustar sua base de custos suficientemente (quando o investimento anterior em instalações, fábrica e maquinário criou custos fixos muito altos);

- Não conseguir acesso aos suprimentos necessários (capacidade de manufatura ou matérias-primas);

- Não conseguir acesso aos canais necessários (por exemplo, um canal de internet para compradores);

- Não ter acesso à necessária inovação (criação contínua de propriedade intelectual);

- Exigir um grande gasto com marketing;

- Precisar investir em romper barreiras à mudança para se tornar líder no contexto prevalente de competição de mercado e com isso alcançar margens de lucro e retornos no nível aceitável para os *stakeholders*.

As empresas precisam compreender o relacionamento entre fatia de mercado e lucratividade. A fatia de mercado não é um fim em si, é um meio para se alcançar um fim. Embora uma grande fatia de mercado consiga tirar do jogo alguns concorrentes e impedir a entrada no mercado de novos participantes, precisa ser igual à definição que os *stakeholders* têm do que é aceitável (por exemplo, o retorno do investimento).

Vemos às vezes empresas fazendo declarações de missão do tipo: "A empresa quer ser a número um do mercado". A experiência mostra que tais declarações muitas vezes não são bem compreendidas (o que quer dizer "número um"?) e não refletem o que a empresa de fato quer alcançar. São declarações promocionais, não propriamente estratégicas.

Na realidade, compreender isso muitas vezes permite que empresa reconheça que não tem acesso (e é improvável que consiga) aos recursos (financeiros, de propriedade intelectual ou operacionais) ou que não tem suficiente apetite pelo risco para tentar ser a número um no mercado em questões específicas de estratégia de mercado (ou em todas, em geral) e que, na verdade, sequer tem essa aspiração. O pior desfecho para a empresa é quando essas declarações criam expectativas no comprador e em outros *stakeholders* que a empresa não tem como preencher, e tampouco tem intenção de fazê-lo.

De quem é o sucesso? A maneira de responder a essa pergunta diz muito sobre a empresa. Ao buscar respondê-la, considere sempre a *Matriz MPS*, bem como a disposição e capacidade dos *stakeholders* de se moverem dentro dela. Os gestores precisam compreender as definições de sucesso e do que é considerado aceitável pelos principais *stakeholders*. Gestores que acreditam que seu sucesso pessoal coincide com a definição de sucesso dos principais *stakeholders* com frequência descobrem pelo caminho mais difícil que os *stakeholders* podem se mover e agir de maneira decisiva e rápida no sentido de impor a própria definição.

DICAS DE PROFISSIONAL

1. *Stakeholders* são muitos e variados. Certifique-se de compreender em que posição elas estão na *Matriz do poder dos stakeholders e da sua disposição de usá-lo (MPS)*.

2. Tenha uma abordagem clara dentro da empresa aos diferentes *stakeholders* na *Matriz MPS*.

3. Compreenda quais são os gatilhos para que os *stakeholders* mudem de quadrante na *Matriz MPS*.

4. Compreenda os vínculos entre os *stakeholders* e se um deles com alta disposição de usar seu poder, mas com poder baixo, pode influenciar outro com alto poder, mas pouca disposição de usá-lo, a fim de aumentar a disposição deste último de fazer uso de seu poder.

5. Compreenda como os diferentes *stakeholders* definem o que é aceitável.

6. Revise como a empresa está se desempenhando em relação às definições de "aceitável" dos *stakeholders* principais.

7. Tenha uma comunicação proativa com os *stakeholders* principais para assegurar que eles compreendem como a empresa atende à definição deles de "aceitável" ou o que a empresa está fazendo, caso não esteja conseguindo atendê-los.

8. Se a fatia de mercado está sendo usada como sinônimo de sucesso, questione por que isso é assim e reconheça que alcançar uma fatia de mercado particular é um meio para um fim, não um fim em si.

9. Tenha clareza quanto ao objetivo perseguido para alcançar determinada fatia de mercado, para evitar que se torne apenas uma posição assumida como jogada de marketing.

10. Tenha clareza a respeito de quem é o protagonista do sucesso e evite confundir o sucesso pessoal com o sucesso dos *stakeholders*.

PERGUNTAS DE PROFISSIONAL

1. Quais são os atuais *stakeholders* da empresa e qual lugar ocupam na *Matriz MPS*?

2. De que maneira a empresa pretende identificar a disposição dos *stakeholders* em usar o poder que têm?

3. De que maneira a empresa pretende rastrear os *stakeholders* na *Matriz MPS*?

4. Como a empresa pretende compreender e rastrear os gatilhos dos *stakeholders* com alto poder, mas pouca disposição de usá-lo, quando decidem aumentar a disposição de usar esse poder?

5. A empresa sabe como os principais *stakeholders* definem "aceitável"?

6. A empresa sabe de que maneira está se desempenhando em relação à definição de "aceitável" dos principais *stakeholders*?

7. De que maneira a empresa se comunica proativamente com os principais *stakeholders* para influenciar a disposição delas de usar o poder que têm?

8. Se a fatia de mercado é usada como sinônimo de sucesso, o que ela trará de benefício para os principais *stakeholders*?

9. A empresa consegue alcançar suas aspirações quanto à fatia de mercado e ainda assim atender à definição de "aceitável" dos principais *stakeholders*?

10. O sucesso pessoal dos altos gestores é visto no contexto da definição de sucesso dos principais *stakeholders*?

CAPÍTULO 14

O QUE É ESTRATÉGIA E POR QUE O PROCESSO DE ESTRATÉGIA É IMPORTANTE?

INTRODUÇÃO

Este capítulo lida com o real sentido do termo "estratégia", que é usado de forma abusiva. Depois demonstra a importância do processo de estratégia.

O processo de estratégia costuma ser retratado como um processo racional e científico. Este capítulo desafia essa noção e examina o processo de estratégia na prática. Reconhece que o processo de estratégia é tão bom quanto as pessoas que o utilizam e implementam. Reconhece também que o processo de estratégia e, portanto, a própria estratégia, precisa ser um processo vivo e dinâmico, que reaja ao que está acontecendo no mercado e busque ter influência sobre isso.

DEFININDO "ESTRATÉGIA"

Pergunto sempre a altos gestores: "O que é estratégia?".

Não é uma pergunta feita só para quebrar o gelo em reuniões sociais, mas uma maneira útil de chegar àquilo que os altos gestores realmente pensam. Já ouvi as mais variadas respostas a essa pergunta, mas um tipo se destaca: "Com certeza todos sabem o que é estratégia, não é? É aquilo que os altos gestores fazem".

Infelizmente, não se trata de uma resposta dada em tom bem-humorado, mas daquilo que os altos gestores realmente pensam. Quando pressionados a dizer o que isso realmente significa, as respostas vão mais ou menos na seguinte linha:

- Estratégia é o que a empresa pretende fazer para vencer a concorrência.

- É a direção que decidimos que a empresa tomará.

- É como investiremos.

- É como estruturaremos nossa empresa.

- É como venderemos nossos produtos.

- É como diversificaremos.

- É como seremos bem-sucedidos.

A lista prossegue.

Várias questões surgem disso. A primeira é que a estratégia é território da alta gestão. A segunda é que a estratégia coincide com o que os gestores fazem, e a terceira é que está relacionada com atividades (investir, estruturar, vender, diversificar etc.).

Uma estratégia que cuide apenas de preservar a alta gestão continuará restrita a ela, não será compreendida, e muito menos contará com o compromisso dos responsáveis por implementá-la na prática. Se tudo o que os altos gestores fazem é "estrategizar", então não estão entendendo o papel da alta gestão. As atividades podem ser fruto de uma estratégia, mas não são um substituto dela.

> Mas o que é estratégia?
> Estratégia é a expressão de como a empresa pretende alcançar seus objetivos e de sua intenção de alcançá-los.

A não ser que haja clareza quanto aos objetivos e à intenção de alcançá-los, não se chega a uma estratégia que tenha credibilidade. Objetivos sem a intenção de alcançá-los são como balões que uma criança solta. Depois da empolgação inicial ao soltá-los, tudo o que se pode fazer é observar como são jogados em diferentes direções ao sabor dos ventos dominantes naquele momento, e vê-los chegar a um destino não previsto quando estouram, ficam presos em algum obstáculo ou perdem todo o gás.

Objetivos estão relacionados ao contexto. O contexto é criado na interface entre compradores no mercado, concorrentes e *stakeholders* da empresa. Como vimos em capítulos anteriores, os contextos mudam com o tempo, bem como as definições de sucesso e do que é aceitável, a disposição e a capacidade dos compradores de comprar e a disposição e capacidade das empresas de competir. A estratégia precisa reconhecer e ser capaz de reagir às mudanças no contexto. A estratégia não é uma declaração fixa no tempo, ela cria uma estrutura viva e dinâmica que coloca os objetivos e a intenção da empresa no contexto do mercado à medida que ele muda.

Se não há uma intenção de implementar a estratégia, o processo para a sua produção será meramente teórico e é improvável que a estratégia produzida seja implementada. Em tais casos, a falta de intenção fica logo evidente pela desconexão entre as declarações feitas na estratégia e a estratégia em ação, ilustrada pela tomada de decisões, investimento de recursos, desempenho e comportamentos dentro da empresa. Uma intenção de implementar uma estratégia não significa que a estratégia seja uma posição fixa, imune aos eventos e que será implementada sem desvios. Ao contrário, quer dizer que fornecerá uma estrutura significativa que torne possível colocar esses eventos como parte da abordagem estratégica da empresa ao mercado e aos *stakeholders*.

Uma estratégia é descrita às vezes como um mapa do que a empresa fará, da maneira pela qual reagirá a eventos, como fará as coisas, do seu posicionamento no mercado e de como competirá. Todas essas coisas são importantes, mas estratégias sem objetivos, sem contexto ou sem intenção serão apenas literatura promocional. É como querer avaliar o sucesso de uma empresa sem ter uma definição clara do que é sucesso.

Como vimos no Capítulo 13, precisamos compreender de quem é esse sucesso, e então defini-lo e usá-lo como parte do processo de estratégia. Com bastante frequência, a maneira pela qual esse sucesso é definido e as estratégias para alcançá-lo não são compreendidas nem explicitadas. As estratégias costumam ser criadas por alguns poucos, com base nos interesses que têm investidos, e não são compreendidas pelos demais! Infelizmente, tanto dentro como fora das empresas, há ceticismo quanto às estratégias que são produzidas e à intenção de implementá-las, em razão dessa falta de compreensão. Isso mina a confiança não só na estratégia, mas naqueles que respondem por ela.

COMPREENDENDO O PROCESSO DE ESTRATÉGIA

É vital que o processo de estratégia seja compreendido e crie a capacidade de entregar uma estratégia com credibilidade em relação ao contexto no qual a empresa busca alcançar seus objetivos, e gere confiança dentro da empresa e seus *stakeholders* para que a apoiem por meio de suas ações. Esse processo de estratégia deve incorporar a intenção de alcançar os objetivos da empresa, fornecer uma estrutura para as ações à medida que as suposições a respeito do futuro são testadas em confronto com a realidade do presente e estar relacionado à definição de sucesso do principal *stakeholder*.

Existe, porém, o perigo de que o processo de estratégia fique revestido por uma racionalidade que não está presente na prática. O processo de estratégia diz respeito a pessoas, suas agendas pessoais, suas definições de sucesso, como elas percebem o mercado, como percebem os concorrentes e como percebem as forças e fraquezas de suas próprias organizações. É também um reflexo de sua competência, seu poder e sua disposição de usar esse poder.

As pessoas impactam o processo de estratégia em cada estágio, desde identificar o que precisa ser analisado e avaliado, o contexto em que isso ocorre, os dados relevantes que precisam ser analisados e avaliados, até as opções, escolhas, decisões e os comportamentos consistentes com as escolhas feitas, empreender revisões de desempenho e desenvolver e rastrear cenários para o futuro. O processo de estratégia só pode ser tão racional quanto as pessoas dentro dele e o contexto externo no qual está sendo operado.

Para compreender o processo de estratégia, é preciso reconhecer os seguintes pontos:

1 O processo de estratégia reflete o poder e a disposição de usar o poder dos envolvidos nele.

2 É possível haver uma estratégia planejada oficial e uma estratégia planejada não oficial.

3 Eventos planejados podem influenciar e mudar estratégias de maneiras não planejadas.

4 Eventos não planejados, bem como o impacto de mudanças no poder e na disposição de usá-lo, as mudanças nas definições de sucesso e de "aceitável", a aprendizagem e as ações que cumulativamente se tornam a norma ao longo do tempo podem levar a mudanças na estratégia.

5 A estratégia em ação pode ser muito diferente daquela originalmente pretendida e constitui a estratégia que é realizada nesse momento.

Esses pontos, que serão vistos um por vez, estão ilustrados na Figura 14.1:

FIGURA 14.1 O processo de estratégia

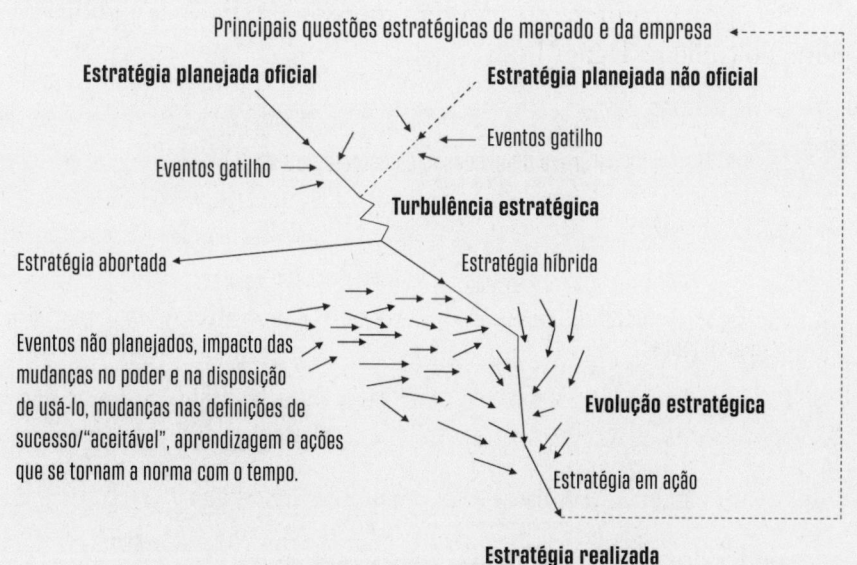

Principais questões estratégicas de mercado e da empresa

Estratégia planejada oficial

Estratégia planejada não oficial

Eventos gatilho

Eventos gatilho

Turbulência estratégica

Estratégia abortada

Estratégia híbrida

Eventos não planejados, impacto das mudanças no poder e na disposição de usá-lo, mudanças nas definições de sucesso/"aceitável", aprendizagem e ações que se tornam a norma com o tempo.

Evolução estratégica

Estratégia em ação

Estratégia realizada

O processo de estratégia reflete o poder e a disposição de usar o poder daqueles envolvidos nele. Ver Mintzberg (1994) a respeito das escolas de pensamento para os processos de estratégia. O processo de estratégia começa com os *stakeholders* com alto poder e alta disposição de usá-lo e sua definição de sucesso e de "aceitável", junto com sua interpretação das questões centrais de estratégia de mercado, atuais e futuras, e das questões centrais da empresa. É importante ressaltar que essas definições às vezes são comunicadas de modo implícito, mais que explícito, e que os gestores às vezes fazem suposições a respeito dessas definições. Também ocorre que muitos *stakeholders* não entendem ou não têm acesso ao conhecimento e às informações necessários para que possam compreender as questões centrais estratégicas de mercado e da empresa, atuais e futuras. O conhecimento é usado às vezes para proteger ou ganhar poder.

Essa assimetria de conhecimento dentro das empresas, entre a alta gestão e outros *stakeholders*, permite que os altos gestores exerçam poder sobre o processo de estratégia. Esse poder e disposição de usá-lo são ingredientes importantes no processo de estratégia. A não ser que *stakeholders* não integrantes da alta gestão tenham definições claras de "sucesso" e de "aceitável", além de conhecimento, capacidade e poder de interpretar as questões centrais da estratégia de mercado e da empresa, atuais e futuras, apenas os altos gestores terão realmente tanto o poder quanto a disposição de usá-lo no processo de estratégia.

Isso afeta a natureza do próprio processo de estratégia e pode ser ilustrado como na Figura 14.2:

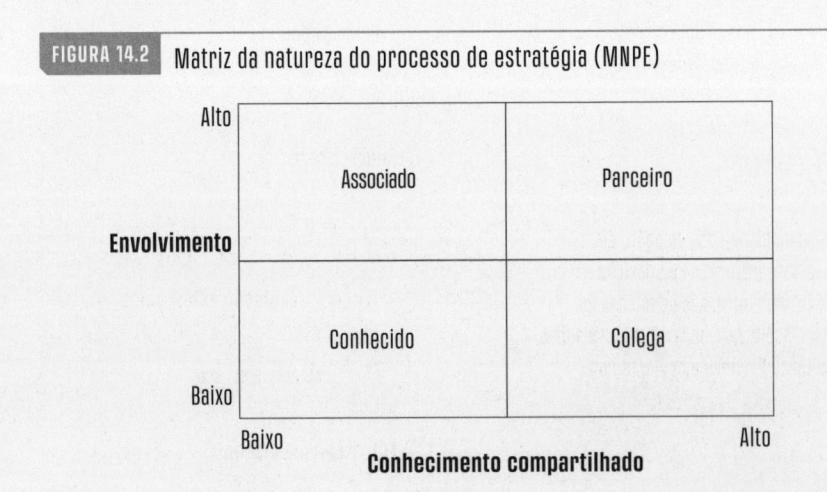

FIGURA 14.2 Matriz da natureza do processo de estratégia (MNPE)

Envolvimento	Baixo Conhecimento compartilhado	Alto
Alto	Associado	Parceiro
Baixo	Conhecido	Colega

A *Matriz da natureza do processo de estratégia* identifica os diferentes níveis de compartilhamento do conhecimento e de envolvimento no processo de estratégia. Aqueles com alto nível de conhecimento compartilhado e alto envolvimento são reais *Parceiros* no processo de estratégia. *Parceiros* são coprodutores da estratégia, e cada um desempenha um papel em desenvolver ideias e testá-las, com base em confiança mútua.

Associados no trabalho podem ter alto envolvimento, mas seu conhecimento é restrito, até que você confie em sua capacidade de contribuir mais amplamente e possa de fato dar-lhes crédito. Eles com frequência estão envolvidos, pois têm que estar, seja por sua posição na *Matriz MPS*, seja porque detêm informações sobre o mercado ou são de uma parte da empresa que é útil para desenvolver a estratégia. *Associados* podem se tornar *Parceiros*.

Você testa as coisas e desenvolve ideias com seus *Colegas* no trabalho. São pessoas em quem você pode confiar e que sabe que não compartilharão com outras aquilo que você não quer ainda que seja conhecido dentro da empresa. Elas não vão conhecer o contexto todo para o desenvolvimento da estratégia e podem não ter a capacidade de contribuir estrategicamente, mas há alto compartilhamento de conhecimento com pouco envolvimento no processo de estratégia. A utilidade delas decorre de serem externas ao processo de estratégia (desde que o compartilhamento de conhecimento seja seguro). *Colegas* podem se tornar *Parceiros*.

Há outros na empresa que não têm nem a disposição nem a capacidade de contribuir com o processo de estratégia. Também há aqueles que podem ter a disposição e a capacidade de contribuir, mas cuja contribuição não é apropriada nesse momento. Esses são *Conhecidos*, cujo conhecimento e envolvimento são limitados. Quanto e onde se torna necessário e apropriado que tenham maior conhecimento e envolvimento, passam a outros quadrantes. Isso geralmente não se dá direto para *Parceiro*, mas com o *Associado* ou *Colega*, já que é preciso primeiro que aumente a confiança e a credibilidade em sua contribuição.

À medida que o contexto da empresa e/ou a confiança ou crédito em indivíduos muda, muda também a posição daqueles envolvidos no processo de estratégia na direção oposta. *Parceiros* podem se mover e se tornar *Associados*. *Colegas* podem se tornar *Conhecidos*. *Associados* podem se tornar *Conhecidos*. *Associados* podem se tornar *Colegas* quando os papéis mudam, mas a confiança e a credibilidade aumentam. *Colegas* podem se tornar *Associados* quando o papel muda e quando a confiança e a credibilidade no indivíduo mudam.

É útil colocar aqueles envolvidos no processo de estratégia na *Matriz MNPE* para ilustrar a abordagem a eles no processo de estratégia, como na Figura 14.3:

FIGURA 14.3 As abordagens na natureza do processo de estratégia

	Baixo	Alto
Alto (Envolvimento)	Construir confiança e credibilidade (*Associado*)	Manter perto (*Parceiro*)
Baixo (Envolvimento)	Reconhecer (*Conhecido*)	Esclarecer o papel (*Colega*)

Conhecimento compartilhado

Também é importante levar em conta que, embora aqueles que lideram o processo de estratégia possam querer que certos *stakeholders* ocupem determinada posição na matriz, esses *stakeholders* podem ver as coisas de outro modo. Se eles não têm capacidade para impor seus requisitos para o seu papel no processo de estratégia, a situação pode ser contida. Quando, porém, o *stakeholder* tem o poder e a disposição de usá-lo para impor a posição que deseja, isso pode gerar conflito no processo de estratégia.

Seja claro quanto aos papéis que os indivíduos desempenharão no processo de estratégia e consistente na maneira de abordá-los nesses seus papéis. Se você trata *Parceiros* como *Conhecidos*, talvez se arrependa disso quando a estratégia for desafiada por eventos e você precisar do apoio deles.

Alguns podem argumentar que é papel dos altos gestores estabelecer a estratégia da empresa e atuar como guardiões desse processo. Na verdade, os acionistas concordam com isso, desde que sua definição de sucesso seja atendida. Como vimos na *Matriz MPS*, alguns *stakeholders* com alto poder só se dispõem a usá-lo quando suas definições de sucesso estão sendo desatendidas, mas em outras circunstâncias aceitam de bom grado que os altos gestores conduzam a estratégia.

Para ilustrar esse ponto, constata-se muitas vezes que diretores não executivos, nomeados para as diretorias de empresas a fim de representar e salvaguardar os interesses dos acionistas, envolvem-se apenas marginalmente na tomada de decisões a respeito da futura estratégia como parte do processo de estratégia. Não buscam obter ou não lhes foi dada oportunidade de obter suficiente conhecimento, e meramente apoiam as propostas dos altos gestores.

Ações para remover altos gestores e exercer influência no processo de estratégia só ocorrem quando os resultados não atendem às expectativas dos acionistas. Na maioria das vezes, diretores não executivos agem como *Associados* ou *Conhecidos*, em vez de *Parceiros* (ou permitem ser tratados como tais).

Stakeholders podem conseguir uma mudança nos executivos-chefes, quando perdem a confiança no indivíduo em razão dos resultados produzidos, ou na própria estratégia perseguida. São muitos os exemplos disso.

ESTUDO DE CASO

Mudança no topo

Em julho de 2013, o executivo-chefe da Siemens foi substituído pelo diretor financeiro da empresa após uma série de advertências relacionadas ao lucro e de preocupações reportadas a respeito da deterioração das margens de lucro e do ritmo lento do corte de custos. A Siemens, empresa internacional diversificada que em 2012 obteve receitas de 78 bilhões de euros em energia, produtos e serviços à indústria, infraestrutura e assistência médica, tem uma estrutura de governança com duas diretorias, e uma de supervisão e outra de gestão.

A diretoria de gestão tem a responsabilidade de gerir a empresa, enquanto a de supervisão orienta a de gestão quanto à administração da empresa e monitora suas atividades. O poder geralmente fica nas mãos do executivo-chefe e do time de executivos que compõem a diretoria de gestão, com acompanhamento da diretoria de supervisão. Esta é formada por 20 membros, 10 deles eleitos pela reunião dos acionistas e 10 eleitos de acordo com o que determina a Lei Alemã de Codeterminação. Foi a diretoria de supervisão que efetuou a mudança na liderança da empresa.

No que pode ter sido uma referência direta à *Matriz da natureza do processo de estratégia (MNPE)*, Bryant (2013) reportou o desafio do novo executivo-chefe, Sr. Kaeser:

> Embora o Sr. Kaeser seja visto como um amigo do mercado de capitais, ele deve operar dentro das restrições de qualquer diretor da Siemens, mantendo o apoio aos trabalhadores, cujos representantes compõem até metade da diretoria de supervisão da Siemens. A força de trabalho da Siemens está preocupada com o corte de custos, voltada a produzir a eliminação de milhares de empregos. O Sr. Kaeser teve o cuidado de enfatizar que valoriza tanto as margens quanto os 370 mil funcionários da Siemens, e argumentou que a melhor receita para o sucesso era aumentar a criação de valor. "Não vou tentar reinventar a Siemens", prometeu.

Aqueles com maior poder e disposição de usá-lo prevalecem no processo de estratégia e fazem com que suas definições de sucesso e de "aceitável" e sua interpretação das principais questões de estratégia de mercado e da empresa, atuais e futuras, forneçam o contexto para os objetivos oficiais planejados e para a estratégia da empresa. É importante reconhecer isso, pois são os objetivos oficiais planejados e a estratégia resultante desse processo de estratégia que serão publicados interna e externamente, conforme apropriado. São também esses objetivos e essa estratégia que devem guiar a tomada de decisões, a alocação de recursos, o desempenho, a revisão do desempenho, os comportamentos e a comunicação.

Os acionistas precisam ter a oportunidade de usar seu poder, mas geralmente não sabem o que não sabem, e consequentemente não têm essa oportunidade. Em muitas empresas, os acionistas, a não ser que tenham uma participação significativa que lhes dê assento na diretoria ou influência nela, têm oportunidades limitadas de descobrir o que está acontecendo e de desafiar isso. As reuniões de acionistas são realizadas uma ou duas vezes ao ano, e suas pautas são estritamente controladas pela diretoria. Nessas reuniões, a natureza da estratégia oficial da empresa é descrita apenas em termos gerais, sob o manto do segredo competitivo exigido dos acionistas, e é específica e limitada. As discussões costumam ser a respeito de resultados, mais do que sobre estratégia.

O processo de estratégia reflete e é controlado pelos interesses investidos naqueles com poder e disposição de usá-lo nas empresas. A natureza e operação do processo de estratégia não são apenas um símbolo da competência e do poder dentro de uma empresa, mas de sua cultura organizacional. O mesmo vale para a estratégia oficial que resulta disso.

1. É possível haver uma estratégia planejada oficial e outra não oficial

O processo de estratégia oficial resulta na estratégia planejada oficial. A diretoria chega a um consenso quanto à estratégia planejada oficial para a empresa, expressa num documento geral de aspecto reluzente que costuma ser produzido para o consumo público e apoiado por documentos detalhados da estratégia interna (não para consumo público), e então a abordagem futura da empresa ao mercado é definida. Como todos já vimos, porém, a estratégia planejada oficial raramente é implementada nos moldes do que foi acertado de comum acordo.

Quando um alto gestor ou grupo de altos gestores discorda da estratégia planejada oficial ou não deseja colaborar com os requisitos de um *stakeholder* poderoso que está usando seu poder para impor seus requisitos à estratégia planejada oficial, ele planeja a própria estratégia não oficial. O grau em que essa estratégia não oficial é planejada depende da disposição e capacidade dos envolvidos em planejar de maneira aberta ou encoberta sua estratégia e implementá-la sistematicamente, em vez de reagir aos eventos de maneira eventual, dentro de uma direção estratégica geral. Desenvolver uma estratégia planejada não oficial tem seus riscos!

Também acontece que, em algumas empresas, a estratégia planejada oficial é vista como mera ferramenta promocional para contentar o mercado e os *stakeholders*. A estratégia diz uma coisa, mas a intenção é outra. Como vimos a partir da definição de estratégia, o que conta é a intenção, e não apenas as palavras.

A estratégia planejada oficial pode declarar que a empresa buscará uma limitada expansão internacional dentro de uma estrutura definida de risco fiscal e que preservará sua posição de mercado e lucratividade no próprio país. Mas a estratégia planejada não oficial e a intenção do executivo-chefe podem tornar isso seu foco principal e aceitar riscos significativos tentando se expandir internacionalmente. Muitas empresas do Reino Unido se expandem para os EUA e com isso sofrem em seu país, perdendo foco no mercado doméstico por subestimar o investimento exigido para isso, não compreender as questões centrais estratégicas de mercado atuais e futuras no mercado americano e acreditar equivocadamente que o modelo de negócios bem-sucedido em casa também dará certo em outro mercado.

O grau em que a estratégia não oficial difere em relação à estratégia oficial depende do poder dos altos gestores e da sua disposição de usá-lo. Isso varia conforme a percepção que eles têm do risco e da sua disposição de aceitá-lo.

Em grandes empresas e particularmente nas diversificadas, pode haver oportunidades para se desenvolver uma estratégia planejada não oficial. A diretoria pode ter consenso quanto à estratégia para a empresa como um todo e para as divisões que a compõem, mas a "distância" entre a sede e as divisões confere aos gestores de divisão suficiente espaço para desenvolver, planejar e perseguir a própria estratégia planejada não oficial.

É muito frequente ver um gestor poderoso de divisão ser deixado à vontade para "realizar a gestão" da sua divisão. O ponto central para a sede corporativa e para a diretoria é a entrega de resultados aceitáveis. A definição de "aceitável" é decisiva, e gestores de divisão poderosos costumam ter significativa influência sobre essa definição, pois ela lhes dá espaço para perseguir as próprias estratégias.

Turbulência estratégica

Enquanto os resultados são aceitáveis, a dissonância entre a estratégia planejada oficial e a estratégia planejada não oficial não é desafiada ou nem mesmo reconhecida oficialmente. Quando os resultados ficam abaixo da definição de aceitável e caem os níveis de confiança de que eles possam melhorar e alcançar o nível aceitável perdido, ocorre uma turbulência estratégica. A turbulência estratégica geralmente é disparada por algum evento de importância estratégica, que ressalta a diferença entre a estratégia planejadas oficial e a não oficial. Esses *eventos gatilhos* ilustrados no diagrama do processo de estratégia costumam estar vinculados ao poder e status de um alto gestor ou de um *stakeholder* que são colocados em risco, forçando uma reação para proteger esse poder e status.

Quando esses gatilhos se mostram, individual ou cumulativamente, suficientes para criar um risco ao poder ou status de um indivíduo ou empresa, cria-se uma turbulência estratégica que resulta numa colisão entre a estratégia planejada oficial e a não oficial. Essa turbulência estratégica torna-se um teste do poder e da disposição de usar esse poder.

Esses gatilhos podem fazer com que os *stakeholders* com alto poder, mas pouca disposição de usá-lo, se movam na *Matriz MPS* (ver Capítulo 13) para o quadrante de alto poder e alta disposição de usá-lo. Consequentemente, podem ocorrer danos colaterais, com indivíduos sendo responsabilizados e com manobras políticas dentro da empresa que levem a "sacrificar" indivíduos. *In extremis,* divisões inteiras de empresas podem ser vendidas.

A turbulência estratégica cria confusão e incerteza sobre qual é a estratégia a seguir e sobre quem tem poder dentro da empresa. Alguns indivíduos veem isso como uma oportunidade de ganhar poder e buscam remover competidores no quadro da alta gestão para serem vistos como "salvadores" ao oferecer a promessa de solução. Alguns *stakeholders* encaram isso como oportunidade de introduzir novas pessoas com novas competências na empresa.

Uma turbulência estratégica – se for grave o suficiente – pode colocar a empresa inteira sob risco de predadores. A chave é remover a turbulência, dar aos *stakeholders* confiança quanto ao futuro e determinar qual é a estratégia que fica valendo a partir desse momento. Isso se dá pela confirmação da estratégia planejada oficial, tornando a não oficial uma estratégia abortada, ou adotando a não oficial, e nesse caso é a oficial que se torna a estratégia abortada.

Na prática, a turbulência estratégica costuma levar a uma *estratégia híbrida* de consenso, que reúne as melhores partes tanto da oficial quanto da não oficial. A estratégia híbrida torna-se a nova estratégia planejada oficial. Isso permite um acordo entre aqueles com poder dentro da organização. Tais acordos prestigiam expedientes que removam a instabilidade e preservem a experiência e as competências exigidas na empresa, e fazem uma racionalização posterior positiva das razões que justificaram a estratégia planejada não oficial (especialmente quando a oficial foi inadequada ou deficiente), reconhecendo também que, se a estratégia não oficial levou a um significativo investimento de capital e receita, será difícil tirar a empresa dela sem uma perda significativa. Nessas circunstâncias, a estratégia deve procurar acomodar o uso desse investimento.

◢ 2. Eventos planejados podem influenciar e mudar estratégias de maneiras não planejadas

Muitas estratégias incluem eventos planejados – por exemplo, o lançamento de um novo carro, de uma nova linha de roupas ou um novo celular, de um novo processo de produção ou uma nova tecnologia. São feitas suposições sobre o impacto desses eventos no mercado e na concorrência. Tais suposições, por sua própria natureza, não são certas. Os impactos imaginados e planejados podem não ocorrer – uma nova linha de roupas pode não vender 1.000 malhas de cashmere por dia no primeiro mês de lançamento. Isso pode fazer os contratos realizados com fornecedores criarem uma grande responsabilidade e uma disrupção na cadeia de suprimentos.

Pode acontecer também de um novo celular ter tamanha aceitação que todas as suposições sobre sua adoção e compra pelo mercado excedam as expectativas e a oferta não consiga acompanhar a demanda.

Num esforço para atender a essa demanda explosiva por meio de uma fabricação acelerada, a qualidade pode sofrer, minando a confiança no produto e em última instância minando também a demanda por ele e por outros produtos e serviços do portfólio da empresa.

O lançamento bem-sucedido de um novo produto pode afetar a dinâmica competitiva no mercado de modo significativo. Se os concorrentes não conseguem se igualar ao novo produto e serviço lançado, isso pode forçá-los a promover pesados descontos e até obrigá-los a sair do mercado se não houver perspectiva de conseguirem competir com a novidade. Nesse caso, o lançamento planejado de um novo produto e serviço pode causar impacto bem maior na dinâmica competitiva que o previsto. Também ocorrem casos de empresas que, ao planejarem eventos como lançamentos de novos produtos, fazem suposições sobre o impacto deles nas outras partes de seu portfólio que se mostram totalmente imprecisas. A Škoda viveu o bem-sucedido lançamento de novos carros, como o Octavia, e, por meio de investimento de sua empresa-mãe, a Volkswagen, fez uma série de upgrades e lançamentos de novos modelos. A demanda aumentou em toda a sua gama de produtos e serviços, criando também a necessidade de acelerar o investimento de capital na manufatura.

É limitada a possibilidade de flexibilizar a capacidade de investir capital intensivo. A capacidade da cadeia de suprimento de atender a aumentos na demanda em escalas de tempo muito curtas pode ser um aspecto desafiador, e o acesso a matérias-primas às vezes é um fator limitante. Enquanto uma demanda que excede a capacidade de oferta pode levar a aumentos nos preços e a uma valorização da marca, a incapacidade consistente de atender à demanda pode ter impacto negativo nas percepções do produto e serviço e reduzir a demanda, criando oportunidades para os concorrentes. Às vezes, o investimento de capital entrega capacidade, mas a demanda já se reduziu, ou então a dinâmica competitiva mudou e requer agora um custo unitário de produção abaixo daquele para o qual a capacidade foi projetada.

O sucesso de um lançamento planejado de um novo produto e serviço pode ser de tal magnitude que a estratégia da empresa é obrigada a mudar para focar essa novidade, excluindo outros que integravam uma estratégia planejada de ter uma gama diversificada de produtos e serviços. Nesse caso, o negócio da empresa é redefinido pelo sucesso desse único produto e serviço.

Uma estratégia planejada de diversificação pode levar a empresa toda a correr risco em razão de uma drenagem de recursos que a mergulhe em níveis de endividamento insustentáveis e mine a confiança. A diversificação pode levar a empresa a mudar e se tornar um tipo muito diferente de empresa. A estratégia planejada de redefinir o negócio em que a empresa está pode também levar ao fracasso.

ESTUDO DE CASO

Marconi

A Marconi empregou como estratégia mudar da empresa conhecida como GEC, uma companhia diversificada muito envolvida em contratos com a Defesa e com uma estratégia avessa ao risco e um volume de caixa em 1996 de 2 bilhões de libras, para criar uma empresa fabricante de equipamentos de telecomunicações. Essa mudança de estratégia planejada envolveu uma mudança da liderança da empresa e uma revisão estratégica.

O negócio voltado à Defesa foi vendido, e, com o que foi obtido, mais o volume de caixa e a dívida, foram adquiridos ativos de telecomunicações de alto custo e fundou-se uma empresa com uma nova marca, a Marconi. Enquanto a Marconi se expandia no mercado, uma combinação de capacidade excessiva e de desaceleração global, que afetou todas as empresas de telecomunicações, obrigadas a pagar por licenças de celulares de terceira geração, levou os compradores de produtos e serviços da Marconi a promoverem cortes radicais em seus gastos com equipamentos.

A estratégia planejada oficial foi uma estratégia de "apostar a empresa", e deu errado de maneira espetacular. A aposta foi perdida e a empresa também. A nova liderança da empresa se retirou, e estima-se que os acionistas perderam 3,7 bilhões de libras em valor de mercado, em apenas 18 meses.

Eventos planejados podem influenciar as estratégias de maneiras inesperadas, tanto positiva quanto negativamente.

◢ 3. Eventos não planejados, aprendizagem, mudanças no poder e na disposição de usá-lo etc. podem cumulativamente mudar as estratégias ao longo do tempo

Nada é certo na vida. Não existe conhecimento perfeito, nem processo de estratégia perfeito. Há variáveis demais em jogo, pessoas demais interpretando essas variáveis e muitas maneiras de as pessoas reagirem a isso interna e externamente para sermos capazes de prever o futuro. Como vimos, as pessoas têm diferentes níveis de poder e diferentes níveis de disposição de usar esse poder ou de exercer influência, e os eventos podem mudar tanto seu poder quanto a sua disposição de usá-lo.

Diferentes *stakeholders* têm diferentes definições de sucesso e de "aceitável" e consequentemente reagem aos eventos de modo diferente. O melhor a fazer é aprender à medida que o futuro se apresenta e aplicar essa aprendizagem ao contexto do mercado e à empresa dentro dele.

Costuma-se citar a resposta que o ex-primeiro-ministro britânico, Harold Macmillan, deu a uma pergunta de um jornalista sobre o que tira os governos de sua trajetória:

"Eventos, meu caro, eventos."

O mesmo vale para as empresas.

Quer esses eventos sejam desastres naturais, como o tsunami de 2004, quer sejam desastres produzidos pelo homem, como o derretimento nuclear de Fukushima em 2011, ou guerras, como a do Iraque, ou agitação civil, como a vivida no Egito, ou desastres biológicos, como a gripe aviária, ou na cadeia alimentar (como a febre aftosa), ou desastres econômicos (como a crise bancária), ou mesmo eventos corporativas (como a falência da Enron), ou quando um grande acionista vende sua participação a um fundo de capital de risco visando a ganhos rápidos que lhe permitam sair em três anos com um grande rendimento de capital em vez de apostar em ganhos a longo prazo – tudo isso pode ter significativo impacto no processo de estratégia e nas estratégias das empresas.

Embora suposições a respeito desses eventos possam ser construídas como cenários, as empresas têm diferentes níveis de capacidade de prever e de se preparar para eles. É a capacidade de aprender com esses eventos e de ajustar tanto sua estratégia quanto sua ação que é de vital importância para as empresas. Os gestores precisam compreender que:

> A estratégia olha para a frente, enquanto a aprendizagem olha para trás e deve ser usada para moldar a estratégia e a ação ao olhar para frente.

Essa aprendizagem se aplica não apenas a eventos, mas a mudanças na posição dos *stakeholders* dentro da *Matriz MPS*, e naquilo que age como disparador para elas. Os gestores precisam detectar quais eventos disparam ações dos *stakeholders* e quais são essas prováveis ações. Com isso, podem se preparar ou evitar, quando possível, os eventos que disparam essas ações. Significa também, é claro, que os gestores podem disparar essas ações quando acreditam que fazê-lo é benéfico.

Aprendizagem também está relacionada ao que acontece no mercado, em termos das necessidades e dos comportamentos do comprador e das intenções e ações dos concorrentes. Como vimos em relação ao uso da ferramenta básica de análise estratégica SWOT, é preciso criar um contexto para a empresa e seus produtos e serviços. Isso só pode ser feito por meio de aprendizagem sobre o que está acontecendo no ambiente externo da empresa.

Com frequência, a aprendizagem é tratada como propriedade de um indivíduo ou de um time específico. Isso leva a empresa, e os indivíduos dentro dela, a perder oportunidades. Os frutos da aprendizagem devem ser tratados como um recurso corporativo. Mas é muito comum não haver uma abordagem sistemática à aprendizagem ou um compartilhamento dos seus frutos nas empresas.

> Se a estratégia da empresa só pode ser tão boa quanto o processo de estratégia que a apoia, e o processo de estratégia não inclui aprendizagem e a disseminação e uso dessa aprendizagem, qual a possibilidade de que essa estratégia seja realmente boa?

Estratégias estabelecem a direção da empresa com uma intenção. É vital que elas se atualizem com as mudanças no mercado. Sem uma aprendizagem contínua, dificilmente as estratégias permanecem relevantes e úteis. Quando a aprendizagem não é parte efetiva da evolução contínua das estratégias, as empresas correm risco de se desconectar do mercado.

A desconexão entre a estratégia e o mercado ocorre quando a estratégia da empresa não evolui com as mudanças no mercado e com o seu ambiente competitivo. Os gestores da empresa então não identificam as mudanças, não aprendem com elas e não agem a partir dessa aprendizagem. O que ocorre geralmente é que a direção estratégica, depois de estabelecida, é mantida independentemente das mudanças que estão ocorrendo. Isso leva a um distanciamento cada vez maior entre a realidade externa do mercado e a realidade interna da empresa, e a tomada de decisões mostra uma desconexão estratégica em relação ao mercado.

As razões para a desconexão estratégica em relação ao mercado são muitas – por exemplo, quando a estratégia é propriedade de um único alto gestor ou de um pequeno grupo de altos gestores, que acreditam que seu poder e status estão vinculados à estratégia que foi implantada. Portanto, não permitirão nenhuma mudança nem desvio em relação a ela.

A desconexão da estratégia do mercado pode decorrer de já terem sido feitos altos investimentos em capital e receita nas instalações, tecnologia e ações de marca, o que torna o custo da mudança proibitivo e faz com que ela seja percebida como uma perda ou como um desafio a reputações e status. Nesses casos, a empresa efetivamente construiu barreiras que a impedem de sair da própria estratégia, e consequentemente apega-se à estratégia existente, mesmo que ela entregue cada vez menos.

As empresas às vezes não têm nem uma cultura organizacional que lhes facilite a mudança, nem tecnologia ou competências ou liderança que possam propiciá-la. Tampouco têm às vezes um processo de estratégia que lhes permita reconhecer a necessidade de mudança ou lhes dê apoio e possibilite mudar.

Um exemplo de desconexão estratégica do mercado é visto claramente no impacto da internet em empresas de varejo. Aquelas que reconheceram que os compradores agora prefeririam comprar online desenvolveram, como parte de sua estratégia, uma oferta baseada na internet. As que não desenvolveram essa opção sofreram desconexão estratégica com o mercado e agora tentam desesperadamente recuperar o terreno perdido. No Reino Unido, a Tesco foi das primeiras a identificar a mudança de canal do comprador e construir uma oferta de varejo online. A Morrisons, ao contrário, continuou na sua tradicional oferta de varejo em lojas físicas e precisou correr atrás.

ESTUDO DE CASO

Marks & Spencer plc

A Marks & Spencer sofreu uma desconexão estratégica do mercado pelo fato de ter sido bem-sucedida. É que seu sucesso a impediu de ver as mudanças no mercado e no ambiente competitivo. Acreditou que poderia continuar como vinha fazendo. Acreditou que seria para sempre a varejista escolhida por sua qualidade, seu serviço, seu valor e sua diversidade de opções. Acreditou na própria retórica e não identificou nem as mudanças nos requisitos do comprador nem o aparecimento de novos varejistas com diferentes ofertas mais atraentes aos compradores. Não aprendeu com as mudanças que ocorriam no mercado e no ambiente competitivo, simplesmente extrapolou o passado para o futuro nos seus próprios termos. Veio então a crise, e a empresa inteira correu grande risco. Conseguiu evitar por pouco uma aquisição e ainda está tentando voltar ao lugar que ocupava no mercado.

A desconexão estratégica do mercado costuma continuar até acontecer algum gatilho. *Stakeholders*, geralmente com base em resultados, decidem que suas definições de sucesso e do que é aceitável não estão sendo atendidas e que há cada vez menos chances disso. Aqueles com alto poder escolhem usá-lo para mudar a liderança da empresa e/ou forçar uma mudança de estratégia. As empresas que sofrem de desconexão estratégica do mercado podem mudar a estratégia, mas com frequência só reconhecem a posição em que estão quando há risco de falir. Ficam expostas à aquisição como uma oportunidade de se recuperar ou de ruptura. Os acionistas costumam perder uma significativa porção de valor em razão dessa desconexão estratégica do mercado. Empreendedores e capitalistas de risco, com estratégia e recursos para corrigir essa desconexão e perseguir uma nova estratégia, costumam ganhar muito dinheiro com essas recuperações ou rupturas.

A aprendizagem precisa ter como base saber reconhecer e avaliar grandes eventos e mudanças, além de mudanças cumulativas menores que impactam a empresa, seus concorrentes e seus mercados. A aprendizagem precisa identificar padrões de eventos e comportamentos que surgem com o tempo, além dos grandes eventos significativos mais agudos. Embora esses grandes eventos agudos significativos tenham grande influência para mudar as coisas e criar novas regras no jogo competitivo, isso vale também para o efeito cumulativo de eventos e mudanças menores.

A aprendizagem em si é útil, mas não é o principal. O maior benefício é aquilo que resulta da aprendizagem. Será que a aprendizagem propicia alguma vantagem competitiva a ser obtida ou protege a empresa de perder sua posição competitiva? Assim como a formulação da estratégia, a aprendizagem corporativa é um meio para um fim e não um fim em si. Ela deve permitir que a empresa compreenda o passado, a mudança, que reaja à mudança que a afeta e se prepare para ela. Os gestores precisam compreender que:

> A aprendizagem permite que os gestores tenham uma apreciação racional e façam uma avaliação do passado, preparando-se para o futuro.

Muitas vezes ouvimos pessoas dizendo: "Tudo ficou claro. Agora compreendo o que aconteceu e por que aconteceu". Como se costuma dizer: "A ficha caiu". De repente entendemos. Aprendemos, e essa aprendizagem muda nossa compreensão do contexto. Podemos então fazer uma apreciação racional posterior e avaliar.

Essa apreciação racional *a posteriori* é um conceito interessante, pois envolve examinar eventos passados e colocá-los no contexto. Mas que contexto? É aí que a avaliação tem início. Os gestores tendem a usar seus próprios contextos para fazer uma avaliação que geralmente conduz a um resultado mais positivo – por exemplo, que não foi tão ruim como poderia ter sido. No entanto, é do contexto da empresa que devemos partir. Como gestor, posso ter um contexto, a partir de um ponto de vista marcado por um interesse meu investido, que é diferente do contexto corporativo. Basta pensar na existência de uma estratégia planejada oficial e de uma estratégia planejada não oficial, e nas diferenças entre elas! Faça uma apreciação racional posterior das aquisições que prometiam uma sinergia, que com muita frequência não é alcançada.

Essa contextualização fornece um importante pano de fundo para ver como os gestores avaliam, comunicam, adotam, adaptam e agem a partir da aprendizagem no processo de estratégia. As empresas muitas vezes precisam corrigir a questão da aprendizagem corporativa para assegurar que a aprendizagem ocorra no contexto da empresa, e não apenas no dos indivíduos. Isso requer não só um consenso quanto ao contexto estratégico de mercado a ser usado, mas requer aprendizagem, por meio de uma apreciação racional posterior e uma avaliação, como atividades corporativas, e não como atividade individual, como parte do processo de estratégia.

A capacidade de as empresas aprenderem com o passado, seja a partir de sua experiência direta ou da experiência de outros, depende de sua cultura organizacional e da liderança. É uma importante competência competitiva e corporativa, de grande valor estratégico.

A aprendizagem só pode ser eficaz se for adaptada e/ou adotada pelo contexto da empresa e influenciar a estratégia e a ação. Uma aprendizagem sem uma tomada de decisões positiva tem probabilidade de exercer impacto negativo maior que uma decisão (apropriadamente comunicada) de não agir a partir dessa aprendizagem. Num contexto corporativo, a aprendizagem exige esforço e às vezes desperta questões sensíveis para os indivíduos. Consequentemente, exige que eles compreendam que esse esforço de aprender corporativamente vale a pena. Quando se acredita que a aprendizagem é apenas outro processo pelo qual devemos passar sem nenhum resultado tangível, ela logo perde credibilidade e se torna uma atividade simbólica.

Como vimos, os contextos mudam, e é importante garantir que a aprendizagem continue relacionada a esse contexto em mudança. A aprendizagem identifica diferentes mudanças e eventos estratégicos que precisam ser reconhecidos no contexto em evolução.

A dinâmica de aprendizagem é ilustrada na Figura 14.4:

FIGURA 14.4 A dinâmica de aprendizagem

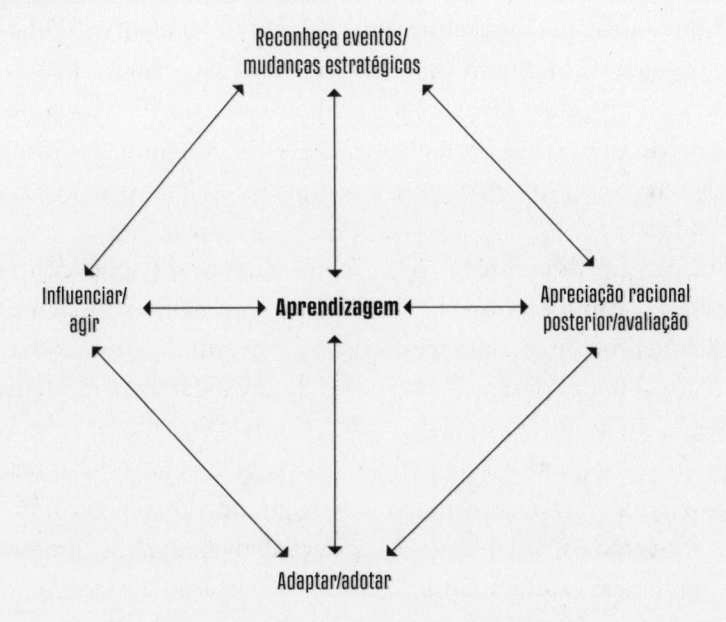

```
              Reconheça eventos/
              mudanças estratégicos
                      ↕
         ↖           ↑           ↗
           ↘         │         ↙
Influenciar/ ←→ Aprendizagem ←→ Apreciação racional
    agir                          posterior/avaliação
           ↗         │         ↘
         ↙           ↓           ↖
                      ↕
                Adaptar/adotar
```

Grandes eventos isolados ou mudanças no poder dos *stakeholders* e na disposição de usá-lo ou uma mudança nas definições de sucesso e de "aceitável" podem originar crises e ter profundo efeito na estratégia. Geralmente, porém, é o efeito cumulativo de eventos individuais ao longo do tempo que muda a estratégia. Essa mudança ocorre de modo incremental e implícito, mais que explicitamente.

O comportamento com frequência muda ao longo do tempo sem que isso fique muito evidente, mas criando uma nova norma. Liderança estratégica diz respeito à capacidade de reconhecer essa "nova norma" e decidir o que fazer a respeito dela; por exemplo, a nova norma pode ser que agora compramos, montamos e aplicamos nossa marca a mais produtos do que aqueles que fabricamos com nossa marca. Queremos que seja essa a nossa estratégia? As competências da empresa são agora como designer, gestora de marca e montadora de produtos, em vez de fabricante?

4. A estratégia em ação pode ser muito diferente da originalmente pretendida e ser a estratégia realizada no momento

A questão acima ilustra que pode haver uma diferença significativa entre o que é fruto de um processo de estratégia formal e aquilo que está sendo implementado na prática. Algumas dessas diferenças podem ser planejadas, e outras evoluem ao longo do tempo por meio de atos e omissões. Não fazer algo pode ter impacto tão grande na estratégia quanto fazer.

Pessoas em diferentes níveis e com diferentes papéis dentro da empresa reagem a eventos. Essas reações costumam ser incrementais e, individualmente, podem não provocar uma mudança na estratégia; cumulativamente, porém, são capazes de provocar uma mudança na estratégia em ação na empresa.

Pessoas, compradores no mercado, reagem a eventos. Essas reações, de novo, podem ser incrementais e não exigir individualmente uma mudança na estratégia da empresa. Mas, cumulativamente, se sustentadas, essas mudanças fazem a empresa alterar sua reação aos compradores e sua estratégia por meio dessas ações. As mudanças no comprador podem também causar mudanças na estratégia dos concorrentes, o que consequentemente exige uma mudança na estratégia da empresa.

Tais alterações não costumam decorrer de uma mudança planejada na estratégia, mas de uma evolução da ação ao longo do tempo. Não se trata de uma desconexão estratégica do mercado, mas de um *desvio estratégico*. O desvio estratégico ocorre quando uma empresa aos poucos deixa de agir de modo consistente com sua estratégia de consenso e permite que essa estratégia evolua com os eventos, com a aprendizagem e os requisitos dos *stakeholders* com poder e disposição de usá-lo. A estratégia em ação, depois que o desvio estratégico foi reconhecido, pode ser racionalizada *a posteriori* em termos de: "De qualquer modo, era o que sabíamos ser necessário fazer".

Embora alguns argumentem que o desvio estratégico é sinônimo de manter contato com o mercado, ele geralmente ocorre como uma série de ações desvinculadas, sem coordenação, e não como uma abordagem corporativa coerente e coordenada. De novo, é o efeito cumulativo do desvio estratégico que cria problemas – só reconhecidos quando geram crises, quando a empresa percebe que confundiu os compradores sobre a marca, investe em produtos e serviços de modo consistente com sua estratégia oficial, mas não com a efetiva, e não consegue competir bem e atender às definições de sucesso e de "aceitável" dos *stakeholders* com alto poder e disposição de usá-lo.

Embora se ater de modo rígido à estratégia planejada possa ser perigoso para a empresa e levar a uma desconexão estratégica do mercado à medida que os contextos de mercado mudam, também há perigo em não reconhecer e deixar de reagir a um desvio estratégico. É vital garantir que a empresa reconheça não só as mudanças no contexto estratégico de mercado, mas a maneira pela qual sua estratégia se relaciona com isso. Ela precisa alcançar uma posição que lhe permita fazer escolhas positivas a respeito da estratégia em ação, dentro da intenção estratégica corporativa.

> O desvio estratégico é como lançar uma garrafa ao mar com uma mensagem e esperar que as ondas a levem a uma praia onde será encontrada, escolhida entre as demais que lá chegarem e lida, fazendo o resgate chegar! A desconexão estratégica do mercado é como colocar a mensagem em uma garrafa e ficar com ela na mão, aguardando o tipo adequado de maré e acreditando que quando esta vier irá levá-la para onde você quer que vá.

FLEXIBILIDADE NO PROCESSO DE ESTRATÉGIA

Escolhas positivas sobre a estratégia em ação não são apenas decisões sobre como reagir a eventos e outras situações, mas sobre como influenciar o mercado antes que ocorram e depois que tiverem ocorrido (daí a importância de planejar cenários). Flexibilizar uma estratégia em ação não precisa ser um processo passivo de reação. Os concorrentes que mudam as regras do jogo competitivo podem ser os grandes vencedores. Risco e recompensa precisam ser balanceados, assim como o reconhecimento do que é preciso para alcançar a mudança desejada com a capacidade que a empresa tem de alcançá-la.

As estratégias precisam evoluir com o tempo, e é preciso que haja, no mínimo, um relacionamento reconhecível entre a estratégia oficial/híbrida e a estratégia em ação. Essa evolução precisa ser parte de um processo de estratégia contínuo, dentro de uma estrutura de intenção estratégica.

Assim como os valores da empresa não mudam a cada cinco minutos, a sua intenção estratégica tampouco deve seguir esse ritmo. A intenção estratégica é uma parte importante do contexto da empresa e uma âncora para ela, para os seus funcionários, seus *stakeholders* e para o mercado. Não pode ser como areia movediça, quando ninguém sabe direito onde está e se pode confiar nela.

A capacidade de uma empresa flexibilizar sua estratégia em ação dentro de sua intenção estratégica, com base numa abordagem corporativa à aprendizagem e no reconhecimento dos eventos e mudanças no contexto do mercado, é uma competência corporativa cada vez mais fundamental. Uma competência que requer habilidades de liderança altamente desenvolvidas para promover uma cultura organizacional que crie um compromisso com o todo corporativo (e não apenas com partes dele), com a comunicação, a aprendizagem, com um foco no mercado em vez do foco interno e com uma tomada de decisões positiva dentro de um contexto de mercado estratégico em evolução. Precisa ser uma liderança que crie um clima para desafios construtivos e para mudanças e assegure que existam habilidades dentro da empresa para apoiar um efetivo processo de estratégia que leve a uma ação focada no mercado.

Este é um desafio de liderança significativo e reforça o relacionamento entre estratégia e liderança. Os líderes não devem ser os únicos árbitros e guardiões da estratégia, mas devem criar as condições necessárias para assegurar que a realidade mutante dos mercados possa ser reconhecida e apropriada dentro do processo de estratégia, garantindo que a estratégia em ação não leve nem à desconexão estratégica do mercado nem ao desvio estratégico.

Constitui um desafio significativo entre prover uma liderança que assuma a linha de frente (eu tenho uma visão e iremos por esse caminho para alcançá-la) e empoderar seguidores para que liderem (como estamos nos saindo e o que podemos fazer melhor ou diferente para atender aos nossos objetivos da empresa para o mercado?).

Essa *abordagem flexível ao processo de estratégia* é ilustrada na Figura 14.5 a seguir:

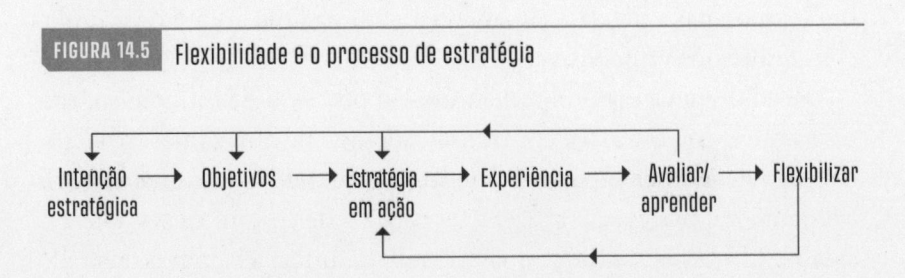

FIGURA 14.5 Flexibilidade e o processo de estratégia

Intenção estratégica → Objetivos → Estratégia em ação → Experiência → Avaliar/aprender → Flexibilizar

A intenção estratégica cria o contexto estratégico da empresa para o mercado e guia o desenvolvimento de seus objetivos e sua estratégia. A experiência adquirida no mercado é avaliada no contexto da intenção estratégica da empresa, dos objetivos e da estratégia, de modo que a empresa possa aprender e então, se for o caso, flexibilizar sua estratégia em ação.

Essa flexibilidade precisa ser compreendida como uma ação individual e cumulativa. Flexibilizar não é uma mudança no atacado na estratégia, mas uma mudança incremental. Flexibilizar leva a ganhar mais experiência, e os gestores são encorajados, dentro dos limites de intenção estratégica, objetivos e estratégia, a inovar e reagir às condições em evolução do mercado. Essa experiência adicional é então sujeita a avaliação e aprendizagem adicionais. Conforme esse ciclo entre experiência, avaliação, aprendizagem e flexibilização continua, é importante identificar se a empresa deve ou não continuar a flexibilizar sua estratégia em ação ou revisar de vez sua estratégia, seus objetivos e sua intenção estratégica. Este ponto é chamado de *ponto de revisão da estratégia em ação*.

Estratégias em ação, como materiais, têm um limite de elasticidade. Chega um ponto em que o limite de flexibilidade da estratégia em ação é alcançado, e então é preciso adotar uma abordagem diferente. Também é possível que, ao flexibilizar uma estratégia em ação informal ou que esteja fora do processo de estratégia "oficial", e na qual a avaliação e aprendizagem se limitem a um indivíduo ou pequeno número de pessoas dentro da empresa, se a ação tomada for dissidente, ela gere uma crise. Continuar a flexibilizar quando o que se requer é uma mudança fundamental na estratégia em ação é como colocar uma tampa numa panela de água fervendo. Ela talvez contenha a água por um tempo, mas a pressão aumentará e a tampa uma hora sairá voando, com resultados imprevisíveis.

Se a liderança está empoderando e o processo de estratégia é efetivo, aqueles na interface com o mercado que flexibilizam a estratégia em ação devem ser capazes de identificar quando essa avaliação mais fundamental precisa acontecer e ser capazes de comunicar essa necessidade. Muitas vezes, porém, as pessoas na interface com o mercado implementando a estratégia em ação não têm o conhecimento, as aptidões, a confiança ou os sistemas que permitam identificar essa necessidade e comunicá-la.

A identificação do ponto de revisão da estratégia em ação deve ser parte do processo contínuo de estratégia na empresa. Obviamente, a vida não para enquanto se opera uma revisão da estratégia, mas é importante que as empresas não se comprometam com grandes investimentos ou novas iniciativas até que a intenção estratégica e os objetivos e a estratégia que fluem dessa revisão fiquem estabelecidos. Mas se as pessoas na empresa não reconhecem a necessidade de uma revisão estratégica, e esses investimentos acabam sendo feitos, há o risco de que restrinjam a capacidade da revisão estratégica de efetuar mudanças e/ou que minem a capacidade da empresa de competir e flexibilizar sua estratégia no futuro.

Não é possível prescrever uma única abordagem ao processo de estratégia. É por isso que a estratégia em ação com frequência é tão diferente da oficial. Ponto crucial para o exposto acima é chegar a uma posição no processo de estratégia que trabalhe a favor da empresa e das pessoas que a compõem. Seja qual for o processo de estratégia, se ele estiver agora entregando as definições de sucesso e de "aceitável" dos *stakeholders* com alto poder e disposição de usá-lo e preparar a empresa para atender a essas definições no futuro, será que definir a natureza precisa do processo de estratégia importa tanto assim? Embora sempre haverá um potencial não alcançado, se você não tem consciência desse potencial, cabe aos *stakeholders* determinar o que é aceitável para eles e como encaram o sucesso. E então caberá ao processo de estratégia entregar essas definições na prática.

Líderes e gestores precisam decidir como operarão o processo de estratégia para atender aos requisitos de seus *stakeholders* e às questões estratégicas do mercado com as quais suas empresas têm que lidar tanto agora quanto no futuro. Não é possível prescrever uma abordagem como a mais correta. Diferentes contextos de mercado e de empresas exigem diferentes abordagens em diferentes épocas. É isso que torna a gestão estratégica e o processo de estratégia tão estimulantes!

O processo de estratégia é um componente central da gestão estratégica de empresas e deveria ter papel central em sua contínua evolução e sucesso. Um processo de estratégia inadequado ou disfuncional provavelmente levará a uma desconexão estratégica do mercado, a um desvio estratégico, um foco interno na empresa, a uma perturbação interna e confusão externa. Nenhum processo de estratégia é perfeito, mas um processo efetivo de estratégia pode reduzir riscos e fornecer uma estrutura para o desenvolvimento contínuo de estratégias que assegure que o foco das empresas está sendo colocado no mercado e que situe os gestores na melhor posição possível para tomar decisões à medida que o futuro se apresenta.

DICAS DE PROFISSIONAL

1. Certifique-se de que há uma compreensão compartilhada sobre qual é a estratégia vigente entre os que são afetados por seu desenvolvimento.

2. Tenha clareza do quanto a *intenção* é necessária para converter a estratégia em ação.

3 Tenha clareza da importância do contexto para a estratégia, tanto em termos das definições que os *stakeholders* formularam a respeito de sucesso e de "aceitável" quanto das questões centrais estratégicas de mercado e da concorrência, atuais e futuras.

4 Tenha clareza a respeito de quem deve estar envolvido no processo de estratégia e gerencie esse envolvimento.

5 Reconheça que o processo de estratégia precisa começar com um foco externo e que sem uma compreensão das questões estratégicas centrais do mercado e da concorrência, atuais e futuras, o processo de estratégia produzirá apenas um documento promocional de pouca utilidade prática e credibilidade.

6 Reconheça que pode haver diferenças entre a estratégia planejada oficial e uma estratégia planejada não oficial.

7 Reconheça que estratégias diferentes podem colidir e criar uma turbulência estratégica, gerando dano colateral se isso não for ajustado.

8 A estratégia em ação pode ser diferente da estratégia oficial e precisa ser identificada, gerida e desenvolvida dentro da intenção estratégica e dos objetivos da empresa.

9 Uma estratégia que não evolua torna-se meramente uma declaração de posição em determinado ponto do tempo, e provavelmente levará a uma desconexão estratégica do mercado ou a um desvio estratégico.

10 Processos de estratégia não podem ser prescritivos, são um símbolo da liderança e da cultura organizacional das empresas, da sua competência estratégica e da sua conexão com os mercados dentro dos quais competem.

PERGUNTAS DE PROFISSIONAL

1. Todos os envolvidos no processo de estratégia têm uma compreensão compartilhada do que é uma estratégia e da necessidade de apoiá-la com a intenção de agir?

2. A empresa tem a competência e a cultura organizacional para operar um processo de estratégia efetivo?

3. Existe uma clara compreensão das definições que as partes interessadas principais têm sobre sucesso e "aceitável" e do papel que essas definições desempenharão em fornecer um contexto para o processo de estratégia e para a estratégia?

4. Existe uma clara compreensão das questões principais estratégicas de mercado e da concorrência, atuais e futuras, para dar forma ao processo de estratégia?

5. De que maneira é possível identificar e lidar dentro da empresa com as diferenças entre a estratégia planejada oficial, uma eventual estratégia planejada não oficial e a estratégia em ação?

6. De que maneira a estratégia em ação evolui para evitar tanto a desconexão estratégica do mercado quanto o desvio estratégico?

7. Que autoridade será concedida para flexibilizar a estratégia em ação e como essa flexibilidade será identificada e avaliada dentro da intenção estratégica da empresa?

8. Como será identificado o ponto de revisão da estratégia em ação?

9. Por quem e como a estratégia será avaliada para determinar se tem sido bem-sucedida, e quando isso será feito?

10. Como o processo de estratégia será avaliado para determinar se é adequado ao propósito e está evoluindo para atender às necessidades da empresa?

CAPÍTULO 15

COMPETINDO NOS MERCADOS

INTRODUÇÃO

A estratégia em ação representa a implementação das escolhas feitas. Como vimos nos capítulos precedentes, para aqueles que fazem escolhas, é importante compreender que costuma haver uma diferença entre as escolhas feitas por aqueles que formulam a estratégia planejada oficial e aqueles que implementam a estratégia em ação.

Em ambos os casos, porém, a escolha se baseia na formulação e avaliação das opções disponíveis para o contexto no qual a escolha está sendo feita no momento. Isso reforça a necessidade de uma compreensão compartilhada na empresa a respeito do contexto de mercado, do contexto competitivo e da intenção estratégica da empresa.

Este capítulo examina as opções disponíveis e suas implicações, o contexto em que a escolha de opções é feita e por que estratégias baseadas em escolhas que não são focadas nos compradores e no mercado estão fadadas a dar errado.

QUAIS AS OPÇÕES DISPONÍVEIS?

Em seu livro, *Competitive Advantage* ("Vantagem competitiva"), Porter (1985) identifica três estratégias genéricas: liderança em custo, diferenciação e foco. Autores subsequentes desenvolveram outras opções genéricas, incluindo uma opção híbrida, na qual os concorrentes buscam alcançar não só uma produção de baixo custo como uma diferenciação. Infelizmente, muitas dessas opções genéricas se concentram no "setor" mais do que no mercado. Uma exceção é o "Relógio da Estratégia" de

Bowman (1997), que se refere ao valor agregado percebido em comparação com o preço.

Embora as empresas estejam competindo entre elas, o importante é aquilo pelo qual competem. As empresas competem por compradores. Portanto, a estratégia (a maneira como competem) precisa estar relacionada aos compradores – o mercado. Compradores não estão interessados se a empresa é líder de custo em comparação com o custo unitário de produção de todos os demais concorrentes. Estão interessados meramente nos benefícios que produtos e serviços oferecem a um preço que estejam dispostos a pagar.

Ao considerar a escolha de opções, a natureza da escolha que está sendo feita precisa ficar clara. Surge a questão: trata-se de uma escolha a respeito de como a empresa está buscando atender aos requisitos de compradores no mercado ou de uma escolha relacionada à estratégia da empresa para entregar a oferta exigida para competir por compradores?

Essa distinção é importante, pois guia a abordagem ao desenvolvimento das opções disponíveis. Embora ser líder de custo para a oferta de produtos e serviços proporcione vantagens competitivas, essas vantagens só são de fato efetivas quando os produtos e serviços concorrentes não têm alto grau de diferenciação relativa. A diferenciação confere um valor para os compradores que nem sempre está relacionado ao custo de produção.

O fato de ser líder de custo da produção para um produto e serviço só confere uma vantagem competitiva à empresa se essa vantagem de custo:

1. For transferida ao comprador na forma de um preço mais baixo e o comprador, ao comparar o preço e os pacotes de benefícios em oferta para diferentes produtos e serviços, decide que os pacotes de benefícios do produto e serviço em oferta são no mínimo igualmente bons, e então compra o de preço mais baixo;

2. Se a vantagem de custo é usada para criar benefícios adicionais para o comprador (diferenciação) em relação ao pacote de benefícios do produto e serviço de mesmo preço, na comparação com as ofertas do concorrente, e se o comprador encara isso como algo que cria mais valor pelo preço.

A diferenciação é alcançada com base na funcionalidade de produtos e serviços e na avaliação dos benefícios em oferta. É por isso que muitas empresas gastam tanto dinheiro em marketing e branding. Elas procuram convencer compradores de que seus produtos e serviços entregam benefícios além da funcionalidade – por exemplo, ao tentar convencer compradores de que estar associado à marca Mercedes é melhor que se associar à marca BMW.

No caso de Mercedes e BMW, o custo de produção é importante, mas elas tentam manter os preços altos no mercado para apoiar os valores das marcas. Embora a funcionalidade dos carros em ambas as marcas seja muito similar e sua estratégia corporativa seja equivalente no que se refere a reduzir o custo unitário de produção mantendo qualidade e design, a estratégia de mercado das duas consiste em reforçar e expandir sua diferenciação e manter os preços altos.

As escolhas para competir em mercados, portanto, precisam estar relacionadas aos mercados, e não às maquinações internas das empresas e a como elas competem entre si para ser o produtor de custo mais baixo, isto é, à sua estratégia corporativa. Também é preciso reconhecer que ser o produtor de custo mais baixo nem sempre leva aos preços mais baixos, pois as empresas podem decidir ficar com os benefícios de serem os produtores de custo mais baixo, retendo as margens!

A *Matriz da competição de mercado do comprador*, a seguir, busca identificar as opções para concorrer em segmentos de mercado. É chamada especificamente de "Matriz da competição de mercado do comprador", pois reflete a necessidade de olhar para a concorrência do ponto de vista do comprador, em vez de adotar a perspectiva do vendedor. A competição, afinal, é pelos compradores!

É importante levar em conta que a concorrência muitas vezes não ocorre de forma consistente no mercado todo, variando entre os segmentos de mercado, independentemente de como estiverem definidos (ver Capítulo 7). Assim, é importante compreender as questões centrais estratégicas de mercado, atuais e futuras, e a dinâmica competitiva dentro desses segmentos. Isso é representado na *Matriz da competição de mercado do comprador* a seguir (Figura 15.1), relacionada aos segmentos de mercado individuais:

FIGURA 15.1 Matriz da competição de mercado do comprador (MCMC)

	Baixo ← Preço que compradores têm disposição e são capazes de pagar → Alto
Alto ↑ Grau de diferenciação do benefício exigido pelos compradores ↓ **Baixo**	Competindo em valor | Competindo em marca Competindo em preço | Competindo em acesso restrito a suprimento

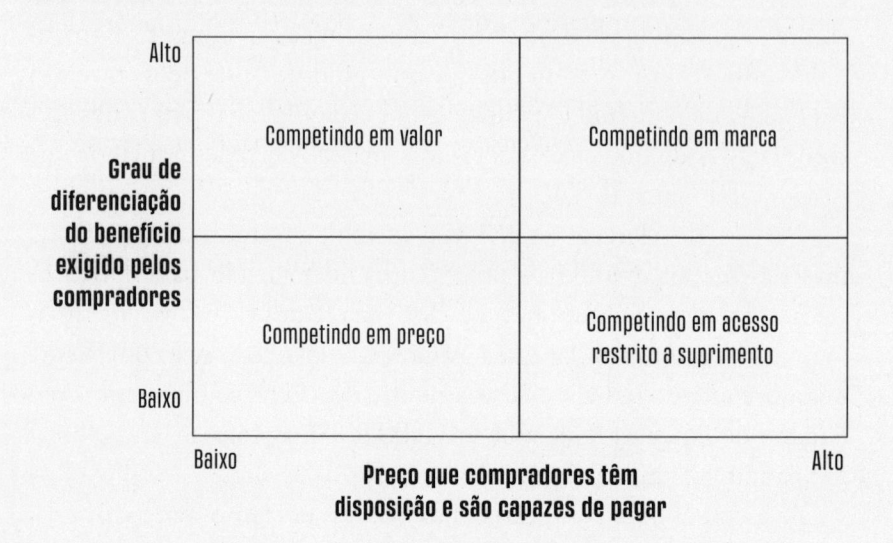

Examinando cada uma das estratégias competitivas por vez:

◢ Baixa diferenciação de benefício e baixo preço

Quando o grau de diferenciação entre os pacotes de benefícios do produto e serviço exigido pelos compradores é baixo, sendo o das *commodities* o mais baixo, a competição por compradores será no preço. Não há outra coisa pela qual competir.

Quando competem em preço, os vendedores precisam ter custos baixos e/ou acesso a significativos recursos para sustentar os preços baixos. O mercado é guiado por volume, com baixas margens. As barreiras à entrada de novos competidores são importantes, pois o aumento da concorrência por um volume limitado cria uma real pressão nas margens. A pressão para sair do mercado aumenta com a intensificação da competição por volumes reduzidos.

As barreiras para o comprador se movimentar não são altas, pelo próprio fato de a natureza dos produtos e serviços ser de *commodity* ou por terem baixa diferenciação. A rotatividade dos compradores pode ser uma questão importante, com implicações no custo, particularmente quando os custos de ganhar novos compradores são altos.

Esse tipo de estratégia pode ser adotado como *liderança em preços*, fazendo parte de uma abordagem de portfólio que atenda às necessidades mais amplas dos compradores, quando a retenção de compradores leva a margens mais sustentáveis em outras partes do portfólio do vendedor. No entanto, aqueles que se apoiam apenas em um mercado com uma estratégia de baixa diferenciação e preço baixo acharão essa estratégia muito desafiadora, a não ser que consigam alcançar e sustentar grandes volumes de vendas.

Muitas empresas competindo nesse quadrante buscam desenvolver alguma forma de diferenciação para criar lealdade do comprador e/ou alcançar altos preços se possível – por exemplo, empresas que vendem a *commodity* gasolina colocando sua marca em seus postos de abastecimento e incluindo uma experiência de compra.

◢ Baixa diferenciação de benefício e alto preço

O que levará o comprador a tomar uma decisão de compra se ele for capaz de obter o mesmo nível de pacote de benefício em produto e serviço por um preço bem menor? Quando existe uma oferta prontamente disponível do produto e serviço, é questionável se tal pacote de benefícios de produto e serviço de preço mais alto estará realmente competindo.

A única maneira em que tal pacote de benefícios de produto e serviço pode competir é quando há uma escassez de oferta no mercado e o comprador está numa situação de "precisar comprar" e tem acesso a um número restrito de fornecedores. Pode ser também uma situação competitiva em que compradores com uma avaliação de crédito precária tenham que pagar um preço *premium* significativo para poder comprar pacotes de benefícios de produtos e serviços que sejam iguais àqueles que podem ser adquiridos por compradores com avaliações de crédito muito melhores.

Para um mercado existir, é preciso que haja compradores e vendedores dispostos e capazes. Isso implica os vendedores terem produtos e serviços para vender (assim como a disposição de fazer isso). Essa capacidade de vender está relacionada à disponibilidade desses produtos e serviços aos vendedores e à acessibilidade pelos compradores a essa oferta. A oferta pode distorcer os mercados e, portanto, ter um impacto na competição. Isso, por sua vez, pode afetar a estratégia competitiva dos vendedores em termos de integração vertical, para proteger o acesso a ofertas e entrar em acordos de fornecimento da produção total de fornecedores.

Podem surgir questões regulatórias quando um concorrente busca adquirir ou se fundir a outro concorrente para ganhar uma posição dominante no mercado, e com isso ser capaz, em tese, de controlar uma significativa proporção da oferta. Isso cria o potencial para aumentar e/ou manter os preços altos.

O relacionamento entre a elasticidade do preço e a oferta é uma teoria econômica já bastante explorada. Alta demanda e oferta escassa levam a aumentos de preços. No entanto, há um ponto em que a disposição e capacidade dos compradores de pagar preços maiores chegam a um limite, mesmo numa situação de "ter que comprar".

A escassez de oferta pode também estar relacionada à posição geográfica. Um exemplo é a estrutura de preços de comida e combustível nos postos de estrada. Se os viajantes querem parar em sua jornada para comer, beber ou abastecer o veículo na estrada, suas opções são limitadas. A oferta é restrita e os preços de comes e bebes e de combustível geralmente são significativamente mais altos do que nas cidades, onde os compradores têm maior acesso aos vendedores desses produtos.

◢ Alta diferenciação de benefícios e preço baixo

Aqueles pacotes de benefícios de produtos e serviços que são diferenciados pelo mesmo preço como produtos e serviços concorrentes competem na percepção de valor do comprador. Vendedores que perseguem essa estratégia buscam dar aos compradores a percepção de que o pacote de benefícios de seus produtos e serviços oferece mais valor pelo mesmo preço que os pacotes dos concorrentes, a fim de incentivar os compradores a comprar deles. Entre os exemplos, podemos citar as edições especiais de automóveis, em que um motor com algum upgrade é oferecido pelo mesmo preço e/ou são oferecidos três anos de crédito sem juros para aquele modelo. O pacote de benefícios do produto e serviço é aprimorado sem aumentar o preço, a fim de melhorar a avaliação pelo comprador do valor comparativo.

Essa estratégia costuma ser usada para entrar no mercado, a fim de proteger a fatia de mercado (*market share*), aumentá-la, ou como alternativa a uma guerra de preços, ou a fim de colocar pressão num concorrente e fazê-lo sair do mercado, ou criar uma barreira à entrada no mercado. Adotar esse tipo de estratégia costuma exigir uma base de custo baixa e/ou acesso a recursos para lidar com margens apertadas. A sustentabilidade dessa estratégia até ela conseguir criar uma nova norma para o pacote de benefícios do produto e serviço precisa ser considerada com cuidado, especialmente se não conseguir aumentar o preço em pouco tempo.

O grau em que um pacote de benefícios de produto e serviço precisa ser diferenciado para poder alcançar preços mais altos é um julgamento crucial que deve ser feito por profissionais de marketing, de vendas e gestores. No entanto, em geral é preciso haver significativos aumentos na avaliação que o comprador faz do pacote de benefícios do produto e serviço para se alcançar preços significativamente mais altos.

◢ Alta diferenciação de benefícios e alto preço

A competição se baseia na marca. Um preço *premium* requer uma diferenciação *premium*. Com essa estratégia, os concorrentes com frequência têm pacotes de benefícios *premium* similares para produto e serviço, e são os valores de marca percebidos pelo comprador que se mostram decisivos para uma competição bem-sucedida. Na prática, costuma haver pouca diferença na qualidade e no desempenho de muitos dos carros com preço *premium*, bem como em acessórios de moda, produtos de beleza etc. Embora design e estilo sempre dependam da preferência pessoal, os pacotes de benefícios essenciais dos produtos e serviços são muito similares. O diferencial (e, portanto, a base da competição) é a marca, a percepção dela no mercado e seu impacto no comprador e nos associados a ele.

Marcas são ferramentas competitivas cruciais e criam barreiras à entrada no mercado, apoiam a lealdade do comprador para proteger e aumentar a fatia de mercado (*market share*) e fornecem potencial para se diversificar em outros mercados, geograficamente ou no portfólio de produtos e serviços – como a marca Virgin, que foi alavancada para se diversificar e expandir da música para serviços financeiros e viagens.

MOVENDO-SE NA MATRIZ DA COMPETIÇÃO DE MERCADO DO COMPRADOR

É possível mover-se pelos quadrantes da *Matriz MCMC,* mas isso geralmente é difícil e caro. Com frequência, é mais fácil passar de competir em preço para competir em valor do que se mover de competir em valor para competir em marca. A percepção que compradores têm da marca quando um pacote de benefícios de produto e serviço está competindo no quadrante de valor da *Matriz MCMC* costuma ser muito difícil de mudar. A Toyota reconheceu isso quando criou a marca Lexus.

Às vezes, também, produtos e serviços são percebidos pelos compradores como tendo se movido de quadrante, e isso pode minar a oferta de benefícios do produto e serviço. A Burberry sofreu quando seu design clássico ficou facilmente disponível e foi adotado por compradores fora de seu grupo demográfico de compradores alvo da marca *premium*. As empresas que decidem competir em marca e alcançar preços *premium* buscam, portanto, controlar os canais por meio dos quais seus produtos e serviços são vendidos, e também seus preços. Embora a marca Ralph Lauren seja uma marca *premium*, será que ela é sustentada pela possibilidade de ser adquirida em lojas de descontos?

ESTUDO DE CASO

Toyota

A Toyota identificou que os valores essenciais de sua marca tinham relação com os valores para o comprador – alta especificação e qualidade por um preço competitivo. Mover a marca para que fosse baseada em benefícios diferenciados e preços *premium* exigiria imenso investimento e tempo e talvez minasse sua oferta essencial de produto e serviço, geradora de lucratividade. Uma nova marca foi a estratégia adotada, com considerável sucesso.

A Lexus descreve seus valores de marca nos seguintes termos:

> A Lexus sempre teve foco naquilo que importa para o cliente de luxo. Por isso fazemos produtos que são admirados não apenas pelo seu exterior, mas por serem altamente refinados em seu interior. E é por isso que não nos restringimos a produzir veículos refinados, mas queremos buscar a perfeição para criar os automóveis de luxo mais requintados que existem. E é também por essa razão que não nos limitamos a oferecer uma excelente experiência na revenda, mas uma experiência que seja inigualável na categoria de automóveis de luxo. E é por prometermos oferecer o máximo em cada momento que nosso cliente nos dá preferência.
>
> Essa abordagem na fabricação, venda e marketing de automóveis é o que tem contribuído para o Lexus continuar tão relevante hoje quanto ao introduzirmos nossa pioneira visão do luxo em 1989. Os compradores de hoje valorizam experiências memoráveis e tempo bem gasto. Dão valor a produtos e experiências que ofereçam luxo, conforto e inovação, e demonstrem respeitar ao máximo seu tempo. Além de compartilhar os valores e prioridades dos atuais compradores de luxo, nós celebramos isso.
>
> A visão e os valores da marca Lexus são mais que um conjunto de crenças compartilhadas. Também inspiram e mostram como nos expressamos, e moldam a experiência de nosso cliente.
>
> A Lexus focou não apenas o produto, mas os serviços de suporte. Buscou criar uma marca que fosse claramente diferenciada da marca Toyota, para que pudesse competir com as marcas de luxo Mercedes e BMW.
>
> A Toyota não mudou de quadrante com suas marcas, produtos e serviços; criou uma nova marca para um novo quadrante.

POSICIONAMENTO NA MATRIZ DA COMPETIÇÃO DE MERCADO DO COMPRADOR

A *Matriz MCMC* está relacionada a segmentos de mercado. As empresas muitas vezes querem competir não só em diferentes mercados, mas em diferentes segmentos de mercado. Ao fazer isso, devem ter muito cuidado ao perseguir diferentes estratégias competitivas em mercados e segmentos de mercado diferentes, para não minar suas marcas. Competir em valor num segmento de mercado e competir em marca em outro mina a percepção da diferenciação da marca e consequentemente sua capacidade de alcançar preços *premium*.

O posicionamento na *Matriz MCMC* é importante e precisa ser consistente. As empresas às vezes acabam minando a própria estratégia competitiva com suas ações. É preciso um cuidado particular ao desenvolver o apoio de marketing para o produto e serviço; por exemplo, não seria apropriado ver ternos Hugo Boss vendidos numa cadeia de supermercados. Quando uma estratégia competitiva de uma marca diferenciada é associada a um canal de varejo baseado em preço baixo, isso gera confusão em compradores dispostos e capazes de pagar um preço *premium* e pode minar a marca. Ao decidir a estratégia na *Matriz MCMC*, os objetivos da empresa precisam ser claros. A empresa precisa ter clareza sobre o que pretende alcançar, em que mercados ou segmentos quer competir, que produtos e serviços coloca dentro de seu portfólio e quanto é sua disposição e capacidade de colaborar ou fazer parcerias para perseguir sua estratégia e seus objetivos.

Quando a empresa decide em que mercados ou segmentos competirá, é útil recorrer à *Matriz MCMC*, a seguir:

FIGURA 15.2 Matriz da escolha de segmentos de mercado (MESM)

Atratividade do futuro segmento de mercado		
Alta	**Oportunidade** (Investir em desenvolver força competitiva)	**Oportunidade** (Investir em manter/melhorar força competitiva)
Baixa	**Ameaça** (Desinvestir)	**Ameaça** (Reduzir/desinvestir)
	Baixa	Alta

Atual força competitiva relativa

A atual força competitiva relativa nesse contexto se refere às percepções, pelo comprador, das forças e fraquezas dos concorrentes. É importante não confundir força relativa com a atual fatia de mercado (*market share*). A fatia de mercado é um meio para um fim, e não um fim em si. As empresas geralmente querem (e precisam) gerar lucro com suas estratégias. Embora a fatia de mercado atual possa apoiar a obtenção dessa lucratividade, por meio da exclusão de concorrente ou impedindo a entrada de novos participantes no mercado, isso não garante um nível aceitável de lucratividade agora ou no futuro, e não é esse o objetivo.

Também ocorre às vezes de a empresa ter uma força, mas não conseguir realizá-la em termos de uma fatia de mercado lucrativa. Por isso a nomenclatura adotada foi de oportunidade. Ter uma força relativa em comparação com os concorrentes cria a oportunidade de converter essa força em uma fatia de mercado lucrativa. Como fazer isso dependerá das escolhas feitas como parte do processo de estratégia e também dependerá de que estratégia em ação leve de fato à realização de lucro.

Ao colocar forças competitivas relativas no contexto da atratividade de mercado, o importante é a atratividade futura do mercado e não apenas a atual. A estratégia é voltada para frente, não para trás. As opções são identificadas e avaliadas, e então são feitas escolhas para o futuro, reconhecendo que as escalas de tempo utilizadas são diferentes, a depender do contexto.

▲ Alta atratividade futura do mercado e alta força competitiva relativa

Quando existe uma avaliação de atratividade futura de mercado (ver Capítulo 2 para a definição de atratividade de mercado) e a empresa tem alta força competitiva relativa, deve considerar isso uma oportunidade e procurar investir em manter e melhorar a força competitiva relativa, tendo clareza de que qualquer investimento nesse sentido está voltado a obter um retorno aceitável do investimento nessa oportunidade. Também é provável que, ao ter uma força clara num mercado atraente, dificilmente a empresa julgará que esse mercado não merece investimento. Algumas empresas, no entanto, procuram apenas ganhar dinheiro com a oportunidade, em vez de investir nela. Isso com frequência leva a perder a força competitiva relativa e a não aproveitar a oportunidade.

Alta atratividade futura de mercado e baixa força competitiva relativa

Quando a atratividade futura de mercado é alta, mas a força competitiva relativa é baixa em comparação com os concorrentes, há uma oportunidade, desde que se acredite que investir para desenvolver a força possa melhorar essa força, com um consequente retorno lucrativo desse investimento. Para realizar o valor da oportunidade, é necessário investimento e clareza de objetivos. É preciso ter clareza quanto à intenção, compreender o que é exigido para melhorar tanto a força competitiva relativa quanto a disposição dos compradores em comprar da empresa e não de seus concorrentes e ter recursos e tempo para fazer o investimento necessário.

Baixa atratividade futura de mercado e alta força competitiva relativa

Quando a atratividade futura de mercado é baixa e a força competitiva relativa é alta, isso deve ser visto como uma ameaça. É uma ameaça porque foram usados recursos limitados (e continuará sendo assim a não ser que haja alguma ação) para desenvolver uma força relativa num segmento de mercado que não se projeta como atraente no futuro e cujo retorno de um eventual investimento dificilmente igualará aquele feito em segmentos de mercado mais atraentes. Uma ameaça como essa em tal posição pode ser indicação de uma mudança estratégica e um símbolo tangível de que a empresa está fora de sintonia com o mercado. Em tais situações, o investimento deve ser limitado, os lucros auferidos devem ser recolhidos o máximo possível para aumentar o retorno nos ativos empregados e deve-se pensar em desinvestir.

Baixa atratividade futura de mercado e baixa força competitiva relativa

Quando tanto a atratividade futura do mercado quanto a força competitiva da empresa são baixas, a pergunta que precisa ser feita é: por que a empresa ainda continua nesse segmento de mercado? Sua presença nesse segmento de mercado representaria uma ameaça similar àquela apontada acima e é agravada pela probabilidade de consumir foco, tempo e recursos da gestão. Nessas situações, costuma haver uma significativa oportunidade de custo. A empresa deve procurar desinvestir.

Adequação corporativa

Às vezes, os altos gestores das empresas decidem, independentemente da força competitiva relativa da empresa ou da atratividade futura dos segmentos de mercado, que alguns produtos e serviços não terão mais continuidade. Podem decidir que certos produtos e serviços simplesmente não são consistentes com o tipo de negócio que a empresa quer levar adiante no futuro. Como vimos no Capítulo 14, a Marconi não quis mais atender o setor de Defesa, apesar de este ter significativa força competitiva relativa.

Empresas diversificadas podem decidir, por várias razões, que não querem mais ser tão diversificadas, e preferem então se concentrar numa gama de negócios mais restrita. As sinergias que fusões e aquisições prometiam às vezes não se concretizam como imaginado, e isso pode levar à venda de toda a empresa e de seu portfólio de produtos e serviços.

A análise e a avaliação na *Matriz MESM* podem fornecer dados para a decisão sobre o portfólio de produtos e serviços, ou então uma decisão corporativa sobre o portfólio pode tornar a *Matriz MESM* irrelevante. Se houver uma decisão corporativa de desinvestir, levando em conta a "adequação" corporativa, então não é preciso empreender a análise da *Matriz MESM*.

ESCOLHENDO MERCADOS OU SEGMENTOS DE MERCADO

Ao fazer a revisão do portfólio de produtos e serviços, há sete opções estratégicas disponíveis:

1 Decidir recusar e/ou sair dos segmentos de mercado existentes.

2 Buscar aumentar a fatia de mercado (*market share*) lucrativa nos segmentos de mercado existentes.

❸ Desenvolver ou adquirir produtos e serviços relacionados, novos ou diferentes, para os segmentos de mercado existentes.

❹ Desenvolver ou adquirir produtos e serviços não relacionados, novos ou diferentes, para os segmentos de mercado existentes.

❺ Penetrar em novos mercados ou segmentos de mercado com os produtos e serviços existentes.

❻ Penetrar em novos mercados ou segmentos de mercado com produtos e serviços relacionados, novos ou diferentes.

❼ Penetrar em novos mercados ou segmentos de mercado com produtos e serviços não relacionados, novos ou diferentes.

Uma das decisões mais difíceis de tomar para os gestores é a de sair de um mercado. Tal decisão costuma ser difícil por razões psicológicas, assim como por razões econômicas – razões psicológicas em virtude de interesses pessoais investidos, apegos emocionais a produtos e serviços ou mercados e percepções associadas a fracasso. Gestão e liderança envolvem pessoas e as decisões que elas tomam (ou evitam tomar).

Como ocorre com a avaliação da força competitiva relativa, o desafio de líderes e gestores ao avaliar se devem ou não sair de um mercado é conseguir equilibrar suas necessidades e sua capacidade de obter uma visão externa com as necessidades e pontos de vista internos. As empresas muitas vezes precisam de ajuda externa nesse processo.

Quando uma empresa investiu pesado em alcançar uma posição no mercado ou fez um investimento significativo em desenvolvimento de produto, numa fábrica, em marketing ou numa rede de instalações de varejo, muitas vezes contraindo dívidas de financiamento, há uma pressão para que não cancele esse investimento, mas tente sair das dificuldades que está experimentando. Ela pode também estar amarrada a relacionamentos contratuais para prestação de serviços e materiais, que seriam muito caros de encerrar. As pressões financeiras para permanecer no mercado podem ser significativas.

No entanto, gestores às vezes permanecem no mercado por tempo excessivo só para continuar jogando e tentar recuperar as perdas. Isso fica evidente em muitas das saídas do mercado que são promovidas por aqueles que provêm o financiamento, e não pelos gestores. Se a empresa está numa situação do tipo "tudo ou nada", é porque sua saída do mercado já foi protelada por tempo demais.

> Permanecer num mercado tempo demais tentando recuperar perdas pode equivaler à posição de quem parte para o "tudo ou nada", e na verdade está apostando o negócio todo. Quando se chega a esse ponto, é porque deixou a situação se estender por tempo excessivo.

É importante que os gestores consigam reconhecer quando os custos e as implicações negativas de permanecer no mercado superam os custos e as implicações de sair dele. Gestores de empresas podem ser seduzidos por seu comprometimento pessoal com produtos e serviços, achando que conseguirão vencer o mundo, quando a realidade é que não têm essa condição.

Permanecer num mercado tempo demais tentando recuperar perdas pode equivaler à posição de quem parte para o "tudo ou nada", e na verdade está apostando o negócio todo. Quando se chega a esse ponto, é porque deixou a situação se estender por tempo excessivo.

A pressão para permanecer num mercado e as barreiras a sair dele são também afetadas pelo portfólio de requisitos dos compradores, pelo desejo dos vendedores de proteger ou mudar as percepções do mercado sobre seus produtos e serviços e pelo perfil de risco cumulativo da empresa.

Em mercados *business-to-business*, especialmente, mas também em alguns mercados varejistas, o comprador quer um portfólio de produtos e serviços que ofereça uma solução, em vez de apenas parte de uma solução. O acesso a esse portfólio pode ser um qualificador na decisão de compra. Os vendedores precisam estar cientes dos requisitos do portfólio e, quando ele é um qualificador para a venda de seus produtos e serviços essenciais, fornecer acesso ao portfólio exigido e cuidar da gestão de seu risco.

Isso pode indicar que algumas empresas estão em mercados nos quais prefeririam não estar e que não lhes dão o nível de retorno que elas acham atraente. Mas, se têm de estar neles, terão que achar um jeito de atender aos requisitos do comprador. Isso pode ser feito desenvolvendo o próprio portfólio de produtos e serviços ou pondo sua marca em produtos e serviços de outros, ou meramente entrando em acordos de colaboração para acessá-los.

ESTUDO DE CASO

Mais que apenas produtos

Esse estudo de caso envolve os gerentes de compras de uma empresa provedora de um serviço comercial a uma ampla gama de compradores internacionalmente. Esses compradores queriam ser capazes de adquirir produtos de fornecedores ao redor do mundo e que esses produtos fossem entregues em suas instalações para processamento com um mínimo de risco e custo. A expertise de aquisição desses compradores era limitada e seu negócio essencial era a manufatura. Não se dispunham a gastar muito tempo e dinheiro para adquirir as matérias-primas, mas queriam adquirir materiais de boa procedência que fossem entregues quando tivessem necessidade deles e a um preço competitivo.

Logo ficou claro que o negócio comercial essencial da empresa não poderia ser bem-sucedido se não desse aos compradores acesso a serviços de seguro, financiamento e logística. Em resumo, os compradores queriam ter uma solução abrangente para suas necessidades de aquisição.

A empresa não podia fornecer ela mesma os serviços de logística, financiamento e seguros. Mas podia, por meio de alianças estratégicas, dar acesso aos serviços requisitados pelos compradores. Essas alianças foram implementadas e a empresa foi capaz de atender às necessidades dos compradores. Os requisitos de investimento da empresa para o fornecimento desses serviços eram pequenos, seu perfil de risco foi gerido e ela foi vista pelo mercado como uma provedora de soluções.

Ao negociar essas alianças estratégicas, foi importante para a empresa não só reconhecer o que os compradores queriam, mas o que

> seus potenciais parceiros nessas alianças precisavam. Os parceiros precisavam de volume de negócios e de margens que os tornassem interessantes para eles. Os serviços a serem fornecidos eram o negócio essencial dos parceiros, que compreendiam e eram capazes de gerir o risco e tinham competência e capacidade de entregar o que estava sendo requisitado.
>
> A empresa desenvolveu sua oferta de portfólio de produtos e serviços aos compradores por meio dessas alianças estratégicas, mas também redefiniu o negócio no qual atuava. Tornou-se provedora de soluções aos olhos dos compradores e com isso expandiu sua oferta aos seus parceiros, tornando-se um canal ao mercado para eles. Obtinha uma margem dos compradores do produto e uma margem dos parceiros, que forneciam serviços complementares para atender às necessidades dos compradores.
>
> O ponto central que a empresa precisou reconhecer é que os compradores precisavam de uma solução para as suas necessidades, e não apenas de acesso a produtos. As regras do mercado eram baseadas em prover um portfólio de produtos e serviços, e não apenas uma funcionalidade comercial. Se você não tem um portfólio de serviços para atender às necessidades do comprador, então não pode competir efetivamente no mercado.

Ao revisarem os portfólios de produtos e serviços, as empresas têm de decidir se vão diversificar seus produtos e serviços e como fazer isso. É algo que pode exigir desenvolvimento *in-house* ou desenvolvimento em colaboração ou parceria com outros, ou por meio de aquisição de uma empresa com os produtos e serviços requisitados. Da mesma forma, ao procurar entrar em novos mercados, as empresas podem tanto fazer isso elas mesmas, em colaboração ou parceria com outras, quanto adquirindo concorrentes existentes no mercado.

Cada uma dessas abordagens pode envolver significativos requisitos de recursos e riscos. Quanto mais a empresa se afasta de suas competências essenciais, dos produtos e serviços e dos mercados existentes, maior o risco. A análise de riscos é elemento central de qualquer avaliação de opções.

Às vezes parece que os gestores acham mais fácil enxergar as recompensas que os riscos. Também é possível que perseguir várias dessas opções ao mesmo tempo dentro da empresa aumente o risco, ao dispersar o foco gerencial e consumir grandes volumes de recursos financeiros e de outro tipo. Pode também confundir os acionistas e investidores, cujos horizontes de tempo para o retorno e seus apetites em relação ao risco podem não ser consistentes com os entregues por algumas das opções vistas.

ESTUDO DE CASO

Expansão da Tesco US

A Tesco anunciou em 2013 que incorreria em custos de mais de 1 bilhão de dólares se não encontrasse comprador para sua investida "Fresh and Easy" no mercado americano. Uma das empresas mais bem-sucedidas do Reino Unido identificou que o mercado de produtos alimentares dos EUA era atraente e que ela possuía ou poderia desenvolver nele altas forças competitivas relativas. Decidiu então, corporativamente, buscar a opção de entrar num novo mercado com produtos e serviços relacionados.

A Tesco focou seu investimento em áreas da Costa Oeste onde outros varejistas de alimentos não estavam bem representados. Fez isso para evitar confronto, por exemplo, com a Walmart em seu terreno, e evitar a Costa Leste, populosa, mas intensamente competitiva. Também buscou um formato relativamente pequeno, com limitada escolha, para atender a compradores que costumam ir às lojas várias vezes por semana, como no Reino Unido. O formato não se ajustou à maneira de comprar dos americanos – que fazem poucas idas às compras, mas com maior volume. Até mesmo a poderosa Tesco entendeu as coisas errado.

No final, para facilitar a venda, a Fresh and Easy foi colocada em falência. Em novembro de 2013, o tribunal aceitou um acordo pelo qual a Yucaipa Cos, uma firma de investimentos, adquiriu as 150 lojas Fresh and Easy por 120 milhões de dólares, com um empréstimo fornecido pela própria Tesco! O custo total da Tesco reportado para a venda foi de 150 milhões de libras, além da perda de 1,2 bilhão já assumida pela empresa.

A venda foi celebrada pelos acionistas da Tesco e por analistas, e o preço da ação aumentou após o anúncio do acordo. O que foi geralmente reportado é que a venda eliminaria a dispersão da gestão da empresa, permitindo manter o foco nos negócios atuais e colocar um fim nas perdas sofridas.

No passado, a diversificação de produtos e serviços e mercados geográficos era promovida com base na dispersão do risco, de modo que, se uma categoria de produtos e serviços tivesse uma grande queda, esta poderia ser compensada por outra categoria. O mesmo raciocínio era usado para justificar a presença em diferentes mercados geográficos ao redor do mundo. Os mercados se tornam atraentes em razão de sua potencial capacidade de dispersar o risco.

Geralmente é necessário um grande investimento para diversificar o portfólio de produtos e serviços e entrar em novos mercados geográficos. Quando não há compreensão suficiente das implicações das diferenças culturais ou das vantagens competitivas e comparativas dos players existentes nos mercados do exterior, é possível que um mercado pareça atraente quando na verdade não é.

Algumas empresas, ao buscarem expansão internacional, restringem-se a comprar o concorrente número um e, se possível, também o número dois, nesses mercados. Isso porque o preço *premium* exigido para comprá-los é contrabalançado pela redução do risco. Foram muitas as empresas que acharam atraente o desempenho e o potencial valor de mercados não essenciais, com base na crença equivocada de que poderiam lidar bem em contextos diferentes ou impor seu modelo de negócios no exterior ou competir com sucesso por uma fatia de mercado (*market share*) lucrativa.

É importante que, ao visar mercados, se adote uma visão externa desapaixonada para identificar desafios e oportunidades. Nada substitui conhecer bem o mercado e ser capaz de colocar os produtos e serviços da empresa nele a partir da perspectiva do comprador externo.

> Sucesso em um mercado geográfico não garante sucesso em outro. Conheça o mercado tão bem quanto você se conhece.

NÃO SE ESQUEÇA DO RISCO CUMULATIVO

É igualmente importante reconhecer que o risco é cumulativo, assim como individual. Empresas, principalmente aquelas que operam em diferentes mercados, tendem a encarar os riscos individualmente. Se o perfil de risco cumulativo não for reconhecido e gerido, a empresa pode ficar superexposta e com risco de falir. É importante que o risco cumulativo seja identificado e avaliado.

Também é frequente, ao competir em vários mercados, que exista uma concorrência por recursos. Aquelas partes da empresa que têm sucesso em competir por esses recursos podem crescer, enquanto as malsucedidas apenas farão esforço para se manter. No pior dos casos, os recursos são apenas distribuídos em finas camadas pelos diferentes mercados ou segmentos e a empresa não prospera em nenhum deles. Num mundo de recursos restritos, é preciso tomar uma decisão considerando que, se não houver possibilidade de investir no nível requerido para ser bem-sucedida, então a empresa deve sair desse mercado ou procurar compartilhar custos, riscos e recompensas por meio de colaboração ou parceria com outros.

As empresas diversificadas mais bem-sucedidas são capazes de fazer isso e se adaptar a diferentes condições de mercado. Elas compreendem como esses mercados funcionam, como comercializar e adaptar seus produtos e serviços e como superar barreiras para explorar as oportunidades disponíveis. Podem também identificar e avaliar ameaças no mercado e saber quando é hora de sair dele. Empresas malsucedidas saem tarde demais e o fazem envolvidas em comunicações negativas que podem minar seus negócios restantes.

Depois de decidir corporativamente em quais mercados ou segmentos se deve investir e quais produtos e serviços serão apoiados, o estágio seguinte é decidir, em termos das opções na *Matriz MCMC*, qual será a opção estratégica adotada.

Antes de decidir que estratégia adotar na *Matriz MCMC*, a empresa precisa compreender o que está sendo exigido para permitir que ela persiga cada opção e possa competir com sucesso. A realidade é que o presente com frequência condiciona o futuro, e, como foi explorado previamente, é possível movimentar-se dentro da *Matriz MCMC*, mas isso envolve desafios. A Tesco, que pesquisou extensivamente o mercado americano e é uma empresa bem-sucedida e sofisticada, não conseguiu fazer uma boa avaliação, e isso reforça a necessidade de ficar atento não só aos riscos como aos requisitos para compreender realmente o que é exigido para perseguir cada opção a partir de um ponto de vista focado no mercado externo.

Ao revisar as opções, a empresa precisa compreender por que cada uma delas teria condições de convencer os compradores a escolher seus produtos e serviços em vez dos da concorrência, qual é o desempenho e a intenção dos concorrentes e como ela escolherá uma opção e depois a implementará. Mas é preciso aceitar que nunca teremos um conhecimento perfeito ou completo dos mercados ou dos concorrentes. Como ocorre com o desenvolvimento de cenários, é preciso fazer suposições para ter elementos sobre os quais basear as escolhas.

Avaliam-se as opções com base em sua adequação, viabilidade e aceitabilidade. Isso pode ser resumido nas seguintes perguntas:

a Adequação – será que a opção permite à empresa alcançar seus objetivos, lidar com as questões envolvidas em realizar o potencial da oportunidade disponível, adequar sua abordagem do portfólio de modo a não entrar em conflito ou minar sua marca ou outras estratégias em ação e ajustar-se à intenção estratégica da empresa?

b Viabilidade – será que a empresa é capaz de explorar e realizar o potencial da oportunidade com os recursos que ela pode acessar, com sua cultura organizacional e os prazos disponíveis?

c Aceitabilidade – será que a opção entrega a definição de aceitável adotada pelos principais *stakeholders*?

A avaliação das opções costuma seguir essa cascata – adequado, viável e aceitável. Uma avaliação pode concluir que a opção é adequada e viável, mas falha por não ser aceitável em termos do volume de investimento exigido, do risco a que a opção pode expor a empresa, do nível de retorno do investimento ou das escalas de tempo exigidas para se alcançar esse retorno.

Também ocorre às vezes que a questão da cultura organizacional não recebe a devida consideração. Tudo é possível em tese, mas a cultura organizacional pode ser um grande entrave. Exige tempo e investimento considerável mudá-la, e apostar numa opção que exija inovação e aceitação de riscos dentro de uma cultura dominada por silos orientados tecnicamente e por aversão ao risco não terá credibilidade se não forem reconhecidos os desafios impostos pela mudança da cultura organizacional.

Alguns gestores querem ser parte de alguns mercados ou segmentos de mercado, pois acreditam que isso terá um impacto benéfico na percepção deles pessoalmente. A presença de uma empresa num mercado ou segmento de mercado não deve ser um movimento estratégico "vaidoso", deve se basear em uma escolha estratégica orientada e movida externamente pelo foco no comprador.

DICAS DE PROFISSIONAL

1 Reconheça que, se não for possível identificar todas as opções estratégicas, elas não poderão ser devidamente avaliadas.

2 Reconheça que interesses adquiridos podem afetar a identificação de todas as opções estratégicas – por exemplo, a saída do mercado ou do segmento de mercado.

3 Certifique-se de que aqueles que estão identificando e avaliando as opções estratégicas têm foco no mercado, em vez de foco interno na empresa.

4 Certifique-se de que as escolhas corporativas a respeito do portfólio de produtos e serviços da empresa e sobre o mercado ou segmentos de mercado são claras, antes de examinar as opções estratégicas para competir.

5. Certifique-se de que a avaliação que a empresa faz da força competitiva está no contexto da percepção que o comprador tem das forças relativas de todos os concorrentes.

6. Certifique-se de que as implicações das diferentes opções disponíveis são compreendidas em termos dos requisitos do comprador, dos recursos exigidos, dos riscos e das recompensas.

7. Seja realista quanto à posição dos produtos e serviços da empresa na *Matriz MCMC* e à capacidade de se mover dentro da matriz.

8. Reconheça que, quanto mais a empresa se afasta de suas competências essenciais, de seus produtos e serviços e dos mercados existentes, maior o risco.

9. Reconheça que o risco é cumulativo e não se baseia apenas no produto e serviço individualmente.

10. Certifique-se de que você compreende o que está envolvido na avaliação do que é adequado, viável e aceitável.

PERGUNTAS DE PROFISSIONAL

1. Quem deve estar envolvido na identificação e avaliação das opções estratégicas?

2. Como a "adequação" dos produtos e serviços aos objetivos ou ao portfólio corporativo será determinada para identificar se é o caso de investir tempo e recursos em desenvolver opções para os produtos e serviços sendo revistos?

3. De que maneira a força competitiva relativa será ajustada e como será determinada a atratividade futura dos mercados?

4 Como serão identificados e avaliados os riscos, as recompensas e os requisitos de perseguir diferentes opções na *Matriz MCMC*?

5 Como será identificado o potencial impacto das diferentes opções no perfil de risco cumulativo da empresa?

6 Como deve ser empreendida uma verificação da credibilidade para determinar a capacidade de se mover, caso necessário, dentro da *Matriz MCMC*?

7 Onde os produtos e serviços da empresa se situam atualmente dentro da *Matriz MESM* e o que isso ilustra?

8 A empresa é capaz de lidar com os riscos e requisitos de se mover de suas competências essenciais, dos produtos e serviços e mercados ou segmentos existentes?

9 De que modo devem ser avaliadas as opções em termos de adequação, viabilidade e aceitabilidade?

10 De que modo a empresa pode aprender com a experiência de outras?

Sucesso em um mercado geográfico não garante sucesso em outro. **Conheça o mercado tão bem quanto você se conhece.**

CAPÍTULO 16

FAZENDO ESCOLHAS ESTRATÉGICAS E ESTRATÉGIA CORPORATIVA

INTRODUÇÃO

Este capítulo trata da realização de escolhas estratégicas e mostra que as determinantes dessas escolhas nem sempre são racionais e lógicas. Em seguida, trata de como as escolhas estratégicas são depois usadas para dar forma ao desenvolvimento da estratégia corporativa. As relações entre a estratégia competitiva e a estratégia corporativa são exploradas junto com as competências, as habilidades e a capacidade organizacional de permitir que a empresa explore mercados para um crescimento sustentável do negócio.

◢ Bem que as escolhas poderiam ser mais fáceis!

No Capítulo 15, foram exploradas opções estratégicas para a estratégia competitiva da empresa. Parte da avaliação das opções estratégicas foi uma avaliação da adequação, viabilidade e aceitabilidade. Será que a opção estratégica possibilitará à empresa alcançar seus objetivos? A opção estratégica é factível e vista como aceitável pelas partes interessadas cruciais, com alto poder e a disposição de usar esse poder?

A lógica determina que a opção estratégica adequada, viável e aceitável seja a escolhida, mas, como ocorre com a diferença entre a estratégia planejada oficial e a não oficial, a racionalidade da lógica nem sempre é determinante para a escolha estratégica feita. As razões estão relacionadas com os interesses pessoais em jogo, as diferentes interpretações da realidade, a predominância de um foco interno sobre o foco externo, a confusão a respeito do negócio em que a empresa de fato atua e o apego que a alta gestão pode ter pelos produtos e serviços.

Por que empresas falham quando é tão claro para quem vê de fora que as estratégias adotadas eram obviamente equivocadas e que partes das empresas deveriam ter sido fechadas ou vendidas muito antes que a crise se instalasse? Por que, com todas as análises financeiras racionais ilustrando que as empresas de internet estavam acumulando perdas e era improvável que tivessem qualquer retorno de investimento pelos próximos anos, se é que teriam algum, o valor delas se tornou estratosfericamente alto antes que desabassem? Por que alguns varejistas continuaram investindo pesado em lojas físicas e não investiram em ofertas de varejo online quando a mudança de canal do comprador já era tão óbvia?

A escolha estratégica às vezes não é racional. Às vezes é também conduzida por escolhas passadas que tornam difícil a mudança de suas escolhas pelos gestores – principalmente quando foram investidas grandes quantias de capital. É por isso que a identificação e avaliação de opções estratégicas precisa ter foco externo e com frequência se sujeitar a ser desafiada ou apoiada por um recurso externo independente.

Contexto, contexto, contexto

O contexto é tudo, e, se a escolha da opção estratégica é feita num contexto focado internamente, há risco de ser influenciada demais por estruturas de poder internas, decisões passadas ou escolhas e questões não estratégicas. As escolhas estratégicas devem ser ao mesmo tempo estratégicas e positivas (em lugar das escolhas de praxe), dentro de um contexto claro de estratégia competitiva. Mas a realidade da prática de gestão mostra que as decisões ou escolhas são feitas, com bastante frequência, com base na racionalidade dominante, ou então impostas por um indivíduo, ou uma pequena equipe de indivíduos escolhidos pela consistência de sua visão de mundo e sua "adequação" ou conformidade com o líder.

Ao fazer escolhas estratégicas, precisamos compreender como os gestores tomam decisões. Gestores tomam decisões examinando as questões por meio dos seus paradigmas, utilizados para dar aos dados um contexto, um sentido e um propósito, e convertendo-os desse modo em informações. Então, a partir de seu filtro de pragmatismo, tomam as decisões. Isso está ilustrado na Figura 16.1.

Somos todos bombardeados por dados – fatos e estatísticas. Recebemos todos esses dados e automaticamente os rejeitamos ou convertemos em informações, usando nossos paradigmas. Esses paradigmas agem como um filtro e se apoiam em nossas suposições e crenças e experiência para nos ajudar a decidir se aceitamos ou rejeitamos os dados. Para os dados aceitos, o paradigma dá aos dados um contexto, um sentido e um propósito, convertendo-os em informações.

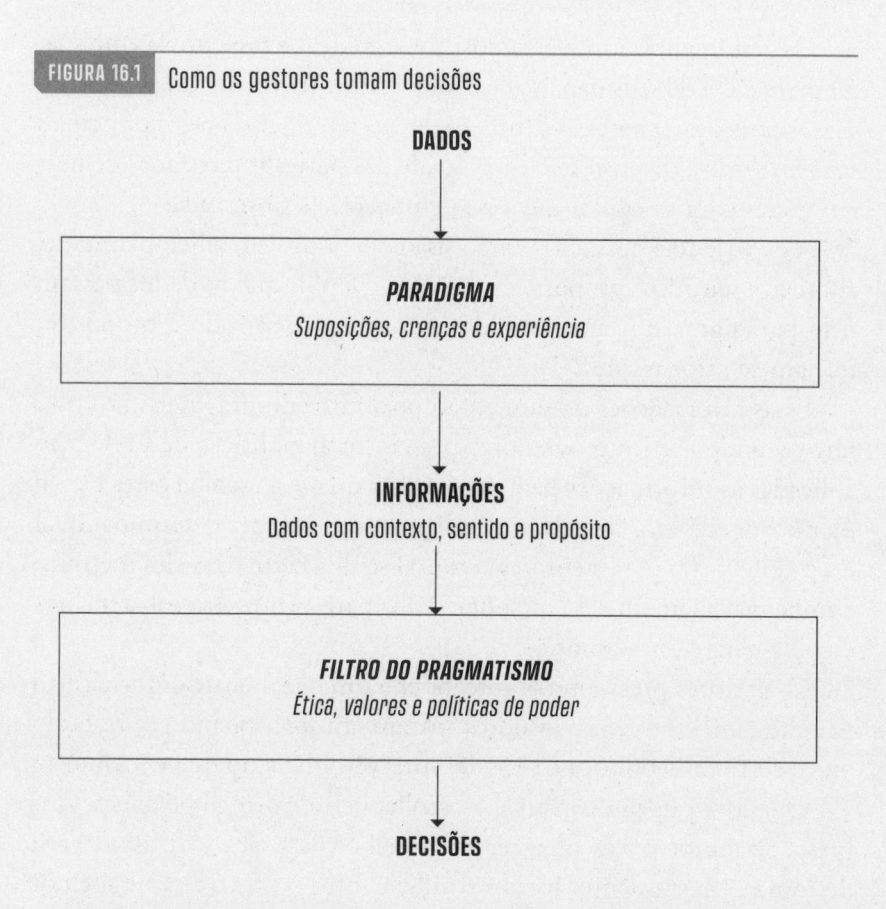

FIGURA 16.1 Como os gestores tomam decisões

DADOS
↓

PARADIGMA
Suposições, crenças e experiência

↓

INFORMAÇÕES
Dados com contexto, sentido e propósito

↓

FILTRO DO PRAGMATISMO
Ética, valores e políticas de poder

↓

DECISÕES

É importante reconhecer que nem todos os dados são aceitos. Kuhn (1962) identificou que, no caso da história das descobertas científicas, dados que não se encaixavam no paradigma teórico-científico dominante em certas épocas eram rejeitados como anômalos. Ao rejeitar os dados, o domínio do paradigma existente era protegido e a teoria científica permanecia sem ser desafiada.

Pense no desvio estratégico e como mesmo empresas bem-sucedidas ignoram dados que indicam que o mercado mudou e que a estratégia da empresa não é mais adequada. Os gestores podem estar olhando e ouvindo o mercado, mas, se não estiverem vendo e escutando bem, não serão capazes de tomar decisões relevantes para o mercado. É o paradigma que age como um filtro para a aceitação e rejeição de dados. O paradigma é a interface entre ouvir e escutar, olhar e ver, reconhecer e compreender.

Os gestores aplicam suas suposições e crenças a respeito da empresa, do mercado e de seus papéis aos dados que recebem. Também aplicam suas suposições e crenças à definição de "aceitável" dada pelos principais *stakeholders* e à disposição e capacidade das partes interessadas de usar seu poder para assegurar que essa definição seja observada.

A experiência passada é então usada para prover, adicionalmente, contexto, sentido e propósito aos dados. Depois que os dados passam pelo paradigma e ficam imbuídos de contexto, sentido e propósito, tornam-se informações.

Essas informações passam então pelo filtro do pragmatismo. Esse filtro é onde a ética e os valores pessoais e as políticas de poder são aplicadas às informações para determinar qual é a escolha certa e qual é a melhor escolha. Os gestores avaliam as opções para determinar qual é a escolha certa para a empresa e/ou a escolha certa para eles mesmos. Também avaliam qual é a melhor escolha para a empresa e/ou a melhor escolha para eles mesmos.

Os gestores precisam compreender a diferença entre o que é certo e o que é melhor. Ética e valores entram em jogo quando se trata do que é certo, e as políticas de poder intervêm mais no que é melhor.

Quando a opção constitui a escolha certa e a melhor para a empresa, e é também a escolha certa e a melhor para eles, a decisão é fácil de tomar. Mas, quando há um conflito entre o que é certo e melhor para a empresa e o que é certo e melhor para eles, é necessário fazer um julgamento de valor.

Há circunstâncias em que a opção é a certa e a melhor para a empresa, mas não é do interesse dos gestores que tomam a decisão. Nesses casos, o gestor tem que se apoiar em sua própria estrutura ética e em seus valores. A força da estrutura ética e dos valores é então testada em relação ao contexto das políticas de poder. Em que ponto deve situar-se o equilíbrio entre os interesses da empresa e os do gestor?

Essa busca por equilibrar o que é certo e melhor para a empresa com o que é certo e melhor para o gestor costuma levar a fazer concessões – as decisões tomadas com frequência não são as ideais, nem para a empresa nem para o indivíduo. Os fatores cruciais para tomar essas decisões estão relacionados com a força da estrutura ética do indivíduo e de seu conjunto de valores, com o grau em que se concede para chegar a um meio-termo e com o poder do indivíduo de tomar a decisão e de impô-la.

Com que frequência não vemos, por exemplo, recompensas gerenciais que falham em refletir os resultados da empresa. E com que frequência não vemos revelado após o fracasso que os gestores tomaram decisões desastrosas em relação a aquisições ou à diversificação, a partir de dados fundamentais claramente insuficientes a respeito do mercado e da empresa adquirida?

É importante reconhecer que as decisões são tomadas num ponto no tempo e que precisam mudar à medida que as suposições sobre o futuro vão se tornando a realidade do presente e do passado. Também acontece de uma decisão obrigar a tomar outra, e, conforme a decisão original e seu impacto se tornam conhecidos, pode haver movimentações na *Matriz do poder e da disposição de usá-lo*, que levam a um diferente equilíbrio entre a decisão certa e melhor para a empresa e a decisão certa e melhor para o gestor.

A criação de informações a partir de dados alimenta a capacidade de identificar opções. O filtro do pragmatismo é então usado para avaliar as opções com base na adequação, viabilidade e aceitabilidade, a fim de determinar o que é certo e melhor para a empresa e o que é certo e melhor para o gestor. Essa interface entre a decisão certa e a melhor situa-se no próprio cerne da ética da tomada de decisões; no poder da empresa para determinar a definição do que é aceitável; na transparência da tomada de decisões e na interface entre o gestor e a empresa.

Quando os gestores ficam ansiosos a respeito de decisões, a ansiedade nem sempre é criada por ter que decidir qual das opções é a certa e a melhor para a empresa. Essa ansiedade resulta do conflito entre o que é certo e melhor para a empresa e o que é certo e melhor para o gestor – um conflito entre a estrutura ética e o conjunto de valores do gestor e a política de poder dentro da empresa. É também o resultado de uma avaliação, como parte do filtro de pragmatismo, que leva a concluir se o gestor terá ou não sucesso "em impor" a decisão tomada se ela tiver tendência de ser a certa e a melhor para o gestor, em vez de ser a certa e a melhor para a empresa.

> É fundamental que os gestores entendam a conversão de dados em informações e como isso leva à tomada de decisões. Também é fundamental que reconheçam a função do filtro do pragmatismo e como ele funciona. Isso geralmente envolve que os gestores façam a si mesmos algumas perguntas.

As informações não são algo absoluto, definido apenas uma vez, elas mudam com o contexto e à medida que vão sendo usadas. Os dados continuam a ser recebidos, e esses dados são constantemente avaliados por meio do uso do paradigma. Existe um processo contínuo de recepção de dados, de aceitação ou rejeição e de avaliação para convertê-los em informações. Essas informações são, então, constantemente avaliadas por meio do filtro do pragmatismo e convertidas em decisões.

Essa conversão contínua de dados em informações também é acrescentada às informações existentes, e pode confirmá-las, desafiá-las ou adaptá-las, ou fornecer novas informações que levem à rejeição das informações anteriores. Tudo isso afeta o processo de tomada de decisões. A operação do filtro de pragmatismo também vai mudando à medida que os gestores e seus contextos mudam ao longo do tempo. Embora os traços básicos da gestão costumem ser mantidos, as necessidades dos gestores mudam com o tempo e, particularmente, acompanham as mudanças nas ambições e realizações e nos contextos. Essas mudanças podem estabelecer diferentes equilíbrios entre o que é certo e o que é melhor para a empresa e o que é certo e melhor para o gestor que faz a escolha e toma a decisão.

Comunicar as informações aos outros pode levar à formação de um contexto adicional. O paradigma usa esses dados para refinar as informações automaticamente. Essa evolução é importante, pois as decisões são tomadas num ponto do tempo e no contexto desse tempo, enquanto as informações continuam evoluindo e sendo afetadas pelas decisões tomadas e pelos contextos, além de também afetá-los. É por isso que, como no processo de estratégia, o processo de tomada de decisões, especialmente com respeito às escolhas estratégicas, precisa ser compreendido e evoluir à medida que uma decisão vai se mostrando capaz de moldar, restringir ou mudar significativamente a decisão seguinte.

OS RELACIONAMENTOS ENTRE AS ESTRATÉGIAS COMPETITIVA E CORPORATIVA

O exposto anteriormente é relevante não apenas para as decisões e escolhas feitas como parte da estratégia competitiva de uma empresa, mas para a sua estratégia corporativa. A estratégia corporativa está relacionada a como a empresa se organizará para perseguir sua estratégia competitiva. O relacionamento entre as duas está ilustrado na Figura 16.2:

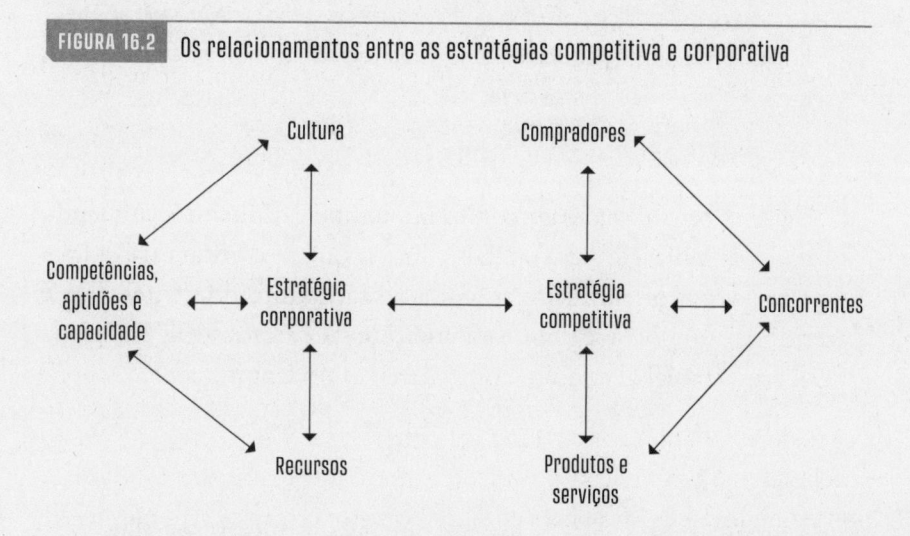

FIGURA 16.2 Os relacionamentos entre as estratégias competitiva e corporativa

A estratégia competitiva só pode ser entregue se a estratégia corporativa da empresa é efetiva e consistente com ela. O objetivo da estratégia corporativa é permitir que a empresa alcance seus objetivos para o mercado. Embora haja objetivos operacionais específicos para os diferentes elementos da estratégia corporativa – por exemplo, a respeito de recursos humanos –, o contexto para a estratégia corporativa precisa ser muito claro. A estratégia corporativa não é um fim em si, mas parte da abordagem da empresa para alcançar seus objetivos para o mercado.

Existem três elementos centrais para a estratégia corporativa: a cultura organizacional; as competências, a capacidade e a capacidade organizacional e os recursos organizacionais. Juntos, eles apoiam a entrega da estratégia competitiva.

CULTURA ORGANIZACIONAL

Quando se fala ou escreve sobre cultura organizacional nas empresas, é comum usar termos associados a "sentimentos" dentro das organizações, uma entidade conceitual abstrata que de algum modo une a empresa. Mas a cultura organizacional é algo tangível, e pode ser vista naquilo que as empresas fazem e como fazem.

> A cultura organizacional é representada pelos valores da organização em ação, na forma das decisões tomadas e dos comportamentos das pessoas que fazem parte dela.

Algumas organizações gastam muito tempo e dinheiro formulando os valores organizacionais "oficiais", mas o que se constata na prática é que os valores organizacionais em ação são muito diferentes. Isso é parecido ao que ocorre com a diferença entre a estratégia planejada oficial e a estratégia em ação, como descrito no Capítulo 14.

▲ Liderança

Já foram escritos muitos livros e publicados muitos trabalhos acadêmicos sobre cultura organizacional. Há muitos modelos de cultura organizacional sendo adotados. A cultura de uma organização é um trunfo da liderança da organização. Uma liderança de estilo despótico apoiará uma cultura organizacional despótica. Uma liderança de estilo empoderador apoiará uma cultura organizacional empoderadora.

A cultura da organização precisa estar em sintonia com seus objetivos e apoiar a entrega da estratégia competitiva. Seja por meio de liderança, estilo, símbolos, estruturas, foco, seja pelo uso do poder, a cultura de uma organização precisa refletir e apoiar a realização dos seus objetivos e dos valores com os quais guia a maneira de fazer negócios e de se promover tanto externa quanto internamente.

Desconexão

Quanto maior a desconexão entre os valores adotados e a cultura organizacional de uma organização, entre a cultura organizacional que se exige para apoiar a estratégia competitiva e a cultura organizacional em ação, mais provável é que haja divergências internas e confusão externa. Nenhuma dessas coisas favorece uma estratégia competitiva!

Se os valores que guiam a cultura organizacional da empresa são integridade, inovação e empoderamento, mas os valores da cultura organizacional em ação que os líderes expressam são, ao contrário, a falta de confiança, a aversão ao risco e o controle, seria alguma surpresa ver surgirem problemas? A percepção da cultura organizacional da empresa pode ter grande impacto na lealdade do comprador (especialmente quando se baseia em relacionamentos) e na capacidade de recrutar, reter e motivar funcionários.

As culturas organizacionais podem ser reforçadas pelos líderes quando recrutam pessoas que têm a ver com a própria imagem ou que se mostram propensas a aderir aos desejos do líder sem questionar. É importante compreender e saber lidar com os relacionamentos entre liderança, cultura organizacional e competitividade.

Complexidade

À medida que o ambiente no qual a empresa busca competir se torna mais desafiador e complexo, aumenta a necessidade de uma cultura organizacional que apoie a estratégia competitiva. Soa como uma obviedade, mas quanto mais a estratégia competitiva exige inovação e flexibilidade, mais a cultura organizacional da empresa precisa apoiar essa inovação e flexibilidade.

> Líderes e gestores cada vez mais precisam apoiar, viver e simbolizar com suas ações e comportamentos uma cultura organizacional que dê aos funcionários a liberdade de pensar, contribuir, inovar e tomar decisões, em vez de criar uma cultura organizacional baseada na imposição do dever de se ajustar a um poder de tomar de decisões concentrado nas mãos de poucos.

Organizações diversificadas às vezes afirmam ter uma única cultura organizacional. Isso raramente corresponde à realidade, pois, em diferentes partes da empresa, é comum existirem diferentes culturas organizacionais, seja em diferentes funções, seja em diferentes geografias. A realidade dessa diversidade precisa ser reconhecida e gerida, pois pode criar tensões internas e confusão externa. Quando empresas fazem aquisições ou passam por fusões, não são apenas os ativos físicos que estão sendo adquiridos ou fundidos, mas também suas culturas organizacionais. Muitas aquisições e fusões falham em virtude de diferenças nas culturas organizacionais que não foram conciliadas. E mudar uma cultura organizacional demanda um tempo significativo. Esses prazos podem não corresponder às mudanças na estratégia competitiva e são uma consideração material que faz parte do devido processo diligente das fusões e aquisições e da avaliação das opções estratégicas. E mudar a cultura organizacional também demanda o investimento de recursos e de liderança.

Outro ponto a considerar é se a liderança da empresa é um símbolo da cultura organizacional desejada e se reforça os comportamentos por meio da ação. Caso contrário, será duplamente difícil alcançar uma mudança da cultura organizacional. Afinal, qual a probabilidade de a cultura organizacional mudar se os líderes ou gestores pregam a necessidade de cortar custos, mas não são afetados por isso?

◢ Contexto

A cultura organizacional, assim como o estilo de liderança, relaciona-se com o contexto da empresa, seus objetivos e sua estratégia. São diferentes as culturas organizacionais e os estilos de liderança exigidos em diferentes momentos da evolução das empresas e em diferentes momentos no contexto dos mercados nos quais a empresa busca competir. Não existe, porém, uma cultura organizacional "certa" ou um estilo de liderança "certo". A capacidade da cultura organizacional de lidar com mudanças no mercado e na dinâmica competitiva tem se mostrado cada vez mais importante.

Conforme a parceria e a colaboração crescem e diferentes partes do processo de criação de valor ficam sujeitas a contribuições extraorganizacionais, os gestores precisam fazer, no aspecto organizacional e cultural, com que essas colaborações/parcerias funcionem, e garantir que os valores de marca e a estratégia competitiva da empresa tenham apoio de um portfólio de outras organizações e de suas culturas organizacionais.

Pegue, por exemplo, um *call center* que lida com a interface da empresa com seus compradores. A empresa do *call center*, vamos chamá-la de empresa A, é separada da empresa B, do cliente. Se A, em seu contato com os compradores de B, não expressa os valores e a cultura organizacional de B e cria percepções negativas nos compradores, estes acreditarão que os valores e a cultura organizacional em ação são diferentes dos adotados por B. Isso pode fazer B perder reputação e negócios. Inversamente, se A, em sua interface com os compradores, expressa um conjunto de valores e uma cultura organizacional mais positivos e aceitáveis do que os que B entrega na prática, isso também pode levar o comprador a ficar confuso e insatisfeito.

Gerir um portfólio de contribuições organizacionais de diferentes organizações segundo uma estratégia corporativa coerente que apoie sua entrega é algo cada vez mais importante. A não ser que haja consistência e compatibilidade de valores organizacionais e cultura nas interfaces organizacionais e nas interfaces com os compradores, surgirão conflitos que podem causar disrupção e percepções negativas nos compradores. Ter sensibilidade em relação à cultura organizacional e ser capaz de lidar com um portfólio de valores e culturas organizacionais é uma competência necessária, no aspecto gerencial e organizacional. Isso é especialmente necessário quando se trata de:

1 Lidar com empresas diversificadas;

② Trabalhar em colaboração e parceria para atender às necessidades dos compradores;

③ Lidar com a crescente tendência a especialização dos serviços corporativos, quando serviços específicos são terceirizados;

④ Lidar com diferentes mercados e segmentos de mercado.

COMPETÊNCIA ORGANIZACIONAL

Exemplos de competências organizacionais incluem uma empresa que sabe como estruturar uma aquisição de modo a minimizar o risco pós-aquisição para quem faz a aquisição, ou então para que ela seja capaz de manufaturar um componente com precisão de um mícron. As competências da empresa devem estar direcionadas a alcançar os objetivos da organização e a favorecer sua estratégia competitiva para o mercado – mesmo para produtos e serviços focados internamente no plano organizacional, como no caso dos departamentos de aquisições. Ter altos níveis de competências organizacionais que não são relevantes para os objetivos e a estratégia competitiva da empresa levanta a questão: qual seria a necessidade de ter altos níveis de competência organizacional não relevantes aos objetivos e à estratégia competitiva organizacionais?

> Competência organizacional é conhecimento ou habilidade, e deve ser relevante para atender às necessidades do comprador, apoiar a realização dos objetivos da empresa e criar e/ou sustentar uma vantagem competitiva.

Algumas empresas desenvolvem competências de alto nível ao longo de um período prolongado, e isso se torna sinônimo da empresa e parte de sua cultura organizacional em termos de como ela vê e avalia a si mesma. Isso pode restringir a entrega da estratégia competitiva da empresa, pois a manutenção dessas competências inibe o desenvolvimento de novas competências e é um obstáculo à evolução de sua estratégia competitiva.

ESTUDO DE CASO

Fabricação e montagem de veículos

No setor automobilístico do passado, as empresas tinham uma engenharia de alto nível e competências de manufatura muito importantes para as suas estratégias competitivas. Na realidade, muitas delas chegavam a manufaturar todas as peças exigidas para o processo de fabricação do seu produto. Hoje, a estratégia competitiva se apoia em competências de design, aquisição, logística, marketing, montagem do produto etc. A manufatura de vários componentes foi terceirizada.

A emergência do México como grande fabricante é um exemplo dessa mudança. Empresas como a Volkswagen implantaram montadoras no México em razão das vantagens comparativas oferecidas por esse país. Essas fábricas em grande medida apenas montam veículos, e 89 das 100 maiores fabricantes de peças de automóveis tinham instalações de produção no México.

Hoje, os fornecedores empreendem 25% a 40% da pesquisa e desenvolvimento (P&D) dentro do setor automobilístico compartilhando custos de desenvolvimento, mas também, o que é importante, permitindo que as montadoras de veículos coloquem foco em suas competências essenciais. Cada vez mais os fabricantes de automóveis estão virando designers, desenvolvedores de marcas e montadores. Será apenas uma questão de tempo para que o processo de montagem se torne totalmente terceirizado? As joint ventures na China estariam a um passo disso?

A revisão das opções estratégicas pelas companhias automobilísticas no contexto de seus objetivos as levou a identificar as competências essenciais nas quais precisam pôr foco e as competências em que podem desenvolver e sustentar vantagem competitiva. Com frequência, uma competência de manufatura (como oposta à de montagem) não é mais vista como essencial. Outras empresas estão mais bem posicionadas para desenvolver e explorar a competência essencial de manufatura. Talvez no próximo estágio elas decidam se restringir a controlar a marca, o design e a qualidade da montagem, e não precisem mais ter uma competência de montagem.

As competências precisam ser colocadas no contexto dos objetivos da empresa, de sua estratégia competitiva, das questões estratégicas de mercado atuais e futuras e da dinâmica competitiva de mercado, atual e futura. Ter um alto nível de competência hoje não garante sua relevância ou seu sucesso amanhã. Os contextos criados nos capítulos anteriores pela aplicação dos modelos para o mercado e para os concorrentes são importantes, e procurar avaliar competências a partir da opinião de um gestor que as considere boas ou úteis é improvável que tenha credibilidade ou seja útil.

> Competências essenciais são aquelas de importância estratégica para a empresa, a fim de alcançar seus objetivos e suas vantagens competitivas.

Isso significa que as competências essenciais devem ser identificadas e avaliadas considerando:

1. Se são fundamentais para alcançar os objetivos da empresa e as vantagens competitivas agora e no futuro;

2. Se têm o nível exigido para entregar os requisitos do comprador (atuais e futuros);

3. Se são melhores que as dos concorrentes agora e têm probabilidade de continuar sendo no futuro;

4. Se têm capacidade de serem entregues consistentemente no padrão e no custo exigidos;

5. Se são capazes de contínuo desenvolvimento, no contexto das futuras questões estratégicas de mercado e da futura dinâmica competitiva, a fim de manter sua capacidade de atender às necessidades dos compradores e sua superioridade em relação aos concorrentes;

6 Se são difíceis de replicar pelos concorrentes em termos dos recursos e prazos exigidos;

7 Se podem ser sustentadas pela empresa com seus atuais recursos;

8 Se estão concentradas nas mãos de poucos funcionários e com isso criam uma vulnerabilidade caso esses funcionários saiam da empresa;

9 Se são reconhecidas na empresa como uma importante fonte de vantagem competitiva e usadas como tal ao longo da empresa.

É comum que gestores em diferentes funções na empresa identifiquem e classifiquem a importância das competências cada um a seu modo, com base no próprio foco interno e em seus papéis. Por isso o contexto para a identificação e classificação das competências precisa ser externo, e não interno. Às vezes, também, as competências exigidas para competir estão fragmentadas entre os colaboradores e as parcerias, por isso algumas competências externas são ignoradas. É vital que o foco para a identificação e avaliação de competências seja externo e baseado nas questões centrais estratégicas de mercado e na dinâmica competitiva, atuais e futuras. O acesso e o controle sobre uma competência "essencial" exigida para o sucesso competitivo é uma questão estratégica. [ver Hamel e Prahalad (1994).]

> Gestores devem colocar a empresa num contexto externo, para não correrem riscos de ficarem presos a um contexto interno, o que envolve o perigo de a importância das competências passadas restringir o reconhecimento e desenvolvimento das competências "essenciais" exigidas no futuro para alcançar sucesso competitivo.

Competências que existem isoladas podem ser úteis, mas é improvável que permitam à empresa alcançar vantagem competitiva sustentável. Se um funcionário que detenha todo o conhecimento envolvido sai da empresa, perde-se também a competência organizacional e a vantagem competitiva correspondente. Mesmo reconhecendo que conhecimento e talentos podem estar nos cérebros e nas mãos de uns poucos especialistas, é preciso encontrar maneiras de reter e assentar o máximo possível esse conhecimento e talento na própria empresa.

É preciso também que aqueles com essas competências tenham a disposição e a capacidade de compartilhá-las e colocá-las à disposição da empresa. Isso reforça a importância da cultura organizacional e da seleção, do desenvolvimento e da motivação dos funcionários comprometidos com a empresa como um todo e dispostos e capazes de ser parte do time, em vez de agirem como ilhas de excelência, para as quais as pontes de acesso a elas são construídas apenas para uns poucos selecionados.

Da mesma forma, vantagens competitivas são criadas não apenas pela existência de uma competência, mas pela maneira como ela se vincula no processo de criar valor para os compradores. Não basta ser excelente em adquirir ou manufaturar produtos se a empresa não consegue colocar nas lojas os produtos certos, com o suporte do serviço certo, para que os compradores adquiram no tempo certo e pelo preço certo!

A vantagem competitiva requer que as competências estejam vinculadas como parte de uma oferta atraente e competitiva para os compradores no mercado. Esses vínculos são chamados de capacidades organizacionais.

HABILIDADES ORGANIZACIONAIS

Habilidades organizacionais são o sistema nervoso central das empresas, por meio das quais as competências se conectam e por meio das quais essas competências contribuem de maneiras adequadas para atender às necessidades dos compradores e para criar e apoiar a entrega de uma vantagem competitiva sustentada. Uma empresa pode ter grandes competências, mas, se elas não estiverem conectadas de maneira que permitam à empresa atender às necessidades dos compradores e criar e apoiar uma vantagem competitiva, a empresa terá dificuldades.

> Habilidades organizacionais são sistemas e processos abrangentes de funções e organização que apoiam o desenvolvimento e uso de competências organizacionais para atender às necessidades de compradores e criar vantagem competitiva.

Não importa o quanto as competências organizacionais da empresa sejam boas, se não estiverem conectadas por habilidades organizacionais no contexto das necessidades do comprador e do mercado, as empresas correrão risco de um desvio estratégico e terão dificuldades para ser competitivas. Os gestores precisam se perguntar continuamente de que modo as competências da empresa podem ser usadas em conjunto, tanto dentro dela como fora para atender às necessidades dos compradores.

Não compreender o equilíbrio que precisa ser alcançado entre competências e as habilidades organizacionais é como falhar em reconhecer que produtos não existem sem serviços. Produtos excelentes podem ser totalmente minados pela inadequação dos serviços necessários para apoiá-los. Do mesmo modo, as melhores competências organizacionais podem ser totalmente minadas pela inadequação das habilidades organizacionais necessárias para dar suporte a elas.

As habilidades organizacionais precisam ser avaliadas num contexto focado externamente. O ponto de partida é identificar o que os compradores querem e o que a empresa precisa fazer para atender às necessidades do comprador de uma maneira que proporcione vantagem competitiva. A tecnologia da informação é cada vez mais importante em prover uma grande via de habilidade organizacional. Ela fornece comunicações tanto externas quanto internas, canais de e para o mercado, informações a respeito das necessidades do comprador e dos vínculos para a criação de valor tanto pela empresa quanto por seus fornecedores e/ou outros que contribuam para os produtos e serviços.

Ter os produtos certos nas prateleiras no momento certo para reagir às mudanças nos requisitos do comprador é vital e, sem os sistemas (habilidades) que a tecnologia propicia, as empresas não têm a flexibilidade e reatividade exigidas para competir com sucesso. A manufatura *lean* e *just-in-time* exige habilidades efetivas baseadas na tecnologia da informação, que vão muito além da empresa.

ESTUDO DE CASO

Desenvolvimento de produto

Uma empresa multinacional estava passando por dificuldades e por isso vinha realizando uma revisão de sua estratégia. Ela contava com uma gama de competências organizacionais nas quais havia feito um significativo investimento, o que a colocava em uma posição favorável em relação aos concorrentes. Costumava identificar antes que a concorrência oportunidades para novos produtos e serviços, projetava-os de modo que atendessem às necessidades dos clientes, fabricava com alta qualidade e comercializava bem. Em cada estágio do processo de desenvolvimento do produto, as competências de alto nível eram evidentes.

O problema foi que o processo de desenvolvimento do produto se estendeu por dois anos. Quando a empresa colocou seus produtos e serviços no mercado, os requisitos de compradores haviam mudado e os concorrentes estavam à frente dela no mercado. A chave para esse problema particular não estava no nível e na extensão das competências dentro da empresa, nem no nível de investimento em recursos que foi feito neles, mas na inadequação das capacidades organizacionais.

As diferentes funções que exercem diferentes competências na empresa não falavam a mesma língua, não davam aos projetos a mesma prioridade, não trabalhavam juntas para identificar e resolver os problemas que surgiam no processo e não compartilhavam acesso a sistemas de tecnologia de informações. Era como se produto e serviço fossem projetados por um comitê disfuncional de empreendedores individuais, sem nenhum compromisso compartilhado ou compreensão do que era desenvolvido.

Uma história de um gestor frustrado resume bem essa abordagem. Quando finalmente o design de um produto terminou e este estava pronto para ser fabricado, o time de manufatura anunciou que não

> podiam fazê-lo em razão do custo alocado e, consequentemente, pelo qual teria que ser comercializado. A essa altura os times de marketing e vendas tinham gerado a expectativa de que o produto chegaria ao mercado com alto nível de funcionalidade. Foi necessário retrabalhar o design e reduzir a funcionalidade que havia sido projetada, e isso levou a um atraso no seu lançamento e a percepções negativas no mercado. Não era à toa que a empresa vinha enfrentando dificuldades.
>
> Com trabalho conjunto, todos os times envolvidos no processo de desenvolvimento do produto identificaram as relações entre competências e habilidades do ponto de vista do comprador, e as implicações para a competitividade no mercado por eles terem falhado em associar competências a habilidades. O prazo de desenvolvimento do produto foi drasticamente reduzido com ideias para produtos fluindo ao longo do sistema. Ilhas de competências organizacionais passaram a se vincular graças ao desenvolvimento da habilidade organizacional.

A tecnologia de informação pode fornecer as capacidades exigidas pelas empresas, mas elas só serão eficazes a partir do uso que as pessoas fizerem delas e de sua adequação ao propósito. Por ter atuado como gestor sênior numa empresa baseada em tecnologia, reconheço que tudo é possível tecnicamente desde que se conte com tempo e dinheiro, mas às vezes nem mesmo contando com tudo isso é possível alcançar vantagem competitiva. Basta pensar nos projetos de Tecnologia de Informação e Comunicação (TIC) que ultrapassaram prazos e orçamentos e naqueles que foram abandonados após grande investimento sem entregar o retorno e/ou vantagem competitiva desejados.

> Sistemas de tecnologia da informação e habilidades organizacionais precisam estar focados e ser relevantes ao que a empresa quer alcançar no mercado, e as pessoas que os utilizam precisam não só de competência e compromisso, mas de uma compreensão clara de como contribuem para alcançar os objetivos da empresa.

As habilidades essenciais devem ser identificadas e avaliadas considerando:

1 Se são fundamentais para alcançar os objetivos da empresa e a vantagem competitiva agora e no futuro;

2 Se estão no nível exigido para entregar os requisitos do comprador (agora e no futuro);

3 Se são melhores que as dos concorrentes agora e se vão permanecer assim no futuro;

4 Se são resilientes e podem ser operadas consistentemente no padrão e no custo exigidos;

5 Se podem ter um desenvolvimento contínuo no contexto das futuras questões estratégicas de mercado e da futura dinâmica competitiva para manter sua capacidade de atender às necessidades dos compradores e preservar sua superioridade em relação aos concorrentes;

6 Se são difíceis de replicar pela concorrência em termos dos recursos e prazos exigidos;

7 Se podem ser usadas com facilidade e mantidas pela empresa dentro de seus recursos;

8 Se têm condições de serem reconhecidas dentro da empresa como uma fonte importante de vantagem competitiva e usadas como tais ao longo da empresa;

9 Se estão sujeitas ao desempenho de outras empresas e com isso se tornam vulneráveis ao desempenho delas.

Nesse último aspecto, é importante que, à medida que a empresa desenvolve colaboração e trabalho em parceria, o impacto de suas capacidades organizacionais na entrega de vantagem competitiva seja compreendido e controlado. A UPS é o mais admirado sistema americano de correio e entrega de encomendas e tem a reputação de seus milhares de clientes ao redor do mundo em suas mãos. É a UPS que faz a interface deles com seus compradores e, se ela tem desempenho fraco, isso mina o desempenho de seus clientes, e afeta suas competências organizacionais e sua vantagem competitiva.

Compradores querem uma entrega fluente de produtos e serviços que atenda às suas necessidades. Embora tenham pouco interesse em saber como as competências e capacidades organizacionais são arranjadas e geridas para prover o que eles querem, logo reconhecem quando não são adequadas e têm desempenho abaixo do nível esperado.

CAPACIDADE ORGANIZACIONAL

Às vezes também uma empresa pode ter grandes competências vinculadas por grandes habilidades, mas, se a capacidade organizacional é inadequada, não será capaz de sustentar a vantagem competitiva. Quer seja inadequada em termos de insuficiência, quer de excesso, ambos podem ter implicações significativas para a sua capacidade de criar e sustentar vantagem competitiva.

> Capacidade organizacional é o quanto a empresa consegue lidar com o padrão exigido com um volume de demanda para produtos e serviços, com competências ou capacidades, de uma maneira que respeite prazos e seja eficaz em custos.

Planejar e desenvolver acesso a uma capacidade organizacional requer uma compreensão das atuais e futuras questões-chave estratégicas de mercado e da dinâmica competitiva atual e futura. Aumentar e reduzir a capacidade pode demandar tempo e um volume significativo de recursos. Levando em conta a intensidade de capital e os prazos para investimentos de capital, não admira que as empresas de petróleo e energia tenham sido das primeiras e mais avançadas no desenvolvimento de cenários, para poderem compreender as atuais e futuras questões estratégicas de mercado e outras relacionadas, de modo a apoiar seu investimento em capacidade.

As empresas, por terem investido em desenvolvimento de capacidade, às vezes relutam em desperdiçar esse investimento. Também buscam manter capacidade na esperança de que ela será exigida por um aumento talvez imediato na demanda por seus produtos e serviços ou por encararem certo nível de capacidade como uma questão estratégica de massa crítica. No entanto, manter a capacidade quando ela não é mais necessária é um dreno de recursos e aumenta o custo unitário de produtos e serviços, exigindo ou aumentar o preço, fazer cortes nos custos em outras partes, ou então reduzir as margens.

ESTUDO DE CASO

O setor de transporte marítimo

Antes da crise econômica mundial, o setor de transporte marítimo era um dos negócios mais lucrativos, pois uma economia então em grande expansão tinha grande demanda de movimentação de *commodities* e bens de consumo. Mas a recessão econômica e a desaceleração da China transformaram o mercado e deixaram alguns dos maiores navios do mundo vazios. Mesmo assim, ainda são construídos imensos navios para transporte de contêineres e entregues na esperança de que venham tempos melhores.

Em meados de 2008, fretar um grande cargueiro custava 238 mil dólares por dia. Em 2013, passou a custar 7.764 dólares. O número de novos navios entregues cresceu de 600 em 2000 para 1.700 em 2008, e desde então tem se mantido por volta de 2 mil por ano. Cada novo navio exacerba o problema da capacidade, imensas dívidas estão sendo dadas como perdidas pelos bancos, e empresas estabelecidas há muitos anos no mercado, como a Stephenson Clarke, com mais de 280 anos de atividade, faliram. Os navios, porém, continuam sendo construídos. Embora os novos navios sejam mais eficientes em consumo de combustível – uma grande vantagem em custo –, o mero corte de custos não salvará

> as empresas. A capacidade no mercado manterá os preços baixos. Será que as competências e capacidades estratégicas das empresas marítimas não deveriam ter tratado da questão da capacidade e ter feito uma análise e avaliação do mercado que elas atendem?

Aumentar a capacidade das competências, por exemplo de contabilidade, treinando contadores e permitindo que ganhem experiência, é algo que leva anos para ser feito internamente ou então é caro demais de adquirir por meio de recrutamento, fusão e aquisição. Uma empresa que busca se desenvolver, se introduzir no mercado e dar suporte a mais produtos e serviços por ano pode exigir um significativo aumento de suas capacidades organizacionais.

Cada vez mais, as empresas querem estar em uma posição em que possam flexibilizar a capacidade, aumentando-a ou reduzindo-a a um custo mais baixo do que se tivessem que produzir esse aumento ou redução da capacidade por si mesmas. Isso levou à criação de novos mercados para uma força de trabalho flexível e para partes do processo de criação de valor para o comprador. Provedores externos de competências organizacionais – como logística, por exemplo – formam parte das capacidades organizacionais das empresas para permitir que atendam a flutuações nos requisitos de capacidade.

Apenas quando as empresas têm confiança de que a capacidade exigida para atender à demanda pode ser mantida é que pensam em desenvolver elas mesmas a capacidade requerida. Mas uma consideração central para tomar essa decisão é se as competências e capacidades são ou não essenciais à empresa e ao seu relacionamento com o mercado. Quanto menos as competências, aptidões e capacidade, bem como a interface com os compradores que são estrategicamente significativos, forem controladas pela empresa, maior o risco.

◢ Foco e risco

A vantagem competitiva pode estar apoiada na exclusividade das competências, aptidões e capacidade da empresa e no relacionamento entre ela e o mercado. Para colocar isso na mão de outros, a empresa precisa ter total confiança de que está protegendo essa vantagem competitiva, sem correr o risco de miná-la em razão do desempenho de outros, ou de perder ou diminuir a capacidade de continuar a desenvolvê-la.

Costuma-se argumentar que os benefícios econômicos de agregar volume para reduzir os custos unitários devem ser perseguidos, e que a terceirização de certas funções confere aos provedores dessas funções condições de se especializarem, o que reduziria o custo da empresa. Embora isso possa ser verdade, também se dá o caso de que a oportunidade de agregar volume muitas vezes seja marcada pela padronização. Essa padronização precisa ser vista no contexto da empresa que obtém e sustenta a vantagem competitiva.

Embora certos aspectos da oferta do mercado possam ser padronizados, as competências e capacidades cruciais que provêm a vantagem competitiva não podem ser, senão a competição se dará apenas no preço. De modo similar, usar provedores especializados de competências com vistas a conseguir custos reduzidos soa atraente, mas será apenas se não puser a fonte da vantagem competitiva sob o controle do provedor especialista e consequentemente minar a capacidade de a empresa evoluir e proteger a fonte de sua vantagem competitiva.

Países como os Estados Unidos têm regras muito claras que impedem que ativos e atividades estratégicos sejam controlados por empresas estrangeiras. Esses países são muito cientes da necessidade de proteger sua capacidade de se defender da migração tanto comercial quanto militar de tecnologia e controle. As mesmas preocupações precisam ser consideradas para a fonte de vantagem competitiva das empresas.

> Embora seja obviamente desejável flexibilizar a capacidade, as empresas ainda precisam assegurar que, ao fazerem isso como parte de sua estratégia corporativa, não estejam minando sua capacidade atual e futura de perseguir suas estratégias competitivas.

VÍNCULOS E CLAREZA

O desenvolvimento de competências, aptidões e capacidade organizacionais tem relação direta com a cultura organizacional e a liderança da empresa. A liderança e a cultura organizacional determinarão o reconhecimento da importância das competências, aptidões e capacidade e de como a empresa reagirá a elas. Também determinará como os recursos da empresa serão usados como parte da estratégia corporativa.

Nesse contexto, os recursos são finanças, pessoas, propriedade intelectual, ativos físicos, tecnologia e relacionamentos. A estratégia corporativa busca garantir acesso aos recursos necessários e alinhar esses recursos à estratégia competitiva da empresa. A vantagem competitiva e a capacidade de competir no mercado exigem acesso a recursos e uma compreensão das questões centrais estratégicas de mercado atuais e futuras e da atual e futura dinâmica competitiva.

Como temos visto na análise e avaliação do mercado e no desenvolvimento de cenários, a estratégia competitiva exige objetivos claros e que sejam feitas escolhas estratégicas para criar uma estratégia competitiva. Essa estratégia – isto é, como a empresa vai alcançar seus objetivos para o mercado – precisa contar com recursos para atender aos requisitos atuais e futuros.

Aquilo que se quer em termos de cultura organizacional, competências, aptidões e capacidade, e produtos e serviços apropriados, junto com a capacidade de competir com sucesso no mercado, só será conseguido se a disponibilidade de recursos necessários para desenvolver e assegurar o acesso a eles for planejada, assegurada e alocada de modo consistente com a estratégia competitiva. A garantia de acesso a recursos e o processo de alocação de recursos são absolutamente cruciais para apoiar e manter uma vantagem competitiva.

RECURSOS

Existe um número limitado de fontes de recursos para investir na criação de vantagem competitiva. É possível realocar recursos já existentes na empresa, contrair dívidas, recorrer a fundos de acionistas e vender ativos. Cada um envolve seus desafios.

Realocar recursos existentes na empresa costuma significar que alguma coisa não será feita plenamente, ou então se reduzirá o que está sendo feito atualmente, e os recursos assim liberados serão reinvestidos em outras atividades. Embora sempre convenha buscar ganhos de eficiência, liberar recursos existentes para reinvestir na empresa com frequência requer uma liberação de recursos em escala maior. Isso costuma envolver escolhas difíceis a respeito das atividades. Com frequência, é melhor nessas circunstâncias buscar identificar o que pode ser interrompido totalmente, em vez de reduzir atividades e impedi-las de funcionar adequadamente, pois isso apenas causa conflito interno e pode ter impactos externos em razão de uma queda no desempenho.

Contrair dívidas ficou mais difícil nos últimos anos em razão do tumulto financeiro em escala global. As instituições financeiras ficaram mais avessas a risco, e as empresas têm visto crescer a ênfase maior na *due diligence*, ou seja, em conduzirem suas ações com maior cuidado. As instituições financeiras querem ver as empresas (e seus líderes ou gestores) tendo plena compreensão dos mercados e com suas estratégias competitivas e corporativas bem-ajustadas, com credibilidade e ilustrando claramente como a empresa pretende desenvolver, sustentar e entregar os benefícios econômicos de sua vantagem competitiva.

Muitos tipos de instrumentos financeiros podem ser utilizados para bancar as operações da empresa, e isso exige orientação especializada. Todo endividamento é acompanhado de condições, que podem ser onerosas, particularmente se o desempenho não corresponder às expectativas – e essas condições precisam ser bem compreendidas. Embora haja riscos para as instituições financeiras quando elas oferecem dinheiro às empresas, também há riscos para as empresas quando as coisas não correm conforme o planejado. Também é preciso levar em conta a alavancagem das empresas, a proporção entre a dívida e as participações ou ativos, pois podem ter um impacto na avaliação do risco e custo da dívida.

Levantar dinheiro de acionistas pode envolver os existentes e novos acionistas. Os existentes terão a oportunidade de aumentar seu investimento na empresa com a promessa de retornos mais adiante, e a empresa pode emitir ações a serem adquiridas por novos acionistas. Questões de direitos, divisões de ações, ofertas públicas iniciais etc. às vezes são complexas e custosas, e exigem orientação de especialistas. Podem também levar a mudanças na *Matriz do poder e da disposição de usá-lo*, com instituições financeiras e alguns acionistas movendo-se de posições na matriz para proteger seus interesses e exercer influência nas estratégias competitiva e corporativa. Usar o lucro para investir em vez de distribuir dividendos também é uma forma de levantar dinheiro dos acionistas.

Vender ativos envolve vender prédios, propriedade intelectual e negócios inteiros. É importante compreender o relacionamento entre esses ativos e as estratégias competitiva e corporativa, e compreender também o retorno diferencial do investimento de recursos nos ativos atuais e naqueles ativos futuros nos quais a empresa investirá. Parece óbvio lembrar, mas a contribuição dos ativos para as empresas às vezes só é reconhecida depois que eles são vendidos. Também é verdade que as projeções para o retorno a ser criado pelo investimento de recursos da venda desses ativos em novas atividades muitas vezes se revela otimista! Mas a venda de ativos existentes tem também o aspecto de ser simbólica da intenção de mudar, e pode dar foco à empresa e mudar as percepções a respeito dela tanto no mercado quanto internamente.

Também é possível acessar recursos por meio de trabalho em parceria. Os parceiros então concordam com a provisão de um investimento como adiantamento, com a promessa de que haverá retornos desse investimento mais tarde. Podem também prover acesso à propriedade intelectual, compartilhar os custos de seu desenvolvimento e compartilhar canais para o mercado etc. Garantir acesso a recursos pode assumir várias formas.

◢ Recursos humanos flexíveis

É muito importante o acesso a recursos humanos dotados das competências exigidas e de comportamentos e atitudes que contribuam com a empresa. É maior a variedade de formas de emprego que estão sendo desenvolvidas para prover flexibilidade aos empregadores e reconhecer as necessidades das pessoas. Como Handy (1995) previu, os padrões de emprego tendem a mudar com a flexibilidade que é exigida tanto por empregadores quanto por empregados.

Algumas empresas são tentadas a usar consultores para preencher lacunas de competência. Embora os consultores contribuam com competências e capacidade, as empresas precisam ter clareza para definir se essas competências e capacidades têm importância estratégica no momento. Se tiverem, então as empresas devem buscar maneiras de assegurar que a competência e capacidade da empresa melhorem com o apoio desses consultores, em vez de usá-los apenas como uma muleta, que, ao ser removida, aumente o risco de a empresa declinar. A pergunta a ser feita é: eles contribuem para o desenvolvimento da capacidade organizacional?

◢ Alcançando equilíbrio

As questões importantes que as empresas precisam compreender referem-se aos custos, aos riscos e às recompensas atuais e futuros de assegurar acesso aos recursos exigidos, às implicações da sua vantagem competitiva atual e futura e a como será afetada sua capacidade de alcançar os retornos sobre o investimento que seus principais *stakeholders* exigem. Elas precisam equilibrar os retornos que a oportunidade de acesso a recursos é capaz de prover para protegê-las contra os riscos e as implicações que surgem quando esses recursos não estão.

Sem recursos, sejam eles financeiros, humanos, de propriedade intelectual, físicos, tecnológicos etc., as empresas não podem perseguir suas estratégias competitivas e manter e desenvolver as competências, as aptidões e a capacidade exigidas. A questão não é a exigência de recursos, mas quantos, de que tipo e como serão assegurados, alocados e usados para apoiar a estratégia competitiva e a realização dos objetivos para o mercado.

O processo de alocação de recursos é um poderoso símbolo da cultura organizacional e do poder dentro das empresas. Examinar um processo de alocação de recursos em ação coloca a natureza humana num foco muito nítido e ilustra os valores em ação. Como ocorre com o processo de estratégia, com frequência há um processo racional adotado, mas as decisões sobre alocação de recursos podem com frequência serem emergentes e estarem relacionadas a critérios subjetivos, não só aos objetivos.

Sem uma estratégia corporativa para assegurar os recursos, competências, aptidões e capacidade exigidos e para garantir que sejam operacionalizados dentro de uma cultura organizacional adequada, que apoie a intenção estratégica da empresa, a estratégia competitiva não poderá ser realizada e os objetivos para o mercado não serão alcançados. Sejam quais forem as escolhas estratégicas feitas para o mercado agora e em preparação para o futuro, a estratégia corporativa precisa estar alinhada à estratégia competitiva.

A estratégia corporativa apoia a estratégia competitiva

Se a empresa não tem as ferramentas certas, não conseguirá fazer o trabalho que pretende fazer. Querer ser um produtor de baixo custo de produtos e serviços para competir em preço costuma exigir outras competências, aptidões e capacidade, cultura organizacional e recursos do que competir sobre marca. A estratégia corporativa precisa entregar as competências, aptidões e capacidade etc. que são exigidos para apoiar a estratégia competitiva.

Às vezes, considera-se mais interessante desenvolver a estratégia competitiva do que a corporativa. Mas ambas são importantes. Ambas decorrem de uma compreensão do mercado atual e de como é provável que ele se desenvolva no futuro. Líderes e gestores que ignoram a estratégia corporativa podem criar um risco estratégico para a empresa e minar sua capacidade de competir, criar e sustentar vantagem competitiva.

DICAS DE PROFISSIONAL

1 Certifique-se de que você compreende o processo de conversão de dados em informações e como isso se relaciona com o processo de tomada de decisões.

2 Reconheça que algumas opções estratégicas podem não ser consideradas em razão do processo descrito em (1) acima; tente identificar quais podem ser e lidar com as causas.

③ Certifique-se de que há um reconhecimento de que as estratégias competitivas e corporativas andam de mãos dadas e ambas buscam entregar os objetivos da empresa para o mercado.

④ Certifique-se de que há uma clara compreensão da cultura organizacional, das competências, aptidões, capacidade e recursos atuais e de quais serão necessários no contexto da estratégia competitiva.

⑤ Avalie a cultura organizacional, competências, aptidões, capacidade e recursos em termos de estarem ou não contribuindo significativamente para a vantagem competitiva e de precisarem ser mantidos e/ou desenvolvidos ou se é possível terceirizá-los.

⑥ Reconheça que as competências podem ser valorizadas por direito próprio, mas devem ser aplicáveis à cultura da empresa e fazer parte das suas capacidades.

⑦ Certifique-se de que a empresa tem clareza de que o trabalho em colaboração/parceria não mina as estratégias competitiva e corporativa da empresa.

⑧ Reconheça os riscos e as recompensas de assegurar ou falhar em assegurar acesso ao portfólio de recursos exigidos para apoiar a estratégia competitiva.

⑨ Reconheça que a implementação da estratégia corporativa pode afetar as percepções externas do mercado tanto quanto a estratégia competitiva.

⑩ Lembre-se de que pessoas tanto dentro quanto fora da empresa procuram sinais tangíveis da estratégia corporativa em ação e da consistência entre as estratégias corporativa e competitiva e a estratégia em ação. A consistência aumenta a credibilidade e a confiança, e vice-versa.

PERGUNTAS DE PROFISSIONAL

1. A conversão de dados em informações vem oferecendo à empresa uma ampla gama de opções estratégicas para tomada de decisões e escolhas?

2. Os vínculos entre as estratégias competitiva e corporativa são claros e adequados ao propósito?

3. A cultura organizacional exigida para entregar a estratégia competitiva foi identificada e avaliada no contexto da cultura organizacional existente para identificar lacunas e/ou problemas?

4. As competências, as aptidões e a capacidade exigidas para entregar a estratégia competitiva foram identificadas e avaliadas no contexto das atuais competências, aptidões e capacidade a fim de identificar lacunas e/ou problemas?

5. Os recursos exigidos para entregar a estratégia competitiva foram identificados e avaliados no contexto dos recursos existentes para identificar lacunas e/ou problemas?

6. A empresa tem uma estratégia corporativa com credibilidade e eficaz para lidar com lacunas e/ou problemas identificados nos itens (3)–(5), acima?

7. Como a empresa precisa mudar para ser capaz de implementar sua estratégia corporativa?

8. De que maneira os riscos devem ser geridos para desenvolver e implementar a estratégia corporativa?

9. Qual é a vontade de realocar recursos existentes de modo consistente com as prioridades dentro das estratégias competitiva e corporativa, em lugar de procurar novos recursos?

10. Quais sinais tangíveis do compromisso com a estratégia corporativa devem ser entregues e como se deve alcançar, dentro dela, consistência na tomada de decisões para apoiar a estratégia competitiva?

EPÍLOGO

Compreender mercados e estratégia deve ser mais que um exercício acadêmico, para que essa compreensão leve a um crescimento sustentável do negócio e a uma evolução das competências estratégicas, das habilidades e da capacidade das empresas. Este livro procurou tornar líderes e gestores aptos a embarcarem nessa jornada. Uma jornada de descoberta e desenvolvimento a fim de criar uma compreensão prática de mercados e de estratégia. Uma compreensão que permita criar um contexto que transmita credibilidade, no qual colocar a empresa e seus produtos e serviços. Um contexto que permita identificar e avaliar opções para o futuro e possibilite fazer escolhas estratégicas. Ele fornece ferramentas e técnicas para apoiar líderes e gestores no desenvolvimento de sua compreensão estratégica e para que liderem e contribuam para o sucesso de suas empresas.

Deve ficar claro que desenvolver competência de gestão estratégica como líder e gestor e como empresa exige ter uma compreensão de mercados e dos desafios organizacionais decorrentes da maneira como as pessoas pensam, se comportam e agem em relação ao pensamento estratégico. Esse costuma ser um desafio considerável para líderes e gestores de empresas. Se líderes e gestores não estiverem preparados para desafiar a si mesmos e empoderar seus colegas para que desafiem suposições cristalizadas sobre a empresa, sobre seus produtos e serviços, seus mercados e seus concorrentes, pouco progresso será feito em criar uma organização estrategicamente competente com uma estratégia que tenha credibilidade e com a compreensão e o compromisso necessários para que ela seja implementada de forma efetiva.

Esse desafio estratégico é às vezes encarado como um desafio pessoal ao poder e status de líderes e gestores da empresa. Se for esse o caso, é muito improvável que a empresa consiga desenvolver a competência estratégica (e menos ainda as estratégias) necessária para reagir com todo o seu potencial à futura dinâmica competitiva e às futuras questões estratégicas centrais do mercado.

Um processo de estratégia efetivo requer uma cultura organizacional que possibilite à empresa colocar a si mesma e seus produtos e serviços no contexto do mercado externo. Uma cultura que permita que as decisões passadas, bem como as estratégias, o desempenho e os investimentos já realizados, sejam vistos no contexto do futuro e não apenas do passado. Uma cultura que apoie desafio e aprendizagem e a capacidade de evitar que decisões fiquem congeladas, quando precisam ser parte de um contexto em contínua evolução.

Diante da incerteza e da complexidade, há a tentação de aceitar que o processo de estratégia seja racional e restrito, distante da realidade, ou mero alimento do marketing, usado interna ou externamente para tentar convencer que existe realmente uma estratégia. Em ambos os casos, é improvável que a estratégia seja implementada.

Os processos de estratégia precisam ser fluentes e reconhecer que eventos com importância estratégica acontecem à medida que o futuro se torna realidade. Quando esses eventos não podem ser previstos por meio do desenvolvimento de cenários, os líderes e gestores de empresas precisam ser capazes de colocá-los em um contexto estratégico de mercado e decidir o que precisa ser feito. Ignorar eventos e fazer nada, ou simplesmente esperar para ver o que os outros farão, raramente são opções que levem ao sucesso.

Compreender mercados e estratégia não é uma ciência. É algo mais subjetivo que objetivo. Consequentemente, requer compreensão de pessoas, quer se trate de compradores, fornecedores, *stakeholders* externos, quer de colegas dentro da empresa. Líderes e gestores precisam se certificar de que resistem à tentação de perseguir uma abordagem puramente quantitativa aos mercados e à estratégia.

Aqueles que trabalham na interface com o mercado têm maior conhecimento de como ele evolui e muda. Devem ser empoderados para comunicar essas mudanças. Devem também receber o treinamento e apoio necessários para serem capazes de entender e contextualizar essas mudanças em termos daquilo que a empresa quer alcançar no mercado.

Do mesmo modo que os mercados mudam constantemente, também mudam as variáveis que afetam a estratégia de uma empresa. A estratégia está relacionada às suposições e escolhas feitas a respeito de seu futuro. Essas suposições e escolhas precisam ser regularmente revistas no contexto do mercado, conforme o futuro se desdobra. O foco tem que ser primeiro o mercado, depois a empresa. O que está acontecendo no mercado? De que modo as necessidades/os desejos dos compradores estão mudando? O que a empresa está fazendo em relação aos concorrentes e ao mercado em mudança agora e como precisará mudar para alcançar seus objetivos? Será que deve mudar seus objetivos?

A intenção estratégica cria uma estrutura para a ação. As ações, referentes à alocação de recursos, priorização, desempenho e comportamentos precisam ser consistentes em todas as partes da empresa. Os mercados e as pessoas dentro das empresas acreditam no que veem. Líderes e gestores precisam recriar continuamente e reforçar sua credibilidade e a da empresa pela consistência de decisões, comportamentos e ação.

O poder e a disposição de usá-lo determinam as definições do que é aceitável e do sucesso. À medida que a competição dentro dos mercados aumenta, é vital que os líderes e gestores compreendam quem define as noções de aceitável e de sucesso e quais são essas definições. Uma desconexão das definições de aceitável e sucesso entre os líderes e gestores e os *stakeholders* que têm alto poder e a disposição de usá-lo pode ter um impacto fundamental na estratégia e na direção futura das empresas. Pode ter também significativo impacto nos líderes e gestores se eles falharem em propor essas definições!

Cada vez mais o processo de criação de valor para compradores sob a marca de uma empresa requer contribuições de diferentes organizações. Os compradores não estão interessados em saber o quanto o processo de criação de valor está fragmentado ou não, eles têm interesse apenas no que a marca promete entregar. Isso significa que as estratégias e o desempenho de todos aqueles que integram o processo de criação de valor precisam estar alinhados e entregar/exceder as expectativas geradas. Cada vez mais, a implementação de uma estratégia envolve mais de uma empresa. Os líderes e gestores dos proprietários da marca precisam que a estratégia da empresa seja entregue num contexto organizacional fragmentado de maneira plural.

As empresas também operam cada vez mais em mercados multinacionais e em diferentes canais para o mercado. Diferentes mercados, segmentos e canais exigem diferentes estratégias. Não desperta credibilidade o fato de a empresa procurar ter uma estratégia genérica para todos os mercados, segmentos e canais. Isso significa que sua competência estratégica, sua habilidade e sua capacidade terão desafios cada vez maiores.

A jornada para compreender mercados e estratégias não tem um final demarcado. É uma jornada contínua, em constante desafio e mudança. Este livro procurou oferecer aos leitores ferramentas e técnicas para acolher e empreender essa jornada e apoiá-los na construção de um crescimento sustentável nos negócios.

Abrace essa jornada e certifique-se de que você e seus colegas estão aprendendo continuamente, e use essa aprendizagem para desafiar e para mudar, para construir uma organização que entregue um crescimento sustentável dos negócios.

Um **processo de estratégia efetivo** requer uma **cultura organizacional** que possibilite à empresa colocar a si mesma e seus **produtos e serviços** no **contexto do mercado externo**.

REFERÊNCIAS

Bez, U (2013) www.astonmartin.com/the-company.

Bowman, C e Faulkner, D (1997) *Competitive and Corporate Strategy*, Londres, Irwin.

Bryant, Chris [último acesso em 22 de novembro de 2013] Kaeser expected to restore calm at Siemens, *Financial Times* [Online] www.online.wsj.com/news/articles.

Dudley, R (2013) www.bloomberg.com/news/2013-2-27/wal-mart.

Goebel, B L e Brown, D R (1981) "Age differences in motivation related to Maslow's need hierarchy", *Development Psychology*, 17, 809–15.

Hamel, G e Prahalad, C K (1994) *Competing for the Future*, Boston, Harvard Business School Press.

Handy, C (1995) *The Empty Raincoat: Making sense of the future*, Londres, Random House Business.

Helstom, J e Shanley, M (2013) www.reuters.com/article/2013/11/28/us-cevian ifpi Digital Music Report 2009.

Kuhn, T S (1962) *A estrutura das revoluções científicas*, São Paulo, Perspectiva.

Lexus Brand Guidelines.

Maslow, A (1954) *Motivation and Personality*, Nova York, Harper & Row.

Mintzberg, H (1994) *The Rise and Fall of Strategic Planning*, Harlow, Prentice Hall *Official Journal of the European Union*, 5 de junho de 2013, L152/– L 15247.

Porter, M E (1980) *Estratégia competitiva*, Barueri, SP, GEN Atlas.

Porter, M E (1985) *Vantagem competitiva*, Barueri, SP, GEN Atlas.

Reed, S (2013) *New York Times*, 26 de novembro de 2013 [Online] www.nytimes.com/2013/11/26/business.

Rogers, E M (2003) *Diffusion of Innovation* (5a ed) Nova York, Free Press.

Tang, T L, Ibrahim, A H e West, W B (2002) "Effects of war-related stress on the satisfaction of human needs: The United States and the Middle East", *International Journal of Management Theory and Practices*, **3** (1), p 35–53.

ÍNDICE REMISSIVO*

* Nota: números de página em *itálico* referem-se a Figuras.

"3Cs do Comprador" 241, *241*

A
adequação, viabilidade e aceitabilidade 299-300
Ahrendts, Angela 56
Aldi 131, 132, 133
Amazon 53
análise de mercado 138-159
    competição, natureza da 149-155
        barreiras à entrada 151-153
        barreiras à saída 152-154
    compreensão compartilhada 156-157, *157*
    definir o mercado 139-140, 141-143
    dicas 158
    especialização 144
    impulsionadores que afetam a demanda 144-150
        econômicos 146-147
        marketing 145-146
        oferta 147-148
        questões centrais, identificação 148-150, *149*
        sociológicos 147
        tecnológicos 146
    perguntas 159
    segmentação de mercado 140, 142-143
    variáveis que afetam o mercado 140
Apple 64, 71, 155, 207
    iPhone 64, 65
associados 64, 78, 79, 80, 115, 129, 132, 190, 253, 254, 255, 285, 312

Aston Martin 84, 85
atratividade, do mercado 36-49
    critérios
        necessidades do cliente 43
        preço 43-47, 45
    dicas 47-48
    faturamento, estudo de caso 41-42
    perguntas 48-49
    pesquisa de mercado e dados 39-40
    suposições 39
    valor de mercado não realizado 37-39
    valor total de mercado 39-40
    volume e margens 40
AZ Electronic Materials 186

B
"B2Bographics" 124
Bakewell, mercado 22-24
    animais de criação 27
    mercado geral 26-28
Barbour 101
"benefício adicional" 115
benefícios x preço 98-118
    "benefício adicional" 115
    contextos locais, estudo de caso 101-103
    dicas 116-117
    limites de preço do comprador, elasticidade dos 106-109, 114
    marketing, papel do 102, 108-109
    matrizes de benefício x preço *109*, 109-113, *111*, *112*
    perguntas 117-118

pesquisa de mercado 104-105
Škoda, estudo de caso 106-107
SWOT, análise 101
tabela de benefícios 99-100, *100*
Bez, Ulrich 85
Bloomberg 89
BMW 281, 287
Bolsa de Valores 54
Bowman, Cliff 279-280
Branson, Richard 155
British Airports Authority (BAA) 193
Buffett, Warren 29
Burberry 56-57, 286

C

Canadian Pacific Railway 236
capacidade organizacional 305, 312, 325, 332
capacidades organizacionais 320, 322, 324, 325, 327
cartéis 193
Cartier 127
Cevian Capital 236
classificações da satisfação do cliente 78
colegas 252-254
competências organizacionais 316, 321, 322, 323, 325, 327
Competitive Advantage ("Vantagem competitiva") 279
comportamento anticompetitivo 192, 193
compra discricionária *ver* compra obrigatória x compra discricionária
compra obrigatória x compra discricionária 62-74
    categorização de produtos e serviços 65, 66, *67*
    celulares 64-65, 68-69
    dicas 72-73
    endividamento pessoal 64-65
    hierarquia de Maslow das necessidades 64, 65, 66, *67, 68*, 69, 114
    limites de preço do comprador, elasticidade dos 106-109, 114
    motivação do comprador 64-69
    perguntas 73-74

serviços de suporte, papel dos 80-81
substitutos x competição 69-71
Compradores Independentes do Mercado 25
Compradores Principais do Mercado 24-25, 28-29
Compradores Seguidores do Mercado 25, 28-29
concorrência, natureza da 149-155
    barreiras à entrada 151-153
    barreiras à saída 152-154
construção de cenários 160-211
    concorrência 180-199
        ambiente regulatório 192-194
        concorrência futura *195*, 194-197
        dicas 197-198
        fusões ou aquisições 191-192
        inovação, efeitos da 187-190
        mercado de petróleo, estudo de caso 183-184
        perguntas 198-199
        propriedade intelectual 185-187
        questões geopolíticas 182-184
        teste de inovação 189-190
    demanda 160-179
        análise e avaliação 162, 163-164
        demanda futura 175-176
        dicas 178
        download de música, estudo de caso 163-164
        escalas de tempo 166-168
        fatores sociológicos 170
        importância da 161-163
        marketing, efeito do 168-169
        Matriz de probabilidade e impacto 166, *167*, 167, 168
        Matriz do futuro impacto principal na atual demanda *177*, 176-177
        mudanças científicas e tecnológicas 171-172
        perguntas 179
        questões de oferta 172-173
        questões econômicas 169-170
    questões futuras 200-211
        concorrência futura 203

dicas 210
futuro poder dos compradores 203
futuro poder dos vendedores 204
futuro risco de novos participantes 204
futuro risco de saídas do mercado 204
gatilhos de mudanças 208-209
Matriz do cenário de mercado futuro 201-203, *202*
perguntas 211
suposições, mudança nas 207
visão geral 205-206, *205*
Cookson 236
cultura organizacional 312-315

D

desconexão de valores 313
desvio estratégico 270-271
diferenciação 279-281
Disney 79
Dyson 114, 147

E

eBay 53
Enron 263
especialização 144
estilo de liderança 314-315
estratégia 246-277
    dicas 275-276
    escolhas, como fazer 304-335, *307*
        ansiedade de indecisão 309
        capacidade organizacional 325-326
        capacidades organizacionais 319-320, 320-325
        competências organizacionais 316-320
        complexidade 313-314
        compromisso 308-309
        contexto 306-311, 314-316
        cultura organizacional 312-316
        desconexão de valores 313
        desenvolvimento de produto, estudo de caso 322-323
        dicas 333-334
        estilo de liderança 312-313
        estratégias competitiva x corporativa *311*, 311-312, 333
        ética e valores 308-309
        "filtro do pragmatismo" *307*, 308, 309, 310
        fundos, levantamento de 329-331
        irracionalidade 306
        perguntas 335
        recursos humanos 331-332
        recursos, alocação de 329-333
        setor automobilístico, estudo de caso 317
        tecnologia de informações, uso 323-324
        transporte marítimo, estudo de caso 326-327
    estratégia, definição 247-250
        e altos gestores 247-248
        e objetivos 248
        e sucesso 249
    opções 278-302
        adequação corporativa 291
        adequação, viabilidade e aceitabilidade, 300
        alta atratividade futura de mercado/alta força competitiva relativa 289
        alta atratividade futura de mercado/baixa força competitiva relativa 290
        alta diferenciação de benefícios/ alto preço 285
        alta diferenciação de benefícios/ baixo preço 284-285
        baixa atratividade futura de mercado/alta força competitiva relativa 290
        baixa atratividade futura de mercado/baixa força competitiva relativa 290-291
        baixa diferenciação de benefícios/ alto preço 283
        baixa diferenciação de benefícios/

baixo preço 282-283
cultura organizacional 299-300
dicas 300-301
diferenciação 279-280
expansão internacional 258
foco 279
liderança em custo 279
Matriz da competição de mercado do comprador 281-282, *282*
Matriz de escolha de segmento de mercado 287-288, *288*
perguntas 301-302
portfólios de produtos e serviços 293-296
portfólios, estudo de caso 294-295
risco cumulativo 298-299
saída do mercado 291-294
Tesco, estudo de caso 296-297
Toyota, estudo de caso 286-287
perguntas 277
processo de estratégia 250-275, *251*
  aprendizagem, uso da 263-265, 266-268
  associados 253-254
  colegas 253-254
  conhecidos 253-254
  desconexão estratégica do mercado 266-267
  desvio estratégico 270-271
  dinâmica de aprendizagem 267-269, *269*
  diversificação 261
  e conhecimento 252
  e pessoas 250-251
  em ação 269-271
  estratégia em ação, ponto de revisão 273
  estratégia híbrida 260
  estratégia planejada oficial e não oficial 257-260
  eventos não planejados, efeitos 263-269
  eventos planejados, efeito dos 260-262
  exceder expectativas 260
  flexibilidade 271-275, *273*
  Marconi, estudo de caso 262
  Marks & Spencer, estudo de caso 266
  Matriz da natureza do processo de estratégia *252*, 252-254, *254*
  oportunidades de usar poder 256-257
  parceiros 254-255
  racionalização posterior 266-267
  Siemens, estudo de caso 255-256
  turbulência estratégica 259-260
estudos de caso
  Burberry 56-57
  Cevian Capital 236
  contexto de mercado 217
  desenvolvimento de produto 322-323
  Disney 79
  fabricação de veículos 317
  faturamento x lucratividade 41-42
  forças em contextos locais 101-102
  Marconi 262
  Marks & Spencer
    vantagem competitiva 88-89
    desconexão do mercado 266
  mercado de petróleo 183-184
  música, download 163-164
  novo segmento de mercado 81-83
  painéis solares 173-174
  portfólios de produtos e serviços 294-295
  Siemens 255-256
  Škoda 106-107
  sucesso, definição 231-233
  Tesco 296-297
  Toyota
    status da marca 129-130
    valores de marca 286-287
  transporte marítimo 326-327
  varejistas de descontos 131
ética e valores 308
EU ProSun 173

F

F&C Asset Management 236

falta de estoque 89, 90
Ferrovial 193
"filtro do pragmatismo" 306, *307*, 308, 309, 310
Food and Drug Administration (FDA) 194

G

gatilhos da mudança 208-209
GEC 262
Goebel, Barbara e Brown, Delores 65
Google 53, 207
GQ 57

H

Handy, Charles 331
Harley–Davidson 146
Harper's Bazaar 57
Hoover 155
Hugo Boss 288

I

impulsionadores que afetam a demanda 145-149
    econômicos 146-147
    marketing 145-146
    oferta 147-148
    questões cruciais, identificação *149*, 148-149
    sociológicos 147
    tecnológicos 146
International Federation of the Phonographic Industry (IFPI) 163

K

Kaeser, Joe 256
Kodak 155

L

Lexus 128, 129, 130, 286, 287
liderança em custo 153, 279
Lidl 131-133
limites de preço do comprador, elasticidade dos 106-109, 114
lócus, identificando o 125-127

M

Macmillan, Harold 263
Marconi 262, 291
Marks & Spencer 88-89, 266
Maslow, Abraham 63, 64, 65, 66, *67*, *68*, 69,72, 73, 114
mercado "paralelo" 57
mercado, definição de 20-35
    Bakewell, feira 22-24
        animais de criação 27
        mercado geral 26-28
    Compradores Independentes do Mercado 25
    Compradores Principais do Mercado 24-25, 28-29
    Compradores Seguidores do Mercado 25, 28-29
    desenvolvimento futuro 32-33
    dicas 34
    ilustração *30*, 30-32
    informação e conhecimento, importância da 28-29
        tecnologia, papel da 29
    metáfora da reação química 30
    perguntas 35
    processos de compra ou venda 26
    Turistas do Mercado 22, 24-25, 32-33
    valor não realizado 30-31
    valor realizado 30-31
    Vendedores Independentes do Mercado 25
    Vendedores Principais do Mercado 25, 28-29
    Vendedores Seguidores do Mercado 24-25, 28-29
mercados monopolistas 52
mercados, físico e virtual 50-60
    Bolsa de Valores 54
    Burberry, estudo de caso 56-57
    dicas 59
    informações e revisões 53
    marketplaces múltiplos 57-58
    mercado "paralelo" 57
    mercados monopolistas 52
    perguntas 60

processos automatizados 54-55
sites comparativos 55
sites transacionais 53
tempo, o quanto é crucial 54-55
Mercedes 71, 131, 281, 287
Merck 186
"Modelo de Benefícios ao Comprador" 100
Morrisons 266
Moss, Kate 57
motivação do comprador 64-69

N
New York Times 184
North American Free Trade Agreement (NAFTA) 183

O
Organização dos Países Produtores de Petróleo (OPEP) 183
Organização Mundial do Comércio (OMC) 172

P
Paul Smith 71
perfil do comprador 134
Porter, Michael 279
"posição clara" 218
precisaria ter x gostaria de ter 127-128, *129*
 e a economia 130-131
preço *premium* 84-86
produtos e serviços 76-97
 componentes do valor 93, 93-95, *94*
 criação de valor 90-94
 dicas 95-96
 Disney, estudo de caso 79
 falta de estoque 89-90
 Marks & Spencer, estudo de caso 88-89
 novo segmento de mercado, estudo de caso 81-83
 perguntas 97
 preço *premium* 84-86
 satisfação do cliente, classificações 78
 vendas de terceiros 80
 vínculos entre 77-78
"psicográfica" 125

R
racionalização *a posteriori* 266-268
Ralph Lauren 286
reguladores 192-194
"Relógio da Estratégia" 279
risco cumulativo 298
Rogers, Everett M 125
Rolex 139, 141
Rolls-Royce 85, 86

S
segmentação de mercado 120-137, 140, 142-144
 benefícios essenciais x diferenciados 127-128
 dicas 135-136
 e gasto com marketing 123
 efeitos da 122-123
 lócus, identificação do 126
 perfis de compradores 134-135
 perguntas 136-137
 pesquisa de mercado 133-135
 por B2Bographics 124
 por canal 124-125
 por compradores 121, 123
 por demografia 124
 por geografia 124
 por produtos e serviços 123-124
 por psicografia 125
 precisaria ter x gostaria de ter 127-128, *129*
  e a economia 130-131
 Toyota, estudo de caso 129-130
 varejistas de descontos, estudo de caso 131-133
Siemens 255, 256
sites comparativos 55
sites transacionais 53
Škoda 106-107
 Octavia 261
Stephenson Clarke 326
substitutos x concorrência 69-71
sucesso, definição 229-245
 estratégia, definição 229
 fatia de mercado (*market share*) 230

"3Cs do Comprador" 241, *241*
forças e fraquezas 233
   dicas 244
   sucesso, estudo de caso 231-233
lucratividade 229-230, 242-243
objetivos, definição 229
perguntas 245
pontos de vista de *stakeholders* sobre 233-240
   "aceitável", definição 237-240, *239*
   Cevian Capital, estudo de caso 236
   Matriz do poder e da disposição de usá-lo *234*, 233-235, 237
SWOT, análise 101, 213-227, 264
   convencer outros da confiabilidade 219-220
   da concorrência 222-223
      classificações futuras 222-223, *223*
   desejos e necessidades dos compradores 215-216
   dicas 225-226
   empresa de telecomunicações, estudo de caso 217
   marketing, uso do 218-219
   Matriz das forças e fraquezas relativas 219-220, *221*
   perguntas 226-227
   "posição clara" 218

T
Tang, Thomas e West, W Beryl 65
tecnologia de ponto de venda eletrônico [*electronic point-of-sale*, EPOS] 91
Tesco 155, 266, 296, 297, 299

Fresh and Easy 296-297
teste de inovação 189-190
ThyssenKrupp 236
Toyota 128, 129, 130, 286, 287
turbulência estratégica 259-260
Turistas do Mercado 22, 24-25, 32-33

U
UPS 324

V
valor de mercado não realizado 38
valor realizado 31
valor total de mercado 39-40
Vendedores Independentes do Mercado 25
Vendedores Principais do Mercado 25, 28-29
Vendedores Seguidores do Mercado 24-25, 28-29
Virgin 285
Vogue 57
Volkswagen 106, 261, 317
Volvo 236

W
Walmart 89
Wolseley 236

Y
Yahoo! 236
Yucaipa Cos 297

Este livro foi composto com tipografia Adobe Garamond Pro e impresso em papel Off-White 80 g/m² na Formato Artes Gráficas.